마윈,
내가 본 미래

马云:未来已来 MA YUN, WEI LAI YI LAI
by 阿里巴巴集团(ALIBABA GROUP)

마윈, 내가 본 미래

1판 1쇄 발행 2017. 12. 8.
1판 6쇄 발행 2018. 11. 12.

엮은이 알리바바그룹
옮긴이 최지희

발행인 고세규
편집 성화현 | 디자인 조명이
발행처 김영사
등록 1979년 5월 17일 (제406-2003-036호)
주소 경기도 파주시 문발로 197(문발동) 우편번호 10881
전화 마케팅부 031)955-3100, 편집부 031)955-3200 팩스 031)955-3111

이 책의 한국어판 저작권은 에릭양 에이전시를 통한 저작권사와의 독점 계약으로 김영사에 있습니다.
저작권법에 의해 한국 내에서 보호를 받는 저작물이므로 무단전재와 무단복제를 금합니다.

값은 뒤표지에 있습니다. ISBN 978-89-349-7952-4 03320

홈페이지 www.gimmyoung.com 블로그 blog.naver.com/gybook
페이스북 facebook.com/gybooks 이메일 bestbook@gimmyoung.com

좋은 독자가 좋은 책을 만듭니다.
김영사는 독자 여러분의 의견에 항상 귀 기울이고 있습니다.

이 도서의 국립중앙도서관 출판시도서목록(CIP)은 서지정보유통지원시스템 홈페이지
(http://seoji.nl.go.kr)와 국가자료공동목록시스템(http://www.nl.go.kr/kolisnet)에서
이용하실 수 있습니다. (CIP제어번호 : CIP2017031209)

마윈,
내가 본 미래

데이터 테크놀로지 시대의
새로운 도전과 기회

마윈 | 알리바바그룹 엮음 | 최지희 옮김

김영사

미래는
이미 시작되었다!

2016년 9월 6일, 'G20 항저우 정상회담 공동성명'이 공식 발표되었다. 공동성명 제30조에는 알리바바 마윈 이사장이 처음으로 제창한 eWTP가 포함되었고, G20 항저우 정상회담 공동성명의 영문판에는 세계전자무역플랫폼Electronic World Trade Platform의 영문 약자인 eWTP˙가 또렷이 주창되었다. 중국 민간기업의 제안이 G20 정상회담 공동성명에 들어갔다는 것은, 이번 정상회담이 얼마나 eWTP를 중요시했는지를 여실히 보여준다.

˙ G20 항저우 정상회담 공동성명 영문판에는 다음과 같이 eWTP와 관련된 내용이 나온다. "We also support policies that encourage firms of all sizes, in particular women and youth entrepreneurs, women-led firms and SMEs, to take full advantage of global value chains(GVCs), and that encourage greater participation, value addition and upward mobility in GVCs by developing countries, particularly low-income countries(LICs). We welcome the B20's interest to strengthen digital trade and other work and take note of it's initiative on an Electronic World Trade Platform(eWTP)."

그 직후인 9월 20일, 마윈은 뉴욕 유엔무역개발회의 특별고문을 맡아달라는 요청을 받았고 반기문 당시 유엔사무총장이 마윈에게 직접 서명한 임명장을 수여했다. 1964년 유엔무역개발회의가 설립된 이래 처음으로 고문을 초빙한 것으로, 각국 중소기업과 청년창업자가 세계무역에 참여하도록 돕는 국제 대변인이 돼달라는 뜻에서 마윈에게 이런 중책을 맡겼다.

eWTP 구축안에 대해 기자가 묻자, 마윈은 지금 세계가 중소기업을 도와야 할 때라고 강조했다. 중소기업의 한 해 해외수출이 100만 달러 미만이라면 면세정책, 24시간 내 품질검사 및 통관 그리고 물류 등 빠른 루트를 마련해야 한다는 것이다. "단기간 내에는 힘들며 1~2년 내에 이 목표를 실현시킬 수는 없고 적어도 5~10년이 필요하다. 1995년 1월 WTO(세계무역기구) 설립을 선포했는데, 그 전신은 1947년 10월에 제네바에서 체결한 GATT(관세 및 무역에 관한 일반협정)이다. GATT에서 WTO까지 50년에 가까운 시간이 소요되었으니 eWTP에 10년 정도의 시간을 허락해도 무방하다."

유엔 특별고문이라는 자리를 잘 활용한다면, eWTP를 구축해 전 세계에 상품이 유통되도록 하겠다는 마윈의 꿈이 더 빨리 실현될 수도 있으리라 믿는 데는 충분한 이유가 있다.

마윈은, 열두 살 때 항저우 호텔 문 앞에서 외국인에게 무료로 관광안내를 해주며 영어를 배웠던 경험을 기반으로, 29년 전 중국 항저우 시후에서 번역회사를 차렸다. 22년 전 세상을 거스르던 청년 마윈은 미국 시애틀에서 처음으로 인터넷에 접속했고, 4개월 후 중국 최초 인터넷 기업인 항저우 하이보컴퓨터서비스 유한회사를 설립했다. 한 달 뒤 차이나 옐로페이지가 공식적으로 개통되었다. 18년 전 '기술을 모른다'고 자조하던 마윈이 '17명의 나한羅漢'과 함께 공동으로 알리바바를 창립했다. 14년 전 사스가 발생했을 때 마윈은 '천하에 어려운 장사가 없게 한다'는 초심으로 타오바오를 설립했다. 3년 만에 타오바오는 시장의 선두자리를 차지했고 중국 인터넷 기업의 전설이 되었다. 마윈이 연이어 창업을 계속하자 사람들은 그를 질타하거나 사기꾼 취급을 하기도 했다. 역사의 수레바퀴가 굴러 새로운 세기가 시작된 첫 10년, 즉 2010년 이후 세계 인터넷이 발전하고 중국 경제가 성장하면서 중국의 소비와 경제 형태가 변했다. 그 변화에 참여했던 마윈은 APEC(아시아태평양 경제협력체), WTO, 다보스세계경제포럼 등 국제회의에서 중소기업을 위한 '플랫폼' 조성에 힘썼다! 또한 무대는 점점 더 커지고 있다! 지금 그는 세계무역의 법칙을 창도하는 위치에 서 있다.

G20 항저우 정상회담에서 형성된 공감대를 바탕으로, 각국 정부와 공공 부문 그리고 정부와 기업은 서로 적극적인 대화의 창을 열었다. 관련 규칙 제정을 추진하고 시행하면서 실제적이고 효과적인 정책과 비즈니스 환경을 구축해, 전자상거래가 국경을 초월해 건강히 발전할 수 있게 만드는 데 그 취지가 있다. 마윈의 구상을 보면, 전 세계 중소기업과 기업인들을 위해 자유롭고 공정하며 개방된 무역 플랫폼을 구축하면 중소기업과 청년들이 국제시장에 더 편리하게 진입하고 세계경제에 참여할 수 있게 된다.

이 제안을 위해 2016년 초부터 마윈은 세계 30여 개 국가를 돌며 eWTP 이념을 설파했다. 그는 적극적인 사회복지사처럼 여러 국가

정상, 정부 관료, 재계 지도자들과 만나 장소를 가리지 않고 어디에서든지 중소기업이 국제무역 무대에서 평등하게 경쟁할 수 있어야한다고 거듭 설명하고 호소함으로써 많은 정치가와 기업인들의 공감을 이끌어냈다.

마윈은 다음 10년 동안 중소기업과 창업자를 돕는 데 더 많은 힘을 쏟을 것이다. 마윈의 관심과 열정은 이미 소아小我에서 벗어나 대아大我의 경지로 발전했고, 알리바바의 발전에서 중소기업의 발전, 환경보호, 교육, 경제 세계화, 반덤핑 그리고 청년들이 글로벌화에 어떻게 적응해 창업하고 혁신해나갈지 등 다양한 분야로 확장되었다.

알리바바로부터 권한을 양도받아, 우리는 최근 3년 동안 마윈이 여러 곳에서 했던 내부 담화를 정성껏 정리해 이 책《마윈, 내가 본 미래》를 편집했다. 이 책은 〈21세기의 세계화〉, 〈다음 10년〉, 〈인터넷 세계관〉, 〈젊은 세대가 미래다〉, 〈우리에게는 책임이 있다〉, 〈세계와의 대화, 미래 지식과 지혜를 나누다〉 등, 모두 6장으로 이뤄져 있다.

동서양의 사유방식을 자유자재로 넘나드는 기업가로서, 마윈은 이 책을 통해 젊은이들, 창업자들과 평등한 시각에서 세계와 미래를 놓고 함께 토론하기를 원한다. 그는 개방이 있었기에 알리바바라는 기업이 오늘을 맞이할 수 있었으며, 세계가 지난 50년 동안 발전할 수 있었다고 생각한다. 세계 각국의 무역, 비즈니스, 정치, 외교……모두가 개방되고 있다. 이 세계는 개방의 혜택을 입었고 앞으로도 개방의 혜택을 입을 것이며 세계는 반드시 더 개방될 것이다.

마윈은 세계화에 역행하는 것에 심각한 우려를 표한다. 예를 들면 그는 무역장벽이 상업발전을 저해하고 지역 간 불균형을 초래한다고 주장한다. 이 책에서 그는 과거의 글로벌화는 대국, 대기업이 혜택을 누리는 세계화로, 개발도상국과 중소기업 그리고 청년들이 그 혜택을 누리지 못했음을 지적한다. 세계화 자체는 좋은 일이지만 보완이 필요하다. 그러나 세계화에 문제가 있다고 해서 세계화 자체를 부정해서는 안 되며, 세계화를 보완해야 한다고 역설한다. 그래서 WTO를 보완한 것이 바로 eWTP라고 마윈은 말한다.

"10년 후에 필요한 것이라면 지금 바로 시작해야 한다!" 이것이 바로 청년들의 우상인 마윈이 정상에 오를 수 있었던 비결이다.

지천명의 나이가 된 마윈은, 2,500년 전 공자가 열국을 두루 돌아다녔던 것처럼, 앞으로 10년 동안 세계 각국 정부와 기업을 찾아가 주장을 펼칠 것이다. 그는 창업 경험과 자유롭고 평등하며 친환경적이고 믿을 수 있는 세계무역 인프라와 시스템을 구축하기 위해 힘써온 초심을 바탕으로 청년들을 위해 일자리를 창출하고 중소기업을 위한 비즈니스 기회를 만들고자 대대적으로 나서고 있다.

이 책은 마윈이 젊은이들에게 바치는 헌사이기도 하다. 그는 인생에서 최상의 대학이 사회의 대학이라고 생각한다. 마윈은 스스로 책을 별로 읽지 못하고 때때로 책 한 권 읽는 데 오랜 시간이 걸린다고 허심탄회하게 말했다. 《도덕경》이나 《손자병법》 같은 책은 1장 1절을 읽는 데 1년이 걸릴 수 있으며 되풀이해서 읽고 곱씹어본다고 한다. 그는 사무실에 책을 두고 화장실, 침대머리에 책을 둘 뿐만 아니라 비행기 탈 때도 책을 가지고 간다. 마윈은 책을 읽는 것은 중요하지만 세계를 보는 것이 더 중요하다며, 만 권의 책을 읽는 것보다 만 리 길을 가는 게 더 중요하다고 했다. 세계의 다양한 사람을 만나고 여러 관점의 이야기를 들으며 뛰어난 사람들과 교류를 하게 되면 문제를 보는 시야와 깊이가 달라진다. 하지만 많은 사람들의 생각과 부딪치게 될지라도 결국에는 자신의 생각을 가지고 고민하게 된다는 것이다. 책을 본다는 것은 한 사람의 IQ를 높이는 일이고 사회 경험은 EQ를 높이는 일이다. 하지만 세계 여러 곳의 빈곤한 상황, 고통스러운 일, 아름다운 일을 접하게 되면 LQ(사랑지수) 역시 높아지게 된다. IQ와 EQ 그리고 LQ가 결합되어야 한 사람의 인격이 비로소 완성되게 된다.

　10년 후에 필요한 것이라면 지금 바로 시작해야 한다! 미래는 이미 시작되었다! 이 책을 펼쳐 '마윈이 본 세계'의 이야기를 듣고 마윈과 함께 달려가라!

알리바바그룹 편집인 일동

―――――― 3장 ――――――

인터넷 세계관

21세기의 세계화

앞으로
30년

지금으로부터 20여 년 전인 1995년, 내가 막 창업을 했을 당시 전 세계 인터넷 사용자 수는 5만 명이 채 되지 않았고 전 세계 인터넷 업계 종사자 수도 5만 명 미만이었다. 하지만 지금은 윈치대회云栖 大会, 2016 Computing Conference에 참석한 사람만 해도 5만 명 가까이 된 다. 오늘날 전 세계 인터넷 사용자 수가 20억 명이 넘는 등, 21년 동안의 변화에 전 세계가 깜짝 놀랐다. 20년 전, 시후西湖 근처에서 친구와 얘기를 나누던 중 나는 사이버 세계라고 하는 새로운 세계 가 열릴 것이라고 한 적이 있다. 이 세계는 신대륙으로 모든 사람이 네트워크상에서 서로 만날 수 있다. 오늘날 새로운 세계가 열렸고, 20억 이상의 거대한 세계경제 발전의 새로운 기반이 마련되었으며 새로운 경제가 시작된 것이다.

최근 들어 인터넷 기업의 사업 영역에도 경계가 있냐는 질문을 많이 받는다. 알리바바는 어느 곳에나 있고 텐센트도 어디에나 있으며 페이스북 역시 마찬가지다. 이들 인터넷 기업에 경계가 있을까? 나는 전기 활용에 경계가 없는 것처럼 인터넷에도 경계가 없다고 답하고 싶다. 100여 년 전, 이 업계는 전기를 쓸 수 있고 저 업계는 전기를 쓸 수 없다고 할 수 없었다. 전기를 쓰는 데 경계가 없기 때문이다. 인터넷은 일종의 플랫폼이자 기술이다. 어떤 측면에서 인터넷은 사상이자 미래라고 말할 수 있다.

혹자는 인터넷 경제 혹은 전자상거래가 사이버 경제라고 말하지만, 나는 사이버 경제이며 동시에 미래 경제라고 생각한다. 많은 사람들이 "인터넷이 모든 업계에 충격을 안겼다", "전자상거래가 전통적 상거래에 타격과 충격의 수준을 넘어서 붕괴를 가져왔다"고 말한다. 나는 전자상거래가 전통적 상거래에 충격을 주지도, 더 나아가 타격을 가하지도 않는다고 생각한다. 전자상거래는, 인터넷 기술과 인터넷 사상, 미래 경제를 잘 파악한 뒤, 네트워크를 기반으로 이를 펼쳐놓은 것이다. 인터넷 기술을 가지고 그 위에 미래 사회에 적합한 비즈니스 방식을 만들어낸 것, 그것이 바로 전자상거래다.

실제로 전통적인 업계가 충격을 받고 취업전선에 문제가 생기는 이유는 바로 과거의 사상과 미래에 대한 무지 그리고 미래에 대한 두려움 때문이다. 그러니 우리가 지금 쓸데없는 걱정을 할 필요는 없다. 오히려 우리가 정말 우려해야 할 점은, 과거방식에 대한 의존이라고 본다. 세계는 사람들이 생각하는 것보다 훨씬 빠르게 변하고 있다. 앞으로 30년, 인류사회는 천지개벽과 같은 변화를 맞이할 것이다.

현재 정부에서부터 각 업계, 기업에 이르기까지 그리고 일부 사람들은 이러한 기술혁명이 인류에 가져올 충격을 인지하지 못하고 있다. 과거에 우리가 정상적이라 여겼던 많은 것들, 어제 우리가 가장 잘 해냈던 수많은 일들, 예전에 가장 좋다고 여겼던 수많은 일자리들이 사라지고 또 바뀔 것이다. 전통적인 일자리가 많이 사라짐과 동시에 새로운 일자리가 많이 나타나고 생겨나게 될 것이다.

1차 기술혁명, 2차 기술혁명을 이끈 것은 두 차례에 걸친 세계대전이자 인류사상의 해방 그리고 인류 지혜의 발전이었다. 3차 세계대전이 발생한다면 그에 따른 기술혁명은 어떤 형태일까? 새로운 기술혁명은 빈곤, 질병 문제를 해결하고 환경과 지속가능한 발전 문제를 해결해야만 한다.

2016년 10월 10일, 나는 태국에서 열린 아시아협력대화ACD 정상회의에 참석했다. 당시 34개 아시아 국가 지도자가 그 회의에 참석했다. 나는 회의석상에서 각국이 향후 30년을 위해 각국만의 특별한 정책을 마련해야 한다고 호소했다. 현재 각국 모두 자국의 젊은이들, 자국의 미래를 위해 혁신을 추진하고 있다. 독일 인더스트리 4.0, 중국제조업 2025, 태국 내셔널 플랜이 대표적인 예다. 앞으로 세계 경쟁은 혁신의 경쟁이자 젊은 사람들의 경쟁이며, 인터넷의 세계는 더욱더 넓어질 것이다.

우리는 이 세계에 혁신의 유전자를 주입하고 혁신의 DNA를 주입해야 한다. 그렇게 했을 때, 비로소 미래를 꿈꿀 수 있다.

따라서 앞으로 30년 동안 모든 사람에게 기회가 있고, 각국 정부는 미래 30년을 대비해 혁신발전정책을 세워야 하며, 자국의 30세이하 젊은이들을 위한 특별한 정책을 제정하고, 30인 이하 소규모 사업장을 위한 특별한 정책을 수립해야 한다는 점을 강조하고 싶다.

지난 수십 년 동안 각국 정부는 대기업을 위한 정책을 제정해왔다. 정말로 소기업을 위한 정책을 수립한다면, 소기업과 젊은이들에게 더 많은 기회의 장이 열릴 것이다. 과거에는 창업을 하려면 돈이 필요했고 자원이 필요했으며 모든 종류의 관시關係, 인맥을 중시하는 중국 특유의 관행 - 옮긴이가 필요했다. 미래에는 기술, 데이터, 혁신만 있다면 모든 사람에게 기회가 돌아갈 것이다. 과거에 대기업은 더 많은 이윤을 창출하고 더 많은 자원을 확보하기 위해 성장을 추구했다. 앞으로 대기업이 더 성장하려면 사회적 책임을 져야 하며 수많은 사람들의 창업을 돕기 위한 인프라를 구축하고 자원을 제공해야만 한다. 대기업들이 최근 들어 가장 많이 언급했던 주제는 생태자원이다. 내가 보기에, 그들 마음속에 지닌 생태자원의 개념은 생태자원을 잘 활용해 기업의 규모를 더욱더 불려나가는 것이다. 그렇지만 나는 앞으로 적절한 생태환경을 구축하고 이 생태계에서 다른 기업들이 잘 활동하도록 도와야 하는 책임이 대기업에게 있다고 생각한다. 생태환경이 좋아야만 대기업 역시 잘 살아갈 수 있다.

따라서 현대기술이 여러분에게 충격을 준 것이 아니라 전통사상, 보수적 사상, 어제의 관념이 여러분에게 충격을 주었다고 말하고 싶다. 또 전자상거래가 전통적 상거래에 충격을 준 것이 아니라 미래를 내다보지 못한 사상이 여러분의 상거래에 충격을 준 것이다.

○ 전자상거래

알리바바가 전자상거래 기업임은 다들 알고 있다. 사실 알리바바의 업무 중에서 가장 전통적인 업무가 바로 전자상거래다. '전자상거래'라는 단어는 조만간 사라지게 될 것이다. 내년부터 알리바바는 더 이상 전자상거래라는 표현을 사용하지 않을 계획이다. 전자상거래는 나룻배 한 척으로 강 이편의 물건과 정보를 강 저편으로 나르는 역할을 할 뿐이기 때문이다. 앞으로 우리는 '다섯 가지 신新'을 주창할 것이다. 그리고 '다섯 가지 신'은 중국, 세계 그리고 앞으로 모든 사람들에게 많은 영향을 줄 것이다.

그렇다면 나는 왜 순수한 전자상거래가 전통적 개념이라고 말하는 것일까? 20여 년 전, 우리가 막 인터넷사업에 뛰어들었을 때 창업 후 바로 타오바오, 티몰, 알리페이를 설립한 것은 아니다. 2003년에야 이런 플랫폼이 있어야 우리 사업이 발전할 수 있다는 생각을 갖게 되었다. 2004년 우리가 하고 있는 일이 미래 상거래에 천지개벽의 변화를 가져올 것이며 계속 이 사업을 이어간다면 금융에서도 엄청난 변화가 있을 것임을 비로소 인식하게 되었다. 2003~2004년에 나는 전국을 다니며 2백여 회가 넘는 강연을 했고 수많은 기업과 미래 비즈니스 모델에 대해 의견을 나누었다. 새로운 전자상거래가 수많은 상업 형태를 바꾸어놓을 거라는 게 내 관점이었다. 나는 당시 기업 대부분이 이를 대수롭지 않게 여겼을 것이라고 믿는다.

하지만 빅데이터, 클라우드컴퓨팅을 기반으로 한 새로운 전자상거래가 발전하면 순수한 전자상거래 시대는 곧 끝날 것이다. 앞으로 10년, 20년 후에는 '전자상거래'라는 말이 없어지고 '신유통'이라는 말이 통용될 것이다. 말하자면, 온라인과 오프라인 그리고 물류가 모두 합쳐져 새로운 유통방식이 나타날 것이다. 오프라인 기업은 반드시 온라인에 가야 하고 온라인 기업은 반드시 오프라인으로 가야 하며, 온라인-오프라인 그리고 현대 물류가 하나로 합쳐져야 한다. 물류회사는 본질적으로 누가 더 빠르냐의 문제가 아니라 어떻게 물류관리를 더 잘할 것인지, 어떻게 해야 기업의 재고를 제로로 돌릴 수 있느냐의 고민을 해야 한다. 이것이 바로 물류의 본질이다.

○ 다섯 가지 신新

'다섯 가지 신新' 가운데 첫 번째 '신'은 '신유통'이다. 현대 도시들에 자리한 수많은 전통적 소매기업이 전자상거래나 인터넷이 가져온 큰 충격에 휩싸인 것은, 그들이 미래기술을 잘 파악하지 못했기 때문이라고 생각한다. 그들은 미래를 보지 않고 그저 과거만 보았고, 어떻게 해야 새로운 기술을 응용할 수 있을까, 어떻게 인터넷 기업과 협력할 수 있을까, 어떻게 현대 물류기업과 협력할 수 있을까, 어떻게 빅데이터를 잘 활용할 수 있을까를 고민하지 않았다. 신유통을 하게 되면 부동산 위주의 기존 유통업계는 충격을 받을 수밖에 없다. 오늘 괜찮다고 해서 앞으로 그들에게 주어진 시간이 아주 길지만은 않을 것이다.

두 번째 '신'은 '신제조'다. 과거 20~30년 동안 제조업은 규모화, 표준화를 중요시했다. 앞으로 30년 동안은 스마트, 개성 그리고 맞춤형이 강조될 것이다. 만약 개성과 맞춤형을 고려하지 않는다면 제조업은 분야를 막론하고 모두 무너지게 될 것이다. 따라서 물류혁명 이후 찾아올 두 번째 혁명은 바로 IOT(사물인터넷)혁명으로, 이른바 인공지능, 스마트기기의 탄생을 나타낸다. 미래형 기기는 전기가 아닌 데이터를 사용한다. 소매업계의 변화로 기존의 B2C 형태의 제조방식이 C2B로 완전히 바뀌게 되면서 수요에 따른 맞춤제작이 이뤄지게 된다. 우리가 지금 얘기하는 공급자 개혁은 바로 시장에 맞춰 자신을 개혁하고 소비자에 맞춰 자신을 개혁하는 것이다. 신제조의 탄생으로 장강델타, 주강델타에서 규모화·표준화를 강조하였던 일부 업계는 사람들의 상상을 훨씬 뛰어넘는 엄청난 충격에 휩싸이게 될 것이다.

세 번째 '신'은 '신금융'이다. 신금융의 탄생으로 사회 전체 변혁의 발걸음이 빨라질 것이다. 과거 2백 년 동안의 금융시스템은 공업경제의 발전을 뒷받침했다. 이 시기는 '2 대 8 법칙'의 시대로, 20퍼센트의 대기업을 지원해주면 나머지 80퍼센트 중소기업의 발전을 이끌 수 있게 된다고 여겨졌다. 그러나 앞으로의 신금융시대는 '8 대 2 법칙'의 시대이다. 80퍼센트의 중소기업, 개성화된 기업을 지원하고 젊은이와 소비자를 지원해주어야 한다. 과거에 우리는 80퍼센트의 중소기업, 혁신적 창업자, 소비자의 어려움을 해결하려는 계획을 세우기도 했다. 하지만 당시 IT 인프라가 이를 뒷받침해주지 못했다.

우리는 더 공평하고 투명한 환경을 만들고 지난날 지원받지 못했던 80퍼센트의 사람들이 지원 받길 원하고 있다. 나는 진정한 의미의 인터넷 금융이 탄생하고 진정한 신용체계가 구축되기를 희망한다. 그러면 데이터를 기반으로 한 이러한 신용체계는 전 세계에서 진정한 의미의 스마트 금융을 탄생시킬 것이다. 따라서 신금융의 탄생은 반드시 과거방식의 금융기관에 어느 정도 충격과 영향을 줄 수밖에 없고 모든 창업자, 젊은이, 소기업 들에 혜택이 돌아가게 된다. 나는 앞으로 10년 안에 금융체계가 분명 크게 발전할 것이라고 믿는다. 이것이 바로 개미금융蚂蚁金服이 지고자 하는 책임이다. 우리는 신용이 부富로 바뀌기를 바라며, 창업을 생각하고 합리적인 창업계획을 세운 사람들이 금융지원을 받을 수 있는 공평하고 투명하며 개방적인 스마트 금융 시스템이 진짜로 출현하기를 희망한다.

네 번째 '신'은 '신기술'이다. 모바일인터넷이 출현하자 기존의 PC칩은 모바일칩으로 바뀌었고 OS도 모바일이 되었다. 또 기존의 기계제조 방식이 인공지능으로 바뀌게 될 것이다. 미래에는 인터넷과 빅데이터를 기반으로 한 신기술이 끊임없이 출현해 인류에게 무한한 상상의 공간을 열어줄 것이다.

다섯 번째 '신'은 '신에너지'다. 과거 인류는 석유와 석탄을 기반으로 발전했지만 미래에는 신에너지를 기반으로 발전할 것이며, 여기서 데이터는 신에너지의 우두머리 격이다. 왕젠王堅* 박사의 말에

• 마이크로소프트 아시아대학 상무부학장을 역임했고, 2008년 알리바바에 합류한 후 최고 소프트웨어 아키텍스CSA, 최고기술책임자CTO를 맡았다. 2016년부터 알리바바그룹 기술위원회 주석을 맡고 있다.

따르면 데이터는 인류가 처음으로 스스로 만들어낸 에너지와 자원이라고 할 수 있다. 이러한 종류의 에너지와 자원은 상식적인 개념과 본질적으로 다르다. 일단 한번 입었던 옷은 그 옷을 다시 입었을 때 새 옷으로서의 가치를 다하지 못하게 된다. 하지만 데이터는 이용하는 사람이 누구냐에 따라 전혀 다른 결과를 얻게 된다. 데이터는 중복해 이용할 수 있고 재조합할 수 있으며 효익과 확장성이 크다. 다시 말해 데이터의 역할과 효익은 절대 감소하지 않는다.

신유통, 신제조, 신금융, 신기술, 신에너지, 이 '다섯 가지 신'은 수많은 업계에 충격을 주고 있으며 심지어 기존 산업의 붕괴로 이어질 수 있는 엄청난 영향을 가져올 수 있다. 여러분은 이 말을 단순한 으름장 수준의 경고로 듣지 말며, 자신을 바꿀 수 있는 기회로 삼기를 바란다. 바로 지금부터 잘 파악해나간다면 승리할 것이요, 이를 거부한다면 망하게 될 것이다!

나는 앞으로 정부가 기업을 유치할 때 전통적인 오통일평伍通一平, 수도개통, 항로개통, 전기개통, 차로개통, 통신개통 그리고 토지구획 정리 - 옮긴이에서 새로운 오통일평을 고려하기를 희망한다. 새로운 '오통伍通'은 바로 신유통, 신제조업, 신금융, 신기술 그리고 신에너지를 일구는 것이며, '일평一平'은 창업을 하고 경쟁을 함에 있어 공정한 환경을 조성하는 것이다. 전통적인 '오통일평'은 세수정책, 토지정책에 의해 이뤄지지만, 나는 이것이 공평하지 않다고 생각한다. 미래에는 우리의 상상을 훨씬 뛰어넘는 변화와 개혁이 이뤄질 것이다. 과거에는 기본적으로 지식 주도형 과학기술혁명이었지만 미래에는 지식뿐만 아니라 지혜 그리고 데이터 주도형 혁명이 일어날 것이다.

○ 과거의 기계는 인류의 도구였지만 미래의 기계는 인류의 동반자다

과거 100년 동안, 인류의 눈은 외부로 향했기 때문에 우리는 달을 보고 화성을 보았다. 앞으로 30년 동안 인류는 외부세계를 탐색함과 동시에 내부세계를 탐구할 것이다. 인류가 내부세계를 파악하게 되면 자신에게 필요 없는 것이 무엇인지 비로소 알게 될 것이다. 과거 100년 동안 인류는 자신에게 필요한 것이 무엇인지 알게 되었다. 앞으로 100년 동안 인류는 자신에게 불필요한 것들이 무엇인지 알아야만 한다. 무엇이 불필요한지 알게 되었을 때, 비로소 무엇을 지켜가야 하는지 알 수 있다.

모두가 앞으로 펼쳐질 세계의 모든 흐름을 잘 파악하고 지식 주도형에서 지혜 주도형으로 나아가며 기존의 규모화 중심, 표준화 중심에서 맞춤형 중심으로 나아가길 바란다. 지난 20~30년 동안의 발전을 통해 어떤 영역에서는 기계가 사람을 대체하게 되었다. 과거 2백여 년 동안 인류는 기차, 비행기 그리고 우주비행선을 개발했지만, 사람의 속도는 그것들과 비교할 수준이 되지 않는다. 오늘날 인류가 컴퓨터를 개발했지만 컴퓨터의 계산 능력과 효율은 사람에 비할 바가 아니다. 컴퓨터는 지치지 않고 감정이 없으며 화를 내지도 않고 소극적으로 게으름을 피우지도 않기 때문이다. 컴퓨터는 설정된 프로그램에 따라 영원히 작동한다.

컴퓨터는 갈수록 더 똑똑해지겠지만 절대 인류를 다스릴 수는 없다. 과거의 기계는 인류의 도구였지만 미래의 기계는 인류의 동반자다. 우리는 기계를 습득하고 기계와 협력해야 하며, 기계에는 지혜가 없고 의지가 없으며 가치관 또한 없고 건강한 문화체계를 가질 수 없음을 알아야 한다.

세계는 우리가 상상했던 것보다 훨씬 빠르게 변하고 있다. 이러한 변화 속에서 우리는 기존의 교육체계를 개혁해야만 한다. 현재의 대학은 지식만을 전수하지만 나는 '가르치고教, 기르며育, 배우고學, 습득하는習' 것은 서로 다른 개념이라고 생각한다. 가르친다는 것은 지식을 전수하는 일이고, 기른다는 것은 문화를 전수하는 일이며, 배운다는 것은 지식이 대상이고, 습득한다는 것은 지혜가 대상이다.

앞으로 우리 대학들은 학생이 창조력과 상상력을 키우는 데 더 많은 관심을 두기를 바란다. 만약 단순히 지식만을 전달한다면, 앞으로 대학생들은 더욱 어려운 도전에 직면하게 될 것이다. 21세기의 키워드는 혁신과 상상력 그리고 변화와 개혁이기 때문이다. 기계가 여러분보다 더 똑똑하다고 풀죽을 필요 없다. 문화를 이해하고 비전을 만들어가는 데 있어 우리가 기계보다 훨씬 더 뛰어나기 때문이다.

상상력에는 인류의 엄청난 기회가 담겨 있다. 여러분이 준비만 잘 한다면 미래를 두려워할 필요는 없다. 미래에 대한 공포는 바로 무지에서 온다. 어떤 사람이 나에게 아주 재밌는 이야기를 해준 적이 있다. 스티븐 호킹Stephen Hawking은 인류가 절대로 외계인과 소통해서는 안 된다고 주장했다고 한다. 왜냐하면 이는 겁나는 일로 일단 외계인과 소통을 하면 이렇게 저렇게 큰일이 벌어지고……. 이 야기를 듣고, 나는 많은 사람들이 전자상거래, 인터넷, 빅데이터를 얼마나 무서워하는지 연상되었다. 과연 이것들을 잘 알아볼 필요가 없을까? 아니면 그로 인한 충격이 실제로 엄청나기 때문에 이 세계에 절대로 발을 담그면 안 되며 멀리 해야 하는 걸까? 내 생각에 외계문명이 있는지 여부 그리고 외계인이 존재하는지 여부는 여전히 인류에게 의심의 여지가 크다. 어쩌면 외계문명은 있을 수도 있고 외계인이 있을 수도 있으며, 그들의 생김새는 지구인과 다를 수도 있다. 미지의 세계와 사물에 대해 공포를 느끼는 것은 인간의 본능이다. 하지만 인터넷이 열어준 새로운 기술혁명은 인류가 충분히 파악할 수 있는 대상이다. 왜냐면 인터넷 문명은 외계에서 온 것이 아니라 인류 자신의 문명에서 탄생한 것이며 인류의 과학기술 발전에 따른 필연적 결과물이기 때문이다. 인터넷을 잘 파악하고 배우기만 한다면 절대로 도태되지 않는다. 반면 미래와 대립하는 자, 미래를 파악하지 못하는 자, 오늘을 바꾸지 못하는 자는 반드시 도태될 것이다!

주

원치대회의 전신은 알리바바그룹의 '알리윈 개발자대회'로, 2015년 공식명칭이 '윈치대회'로 정해졌다. 항저우 시 정부와 알리바바그룹이 주최하고 해마다 항저우 시후구 윈치진에서 개최한다. 5년 동안 중국의 인터넷이 일반인 웹 관리자에서 빠르게 발전하는 클라우드컴퓨팅 개발자 시대로 변모해오면서 대회 규모 역시 2010년 3천여 명에서 매년 빠르게 확대되고 있다. '비천飛天·진화進化'라는 주제로 2016년 10월 13일 개최된 윈치대회에서 마윈이 참석해 이와 같은 강연을 했다.

만리장성과 무역
그리고 전쟁

나는 항저우 출신으로 완벽한 '메이드 인 항저우'다. 누군가 왜 G20 정상회담이 다른 유명한 도시가 아니라 항저우에서 열리는지 묻는다면, 나는 44년 전부터 항저우는 이미 매우 유명한 도시였다고 답하고 싶다. 1972년 당시 미국의 닉슨 대통령이 항저우를 방문했다. 미·중 양국의 지도자는 세계의 아름다운 미래를 위해 양국이 함께 힘써야 한다고 생각했다. 항저우는 이와 같은 행운을 거머쥐었다. 바로 항저우에서 세계 최고 지도자 두 명이 뜻을 같이한 것이다. 항저우라는 도시에서 새로운 역사가 시작되었다.

안타까운 사실은 '미·중 공동성명'이 '항저우공보杭州公報'가 아닌 '상하이공보上海公報'로 명명되었다는 점이다. 44년 전 '미·중 공동성명'을 '항저우공보'라고 했다면, 지금 항저우는 훨씬 더 유명했을 것이다.

당시 나는 여덟 살의 어린아이였다. 닉슨의 방중을 계기로 항저우는 사회개방 물결에 참여하게 되었다. 항저우에는 유명한 호텔이 있고 많은 해외 관광객이 항저우를 찾는다. 이것이 계기가 되어 나는 영어를 배웠고 시야를 넓힐 수 있었다.

지난 44년 동안 중국이 변했고 항저우가 변했고 나 자신 역시 변했다. 17년 전에는 알리바바가 없었지만 이제 우리 회사 역시 많은 변화가 있었다. 우리는 개방에 나섰고 전 세계를 향해 문을 열었다. 개방은 바로 번영을 의미하고 개방은 성장을 의미한다.

나는 알리바바를 대표하거나 중국을 대표하는 사람이 아니라 세계 상공업계를 대표하는 사람이다. 세계는 더 자유로운 무역이, 더 많은 일자리가 필요하며 더 큰 성장을 위한 세계화가 필요하다.

하지만 지금 세계에는 세계화와 자유무역에 반대하는 목소리도 존재한다. 세계화가 나쁘다고 생각하는 사람도 있지만, 나는 그렇게 생각하지 않는다. 세계화는 지난 30여 년간 있었던 일 가운데 가장 좋은 일이며, 현재 세계화로 인해 발생한 문제들은 국제무역 성장 과정에서 나타난 일시적 혼란에 불과하다. 지난 20~30년 동안 세계화는 상위 20퍼센트의 대기업을 위해 힘썼고 선진국을 위해 힘써왔다. 앞으로 세계화가 나머지 80퍼센트의 중소기업을 위해 힘쓸 수 있을까? 우리는 앞으로 그런 일들을 해나갈 수 있을 것이다.

2천여 년 전, 중국은 외침에 대비해 만리장성을 축조했다. 오늘날에도 국제무역에서 무역장벽을 신설하거나 기존의 무역장벽을 강화하고 자유무역을 막자고 주장하는 사람들이 있다. 하지만 2천여 년 전의 방법으로는 오늘날의 문제를 해결할 수 없다.

나는 무역의 세계화가 경제나 일자리를 위협한다고 생각하지 않는다. 오히려 무역의 세계화를 통해 취업 기회가 더 늘어나고 더 많은 일자리가 생기게 된다. 따라서 세계화를 발전시켜나가야 한다.

우리는 무역을 해야만 한다. 몇백 년 전에는 몇몇 황제와 국왕이 세계무역을 좌지우지했다. 지난 50년 동안은 세계의 6만여 개 기업이 세계무역을 좌지우지했다. 이 말인즉, 소기업이 잡을 기회가 없고 개발도상국에게 주어진 기회가 없다는 뜻이다. 따라서 우리는 자유무역에 반대할 것이 아니라 80퍼센트의 중소기업에 자유무역의 혜택이 주어질 수 있는 더 나은 방법을 찾아야 한다.

자유무역은 이미 이뤄지고 있다. 어떤 사람은 무역이 불공평하다고 말하는데, 나는 무역이 반드시 공평해야 한다고 생각한다. 내 물건을 사라고 다른 사람에게 강요할 수는 없는 노릇이다.

무역을 통해 일자리를 만들고 소통할 수 있지만, 무역이 무기가 될 수는 없다. 무역은 상업적 문제를 해결하기 위한 방법이지 정치적 도구가 되어서는 안 된다.

우리는 현재 아주 중요한 시기에 놓여 있다. 세계화도 싫고 자유무역도 싫다는 사람도 있지만, 비즈니스맨으로서, 책임감 있는 비즈니스맨으로서 우리는 우리의 생각을 고수해야만 한다. 세계가 무역의 세계화와 자유무역의 미래로 나아가도록 그 길을 견지해나가야 한다. 지금 우리는 인터넷 시대를 살아가고 신기술의 시대에 접어들었기 때문이다.

현재 세계 60억 인구 중에서 20억이 인터넷을 사용한다. 우리 아이들, 다음 세대는 인터넷 시대에 태어나고 세계는 전례 없는 변화를 맞이하고 있다.

우리는 세계 각국 정부의 지원이 필요하다. 정부는 우리를 도와 더 합리적인 정책을 제정하고 중소기업과 청년에게 맞는 정책과 환경을 조성해 세계 무역규칙을 불신하는 사람들이 다시 신뢰를 회복할 수 있도록 해야 한다. 무역규칙을 더 간소화시키고 더 많은 일자리를 만들어야 한다. 취업 기회를 더 많이 제공하고, 경제가 더 성장하려면 규칙이 더 간소화되어야 한다. 우리는 이 문제를 창조적으로 고민할 필요가 있다.

더불어 우리는 행동해야 한다. 중소기업을 지원하지 않겠다는 정부는 하나도 없다. 하지만 말로만 떠드는 것으로는 부족하며, 실제적 행동이 수반되어야 한다.

우리 알리바바에는 이런 말이 있다.

"If not me, then who? If not now, then when?"

즉, "내가 아니라면 누가? 지금이 아니면 언제?"라는 뜻이다.

무역의 세계화와 자유무역을 발전시키기 위해 우리는 행동해야 하며, 바로 지금 행동해야 한다. 우리는 무역규칙을 바꿔야 하고 취업기회를 만들어야 한다. 나는 무역이 중단되면 전쟁이 일어난다고 믿는다. 무역만이 전쟁 발발을 막을 수 있다. 전쟁이 자유무역을 대체하도록 해서는 안 된다.

주

2013년 9월 3일 항저우에서 개최된 '비즈니스 서밋B 20'에서, 마윈이 중소기업 부문장을 맡아 축사를 했다.

DT시대란
무엇인가?

현재 우리는 IT시대를 지나 DT시대로 나아가는 전환기에 놓여 있다. 여기서 IT는 'Information Technology'의 약칭이고, DT는 'Data Technology'의 줄임말이다.

IT시대와 DT시대는 생각에서 큰 차이를 보인다. DT시대에는 이타적인 생각을 가졌을 때 성공할 수 있다. 여러분의 직원, 고객, 협력사를 여러분 자신보다 더 성장시키고, 여러분의 경쟁 상대를 여러분 자신보다 더 성장시켰을 때 비로소 사회가 진보하고 여러분 자신도 성공을 거머쥘 수 있다.

○ 미래 30년이 관건이다

수많은 오프라인 소규모 점포들이 할인행사를 하거나 폐업한다는 소식을 들었다. 마윈 때문에, 타오바오 때문에 그렇게 되었다고 말하는 사람도 있다. 이런 얘기를 들으면 13년 전에 전자상거래를 막 시작했을 때가 생각난다. 당시 우리는 인터넷이 앞으로의 생산, 제조, 판매 활동에 영향을 줄 것이며, 사회 전반에 걸쳐 영향을 미칠 것이라고 말했다. 즉, 전자상거래가 많은 업계에 큰 충격을 안길 수 있다고 주장했다. 하지만 당시 대부분은 이를 받아들이지 않았다.

어떤 일이든 앞을 내다보며 시도해봐야지 단순히 현재 가진 능력만 봐서는 안 된다. 현재 세계는 격변하고 있다. 나는 앞으로 30년이 인류사회에서 가장 대단한 30년이자 기대되는 30년 그리고 두려운 30년이 될 것이라고 확신한다!

빅데이터 구축에 참여하지 않는다면, 여러분의 기업을 인터넷 환경에 노출시키지 않는다면, 훗날 틀림없이 내가 방금 말했던 그런 불만을 토로하게 될 것이다.

오늘날 우리는 매우 복잡한 시대를 살아가고 있지만 다른 한편으로 많은 기업이 번창해가는 것을 볼 수 있다. 후판湖畔 대학에서 신입생을 모집할 때 6명의 학생을 면접하고 놀라움을 금치 못했다. 15년 전에 창업을 해서 다행이지, 지금 창업했다면 분명 이 젊은이들에게 무참히 짓밟혔을 것이다. 이들은 빅데이터와 인터넷 방식을 활용해 내가 전혀 이해하지 못하는 것들을 이야기했다. 설령 내가 그것을 이해했다 해도 당혹스러움을 감추기는 힘들었을 것이다.

오늘날 정부는 혁신적 전환을 시도 중이다. 전환승급轉型昇級, 전환을 통한 업그레이드-옮긴이을 기대한다고 이야기하는 사람들이 많지만,

전환승급을 위해서는 대가를 치러야 하며 그 대가를 현재 치르고 있는 중이다. 요즘 나는 이 문제를 놓고 고민이 많다. 기술혁명이 한차례 있고 수년이 흐른 후에는 비즈니스와 사회 전체의 변혁이 뒤따르기 마련이라는 것이 나의 결론이다. 그렇다면 현재 우리가 접하고 있는 기술혁명의 부산물은 과연 무엇일까?

이번 기술혁명은 인간의 지혜를 풀어놓았으며 인간의 뇌를 해방시켰다. 사람들은 이번 기술혁명이 앞으로 인류사회에 어떤 변화를 가져올지 상상조차 할 수 없다. 급변하는 기술환경에서 데이터가 생성되고 발견되며 응용됨으로써 인류사회의 비즈니스 방식에도 변화가 일고 있으며 경제, 정치 나아가 사회 전체가 변하고 있다.

기술혁명이 있을 때마다 비즈니스 방식에 엄청난 영향을 미치므로 이 문제를 조직 차원에서 고민해야만 한다. 앞으로 우리 조직은 어떻게 될까?

미래에는 기업이 직원을 고용할 뿐 아니라 직원 역시 기업을 고용할 수 있다. 우리는 어떠한 형태의 조직이 미래에 적합할지, 어떠한 집단이 미래에 적합할지 한걸음 앞서 고민해야 한다.

○ DT시대에는 IT기업도 전통적인 기업이 된다

IT에서 DT로의 변화에 대해 중점적으로 다뤄보고자 한다. 사람들은 IT에서 DT로 넘어가는 것이 단순히 기술의 발전이라고 생각한다. 하지만 이는 서로 다른 시대이며, DT는 새로운 시대의 시작을 말한다.

사회학적 관점에서 보았을 때, IT시대에는 자기 스스로를 더 성장시킨다면 DT시대에는 다른 사람을 더 성장시킨다. IT시대에는 다른 사람에게서 서비스를 제공받는다면, DT시대에는 자신이 다른 사람을 위해 서비스를 제공하고 경쟁 상대가 다른 경쟁 상대에게 서비스를 제공한다.

IT시대에는 20퍼센트의 기업이 성장하고 나머지 80퍼센트 기업은 어떻게 대응해야 할지 몰랐다고 한다면, DT시대에는 80퍼센트의 기업이 능력을 발휘할 수 있는 장이 열린다. IT시대에는 사람이 기계화되지만 DT시대에는 기계가 인공지능을 탑재하게 되어 사람들에게 새로운 시대를 열어준다.

미래 제조업은 제품을 생산할 뿐만 아니라 미래 제조업에서 제조해낸 기계 역시 사고하고 소통할 수 있어야만 한다. 앞으로 모든 제조업은 인터넷과 빅데이터의 단말기업이 될 것이다. 미래 제조업 발전의 최대 에너지는 석유가 아니라 데이터다!

무수한 기업들이 빅데이터를 발견하고 추구하며 빅데이터 시대에 참여하고 있다. 나는 앞으로의 경쟁에 천지개벽의 변화가 있을 것으로 확신한다. 우리는 수많은 IT기업이 전통기업으로 바뀌고 수많은 인터넷 기업이 전통적인 인터넷 기업으로 전락하는 것을 목도했다. 많은 사람들이 IT시대를 정확히 이해하지 못한 상태에서 세계가 DT시대를 맞이했기 때문이다.

미래의 DT시대를 고민하지 않는다면 우리의 기술은 결국 더 이상 기댈 곳이 없어지며 우리의 삶은 여전히 어제에 머물러 있게 된다. 예를 들어보자. 2차 세계대전 당시 일본은 세계에서 가장 강대한 군함인 '야마토大和'를 건조했다. 야마토는 견고한 스틸 아머steel armor와 최강의 대포를 자랑하며 모든 것을 파괴할 수 있다고 자체적으로 판단했다. 격전을 벌이기 위해 항공모함을 찾아 출항했지만 항공모함은 찾을 수 없고 오히려 비행기에 격침되었다. 항공모함은 플랫폼으로서 자체적인 공격 능력을 갖추지 못했지만 상층 함재기의 공격 능력은 강력했기 때문이다. 이것이 하나의 생태 시스템이라고 할 수 있다. 따라서 여러분 자신이 얼마나 강력하든지 간에, 직원들의 성장과 고객들의 성장 그리고 협력사의 성장을 언제나 고민해야 한다. 시스템이 이 모든 것을 아울렀을 때 비로소 훨씬 더 강력한 경쟁력을 갖게 된다.

오늘날 사람들은 인터넷을 통해 뉴스를 보고 쇼핑을 하며 게임을 하고 채팅을 할 뿐만 아니라 인터넷 기업이 사회변혁에 참여하고 경제발전에 참여하며 교육발전을 이끌어 경제를 더 번영시키고 인류를 더 행복하게 만들며 사회 각계각층을 갈수록 더욱 발전시켰다.

이 점은 모든 인터넷 대기업들이 안고 있는 역사적 책임이다. 과거에 우리는 우리가 발명한 화약을 불꽃놀이의 원료로 생각했지만, 다른 쪽에서는 무기로 활용했다. 따라서 우리는 더 이상 인터넷을 하나의 도구로만 생각할 게 아니라 인터넷을 자국과 세계 사회 발전을 이끄는 거대 에너지와 동력으로 삼아야 한다.

우리는 격변의 시대를 살아가고 있다. 이는 미래를 함께 전망해보는 시대로 다른 사람을 바꾸는 게 아니라 자기 자신을 바꾸는 것이다. 이렇게 했을 때, 10년 후 '빅데이터 때문' 따위의 불평이나 쏟아놓지 않게 된다. 우리는 빅데이터를 미래 인류의 거대 에너지가 되도록 만들어야 한다.

주

2015년 5월 26일 구이양貴陽국제회의컨벤션센터에서 2015 국제 빅데이터 산업박람회 및 세계 빅데이터 시대 구이양 정상회담이 열렸다. 박람회의 주제는 '빅데이터 시대의 변혁, 기회와 도전'이었다. '윈상구이저우云上貴州'는 중국 성급정부에서 최초로 구축한 정무 서비스 원플랫폼으로 알리윈阿里云에서 구축했다. '구이저우-알리'처럼 정경협력을 통해 빅데이터를 구축하는 방식을 따라하는 곳이 늘어날 것으로 보인다. 마윈이 이 회담의 기조연설에서 DT시대의 의미와 발전 방향을 역설했다.

DT시대에
필요한 것들

일전에, 주중 외국 대사가 나에게 뉴욕 주식시장에 상장함으로써 알리바바의 원래 꿈은 이미 실현되었으니 이제 다음 꿈은 무엇인지 물은 적이 있다. 사실 나는 알리바바의 꿈이 실현되었다고 전혀 생각하지 않는다. 우리는 102년의 역사를 지닌 기업을 만들고 싶었는데, 이제 겨우 16년 되었으니 앞으로 86년을 더 가야 한다. 우리의 진짜 꿈은 우리의 노력을 통해 더 많은 사람들이 꿈을 이룰 수 있도록 하는 것이다. 즉, 다른 사람들의 꿈을 위한 지지대가 되는 것이다. 알리윈의 모든 개념, 알리바바가 축적한 데이터와 계산능력을 꿈을 좇는 수많은 사람들과 공유해 그들의 꿈이 이뤄질 수 있도록 할 것이다!

○ DT의 개념은 '네 안에 나 있고 내 안에 너 있다'이다

인터넷의 발전으로 전통기업이 기회를 잃게 되었다고 한다. 누가 전통기업이 기회를 잃었다고 말하는가? 행동할 수 있는지, 제 속도를 낼 수 있는지, 꿈이 있는지, 모든 꿈을 현실화시킬 수 있는지를 살펴보라.

우리가 모르는 것들이 많을 수 있지만 우리는 '모를 수 있음'을 존중한다. 수많은 일들은 우리가 모르기 때문에 비로소 호기심을 갖고 탐색해나갈 수 있다. 몇 년 동안 사람들은 인터넷에서 BAT바이두Baidu, 알리바바Alibaba, 텐센트Tencent가 중국의 혁신, 크리에이티브, 창업의 기회를 모두 앗아가버렸다는 말을 가장 많이 했다. 이걸 보고 나는, 빌 게이츠를 탓하고, IBM을 탓했던 20년 전의 내가 떠올랐다. 나는 이들이 우리의 기회를 앗아가버렸다고 생각했다. 하지만 사실 지난 20년 동안 수많은 창업자들이 기회를 포착했다.

BAT 같은 큰 산이 세 개나 딱 버티고 있는데 우리에게 무슨 기회가 돌아오겠냐는 말이 있다. 나는 마을의 지주를 때려죽인다고 해서 농민이 잘 살게 되는 것은 아니라고 생각한다. 큰 산 세 개가 잘 서 있어야 다른 일곱 개 산이 잘 서 있을 수 있듯이, BAT가 계속 발전해야 여러분도 이길 수 있는 기회를 얻게 된다. 오늘날의 창업 환경, 인프라, 융자환경이 15년 전보다 더 좋아져야 여러분 각자의 자질, 창업능력 역시 상상할 수 없는 수준이 될 것이다.

다들 알리바바의 창업인 18명이 정말 대단한 사람이라고들 말한다. 사실 알리바바의 창업인 18명은 16년 전에 좋은 일자리를 얻지 못해 창업을 했다. 우린 학벌이 좋지도 않고 경력이 뛰어난 것도 아니며 콴시도 없지만 미래의 꿈을 위해 함께해왔다. 노력만 한다면 앞으로 언젠가 우리의 꿈이 현실이 될 것으로 확신한다!

우리 각자가 자기가 말한 것을 믿고 자신이 생각한 것을 믿으며 자신이 행한 것을 믿었을 때, 우리에게 미래가 있다. 기회는 어느 곳에나 있다. 지금부터 시계를 20년 전으로 돌려본다면 사실 그때는 인터넷기술이 비약적으로 발전했던 시대였다. 앞으로 30년은 인터넷기술이 사회 곳곳에 스며드는 30년이 될 것이며 바로 이 30년 속에 진짜 창업의 기회가 엄청나게 많이 숨겨져 있다.

우리는 이제 새로운 자원통합의 시대에 들어섰다. 이 시대의 핵심자원은 석유뿐만 아니라 빅데이터의 관리, 분석 그리고 응용에 있다. 현재 중국은 컴퓨터 대국이지만 계산대국은 아니다. 하지만 중국이 언젠가는 계산대국이 될 것을 확신한다.

지금 빅데이터는 이미 중요한 생산자료로 쓰이고 있는데 앞으로의 생산력은 빅데이터를 분석하고 응용하는 능력과 모든 창업자의 혁신능력과 기업가 정신에 달려 있다.

정부부처의 관리감독과 거버넌스 역시 빅데이터와 아주 밀접한 관계가 있다. 정부는 기업자본을 유치할 때 '오통일평'이 아니라 계산능력, 저장능력, 데이터의 서비스능력을 고려해야 한다. DT시대에는 더욱 공평하고 더욱 투명하며 더욱 개방적으로 바뀔 것이며, DT의 개념은 '네 안에 내가 있고 내 안에 네가 있다'이며 DT 개념으로 인해 모든 사람이 한데 연합해 불가분의 관계를 맺게 된다.

IT시대에 제조가 탄생했다면 DT시대에는 '창조'가 탄생할 것이다. IT시대에 지식이 탄생했다면 DT시대에는 인류가 진짜 지혜의 시대에 들어서게 될 것이다. 계산능력은 미래에 또 다른 생산력이 되고 데이터는 최대 생산자원이 되어 물, 전기, 석유와 마찬가지인 공공자원이 될 것이다. 석유와 같은 신에너지를 보유하기 전에 인류는 달에 오를 생각도 하지 못했다. 계산능력을 갖기 전에 우리는 인류의 사고능력이 이렇게 확장될 수 있을 것으로 상상조차 못 했다. 분명한 것은 계산능력이 생기고 데이터를 갖게 되어야 인류는 경천동지할 만한 변화가 발생하고 '외연 확장'에서 '내연 확장'으로 나아갈 수 있다는 점이다. 그렇다면 '외연 확장'은 무엇인가? 인류의 지식이나 시야가 화성, 금성 등 다른 행성으로 확장되어 탐색에 나서는 것이다. 그렇지만 인류는 자기 자신에 대한 이해가 매우 빈약하다. 그런데 데이터를 통해 우리는 유사 이래 스스로에 대해 가장 잘 알고 이해하게 될 것이다. 이것이 바로 '내연 확장'이다.

이는 인지능력과 사고능력을 기술차원에서 해방시킨 것이다. 인류는 질병, 빈곤, 환경악화의 문제에 맞서야 하는데, 지금 인류가 갖고 있는 최대 무기는 바로 컴퓨터, 즉 클라우드컴퓨팅, 빅데이터 분석·응용 능력이다. 최대 빈곤층이 컴퓨터를 통해 세계와 연계되면 인류는 분명히 빈곤과의 전쟁에서 승리할 가능성이 크게 높아질 것이다. 사고능력의 해방은 기업의 생존방식에 변화를 가져올 것이다. 소기업은 대기업과 똑같은 기회를 얻게 되고 혁신과 창조는 기업 성공을 가늠하는 바로미터가 될 것이다.

○ 위대한 기업은 역경 속에 탄생하기 마련이다

중국경제를 걱정하는 사람들이 많다. 하지만 나는 개인적으로 중국경제가 전례 없이 좋은 기회를 맞이했다고 생각한다. 위대한 기업은 역경 속에 탄생하기 마련이다. 중국경제 성장속도가 9퍼센트에서 7퍼센트로 내려앉았고 5퍼센트까지 하락한다 해도, 세계 4대 경제 강국 중에서 중국경제는 가장 빠르게 성장하고 있다. 중국경제의 거대 잠재력은 내수에 있다. 중국경제를 이끄는 '3두 마차'인 투자와 수출 그리고 내수 중에서 투자와 수출은 정부가 강한 부문이지만, 정부가 서민들에게 지갑을 열라고 하기는 어렵다. 오늘날 우리는 새로운 기술을 사용할 수 있다. 클라우드를 통해 내수를 촉진하고 클라우드를 통해 내수를 이끌며, 클라우드컴퓨팅과 인터넷을 통해 내수를 부양할 수 있다. 앞으로 20년 내에 중국은 진정한 내수의 시대로 진입할 것이다. 바로 여기에 혁신자와 창업자를 위한 엄청난 기회가 숨겨져 있다.

현재 중국에는 3억 명가량의 중산층이 살고 있지만 소비수준과 소비력은 여전히 낮은 수준에 머물러 있다. 소비란 무엇인가? '사해辭海, 중국의 사전 - 옮긴이'에 따르면, 소비란 '인간이 물질자원을 씀으로써 물질적, 문화적 생활의 수요를 만족시키는 과정'이다. 소비수준과 소비관이 각기 다르기 때문에 사람들의 양적, 질적 소비수준 역시 다를 수밖에 없다. 과거에는 집집마다 텔레비전이 한 대밖에 없었지만 지금은 텔레비전이 서너 대나 있는 집이 많다. 그중 한 대는 늘 켜져 있지만 나머지 세 대는 생활의 편리를 위해 구비된 것이다.

즉, 가족들이 각기 다른 방에서 각자 좋아하는 프로그램을 보는 것이다. 이것이 바로 생활의 질이 향상된 후 나타난 수요다.

사람들이 물건을 더 많이 사도록, 돈을 쓰도록 독려해야 한다. 때때로 돈은 쓸수록 생긴다. 절약한다고 되는 것이 아니다. 투자를 하거나 소비를 하고 돈을 더 많이 벌어야겠다는 자극을 받아 돈이 생기게 된다. 힘들게 아끼면서 한평생을 살 수는 없고 열심히 만들어 낸 물질적 풍요를 누려야 한다. 모든 창업자들이나 혁신자들은 자신의 제품이 다른 사람들의 마음을 사고, 다른 사람들이 자신의 제품을 보고 사고 싶은 충동이나 서비스를 누리고 싶은 충동이 들게 만들어야 한다. 진정한 의미에서 소비경제의 동력이 바로 여기에 있다.

앞으로 15년 내 중국의 중산층 규모는 5억 명이 될 것이다. 이는 무엇을 의미하는가? 현재 미국의 중산층 수는 1억 5천 명에 못 미친다. 그렇지만 미국의 내수는 세계경제의 발전을 이끌었다. 향후 15년 내에 중국에는 미국 내수의 3배가 넘는 내수가 만들어질 것이다. 중국경제를 지속적으로 발전시키기 위해서 이 내수를 어떻게 확보할지 고민해야 한다. 창업자, 혁신자 모두 방법을 총동원해 내수를 창출하고 건강, 즐거움, '지적 제조' 등 모든 방법을 고안해 내수에 접근해야 한다. 이렇게 했을 때, 비로소 더 멀리 갈 수 있으며 중국경제가 더 발전하고 환경은 더 좋아지며 국민 모두 더 잘살 수 있다.

돈이 중요하다는 건 누구나 알고 있다. 하지만 나는 계속 꿈꾸며 계속 노력하는 것의 중요성을 더 잘 알고 있다. 15년 전 실리콘밸리에 가서 30여 차례 융자를 신청했고 30여 개 기업을 찾아갔지만 모두 거절당했다. 지금 많은 사람들이 융자받기가 힘들다고 말한다. 아니다. 지금처럼 융자받기가 쉬운 적이 없다. 전에 우리가 2천만 달러를 빌렸는데 그해 융자를 가장 많이 받은 기업이 되었다. 하지만 지금은 10억 달러를 조달해도 어디다 내놓고 말할 거리가 되지 않는다.

중국을 주제로 이야기를 하는 사람들이 많지만 그 이야기를 현실로 만드는 사람은 실제로 많지 않다. 다른 사람에게 돈을 구할 게 아니라 시장에서 돈을 구해야 하고 이익을 창출해야 한다. 다른 사람들에게 여러분이 수익을 내는 것을 보여주어야만 여러분은 지속적으로 해나갈 수 있다. 따라서 창업자들은 부디 실제 현실에 입각해 써야 할 돈은 쓰되 쓰지 말아야 할 돈은 아끼며 착실하게 사업을 해나가길 바란다. 우리는 갈 길이 멀다. 앞으로의 경쟁은 3년간의 경쟁이 아니라 30년 동안의 경쟁이다.

중국경제의 진짜 동력은 전통적 제조업에 있지 않고 모든 창업자들의 크리에이티브 정신과 혁신 그리고 창조에 있다!

주

2015년 10월 14일에 열린 항저우 윈치대회에서 마윈이 기조연설을 했다.

새로운 세계화와
세계무역 플랫폼

우리는 반드시 기존의 무역형식을 바꿔야 한다. 세계는 격변하고 있고 인터넷은 금세기 인류의 최대 기술혁신으로 그 영향력은 영국에서 발생해 세계 산업판도를 바꾸어놓았던 1차 산업혁명에 비해 조금도 뒤지지 않는다. 유럽과 미국에서 발생한 2차 산업혁명은 대기업이나 대규모 조직의 발전을 이끌었고, 이로써 국제적으로 통용되는 무역협정과 조약이 제정되게 되었다. 그러나 지금 세계에 무역협정이 없는 것도 아닌데 무역은 갈수록 어려워지고 마찰은 갈수록 커져 결과적으로 힘들어하는 사람들이 갈수록 늘고 있다. 증기기관차로 대표되는 1차 산업혁명은 인간이 체력의 한계에서 벗어나게 했다. 전기의 광범위한 응용으로 대표되는 2차 산업혁명은 인류가 더 멀리 갈 수 있도록 했다. 핵에너지, 컴퓨터, 유기합성소재의 발견과 발명으로 대표되는 3차 산업혁명은 번거롭고 복잡한 정신노동으로부터 인류를 해방시켰다. 이제 우리는 정보기술, 바이오정

보산업, 빅데이터가 키워드인 시대에 살고 있다. 이번 기술혁명은 인류의 체력, 사고력을 한층 더 해방시킬 뿐만 아니라 인류의 지혜까지도 해방시켜주었다. 이제 우리는 우리의 지혜를 가지고 무역에서 발생한 문제를 어떻게 해결할지 고심해야 한다.

○ 중소기업에 대한 제재는 일반 대중에 대한 폭격이나 다름없다

2001년, 내가 처음으로 동계 다보스포럼에 참석했을 당시 중국은 WTO 가입을 막 축하하면서 다들 중국이 거대한 도전에 직면했다고 생각했다. 바로 '늑대'가 온 것이다! 외국 기업이 중국에 진출하고 외국의 생산재와 상품이 중국에 들어오게 되었다. 우리는 외부인을 '늑대'라고 부른다. 하지만 중국 기업과 소비자들은 WTO 가입이 불가피해진 이상 이를 포용하고 이러한 변화를 포용해야 했다. 그런데 다보스에 간 날 엄청나게 많은 사람들이 다보스 전역에서 반대 시위를 하는 것을 보았다. 사람들은 세계화에 반대했고, 세계화가 세계경제에 도움이 되지 않는다고 생각하는 사람들이 많았다. 나는 매우 혼란스러운 상태에서 회의에 참석했다.

  15년의 시간이 흘렀지만 혼란스러운 상태는 여전히 계속되고 있다. 지난 15년 동안 세계무역은 WTO에 힘입어 경천동지할 만한 변화를 겪었다. 15년 전 중국인은 '늑대'가 왔고, 외국 기업이 중국에 진출해 중국시장 전체를 완전히 무너뜨릴 거라고 생각했다. 15년 후 외국 기업은 '중국 늑대'가 와서 자신들을 내쫓았다고 생각한다. 그러나 지난 15년 동안 우리는 한 가지 문제를 발견했다. 무수히 많은 다국적 기업은 거대한 이익을 취했지만 개발도상국의 중소기업이나 수많은 청년들은 세계화를 통해 큰 이익을 얻지 못했다는 것이다. 어떻게 해야 수많은 중소기업, 청년들, 여성 창업가들이 세계무역이 주는 이익을 취할 수 있을까. 이는 심각한 문제다. 몇십 년 동안 WTO의 노력이 없었다면 세계경제와 무역이 오늘날처럼 발전할 수는 없었을 것이다. 그러나 지금까지 WTO 회의가 줄곧 정부 차원에서만 진행되었음은 아쉬운 점으로 남는다.

우리는 세계가 갈수록 복잡해지는 것을 똑똑히 보고 있다. 사람과 사람 간에는 신뢰가 없고 소통과 이해가 부재하며 모든 문화가 끊임없이 싸우고 서로 부딪치고 있다. 나는 무역이야말로 최고의 소통방식이며, 서로 다른 문화를 존중하고 이해해 문화를 뒷받침해주는 최고의 방식이라 생각한다. 하지만 현재 무역은 정치적 수단으로 전락했으며 전쟁의 도구(경제제재)가 되었다. 나는 개인적으로 모든 형식의 무역제재, 특히 중소기업에 대한 제재에 강력히 반대한다. 중소기업에 대한 제재는 일반 대중에 대한 폭력이나 다름없다. 무역은 무역의 차원에 머물러야지 무역 자체에 더 많은 정치적 요소를 담아서는 안 되며, 기업, NGO(비정부기관) 차원에서 각자 이익 균형을 이룸으로써 호혜상생의 새로운 무역규칙을 만들어가야 한다.

인터넷이 계속 발전하면서, 세계는 사이버공간을 통해 서로 연결되고 세계 각지에 살고 있는 사람들이 지구촌 가족이 되었다. 구글, 페이스북, 텐센트, 바이두… 등은 모두 사람들을 연결시키려고 한다. 인터넷을 통해 전 세계 기업, 은행, 인프라가 연계되고 사람들 모두 무역에 종사할 수 있으며 소기업도 무역에 참여할 수 있게 된다. 바로 이것이 우리 세대가 반드시 해내야 할 일이다.

○ 무역장벽을 없애고 eWTP를 구축하자

내가 이해하는 무역이란, 어떤 방식을 통해서든 전 세계에서 물건을 사고 전 세계를 대상으로 물건을 파는 것이다. 과거의 무역규칙은 대기업을 위한 것이지만 미래의 무역규칙은 법의 테두리 안에 있는 모든 구매자와 판매자에게 적용되어야 하며 모든 사람에게 무역에 참여할 기회를 제공해야 한다. 예컨대 집에 땅이 조금 있어 그 땅에서 생산한 농산품은 이 플랫폼을 통해 자기가 사는 동네뿐만 아니라 현도縣都 정부 소재지 - 옮긴이에서 팔고 더 나아가 세계 각지에서 팔 수 있어야 한다. 전 세계 소비자 역시 세계 각지의 상품을 사거나 팔 수 있는 권리를 갖게 된다. 무역은 개개인의 권리이며 모든 사람이 참여할 수 있어야 한다. 낮에는 노동을 하고 밤에는 매매를 할 수 있다.

특별히 전 세계에 eWTP를 구축할 것을 호소하는 바이다. eWTP에서 세계화에 참여할 기회를 얻지 못했던 80퍼센트의 기업에 집중하고 소기업에 집중하며 개발도상국에 집중할 수 있다. 과거의 WTO 규정은 다국적 기업, 선진국을 돕기 위함이었지만, 미래 30년 동안 우리는 80퍼센트의 중소기업에 집중하고 80퍼센트의 개발도상국에 집중하며 80퍼센트의 여성과 청년에게 집중해 그들이 이 플랫폼을 바탕으로 세계무역에 더 많이 참여할 수 있는 기회를 누리게 해야 한다.

우리가 함께 노력한다면, 모든 무역장벽을 무너뜨리고 WTO에 뒤지지 않을 조직을 설립할 수 있다고 생각한다. 인터넷은 전 세계 기업들을 연계시키고 데이터는 개개인에게 공평하게 교역할 수 있는 환경을 제공해주며 개개인은 전 세계 물류시스템을 이용할 수 있다. 오늘날 우리는 이러한 기술을 이미 구비했으며, 세계무역규칙을 개선할 만한 조건을 갖추었고 세계무역에 참여하길 원하는 젊은 세대들이 포진해 있다. 다들 알다시피 2016년 3월 21일까지 알리바바의 전자상거래 총거래액GMV은 3조 위안을 넘어섰다. 알리바바는 지난 13년 동안 중국의 인터넷 인프라와 무역조건이 전반적으로 완비되지 못한 상황에서 3조 위안의 매출을 달성했다. 13년이라는 단기간 동안 수천 명의 중국 청년들도 이렇게 할 수 있었는데, 왜 10년, 20년의 노력에도 세계무역 플랫폼의 장애물을 걷어내지 못했던 것일까?

우리 모두 함께 eWTP 구축에 힘쓸 것을 호소하는 바이다. 플랫폼을 바꾸고 새로운 플랫폼을 만들어야 한다. 새 플랫폼을 통해 각국은 상호이해를 증진하고 전 세계 청년들이 자신에게 맞는 기회를 찾을 수 있게 된다. 우리는 플랫폼의 기술을 발전시킬 뿐만 아니라 포용적 금융을 발전시켜야 한다. 전 세계 청년들이 포용적 금융제도의 혜택을 누릴 수 있어야 한다!

세계는 이미 달라졌으며 더 이상 어제를 놓고 이러쿵저러쿵해서는 안 된다. 어제의 영광을 회복하려고 해서도 안 된다. 어제 기회를 누리지 못했던 80퍼센트의 사람들에게 기회를 주었을 때, 이 세계의 내일이 더욱 밝아질 것이다.

주

보아오포럼은 아시아 25개국과 호주가 공동 발기한 것으로, 2001년 2월 27일 중국 하이난성海南省 보아오博鰲에서 공식 창설이 선포되었다. 포럼은 비정부, 비영리 포럼으로, 정기적으로 보아오에서 개최된다. 각국 정부, 기업, 학계 전문가 들이 경제, 사회, 환경 및 다른 관련 사안들을 놓고 함께 논의하는 고위급 대화의 장이다. 2016년 보아오포럼 연례회의가 3월 22일에서 25일까지 '아시아의 새로운 미래: 새로운 활력과 새로운 비전'이라는 주제로 열렸다. 그중 '인터넷+' 관련 주제가 가장 이목을 끌었다. 회의에서 마윈은 처음으로 개개인이 모두 참여할 수 있는 eWTP 구축을 주창하며 전자상거래는 일종의 생태혁명이라고 역설했다.

동방에서 만난
서방

중국인과 미국인은 아주 많이 다르다. 미국인은 자기가 하고 싶은 것을 국제적인 일로 만들어 인류는 이렇게 해야 하고 이렇게 하지 않으면 안 된다고 말한다. 중국인은 인류를 위해 많은 공헌을 했고 세계를 위해 많은 일을 했지만 이런 일들은 모두 우리 집안일이라고 말한다.

원래 신중국 건국 이후 경제가 매우 낙후되고 국가 경제력은 아주 약했기에 사람들은 중국에 대해 큰 기대가 없었다. 하지만 중국이 세계 2위의 경제대국이 되자 세계인들이 중국에 거는 바람과 기대가 커져갔고 중국이 세계 2위의 경제대국으로서의 책임을 다하기를 희망하고 있다.

○ '일대일로'는 중국이 세계에 대해 책임을 다하는 방식이다

나는 개인적으로 '일대일로—帶—路'가 중국이 세계에 대해 책임을 다할 수 있는 기회이자 중국이 인류를 위해 일할 수 있는 매개체라고 생각한다. "자기가 하기 싫은 것은 남에게 강요하지 마라己所不欲 勿施于人"는 공자의 말처럼, '일대일로' 그 자체로 중국의 생산력 과잉을 다른 곳으로 돌릴 수 없다. 중국인은 자신에게 있는 것 중 가장 좋은 것을 친구에게 줘야 한다고 믿는다. 집에서 쓸 수 없는 물건을 다른 사람에게 나눠줘서는 안 되며 그렇게 하면 문제만 더 커질 뿐이다.

사실 중국은 대단한 나라다. 300년 전 동양문화는 세계에서 가장 번영한 문화였지만 300년 동안 서양문화가 크게 발전했다. 중국이 일으킨 첫 번째 세계화가 무엇인가? 바로 실크로드다.

과거 30~50년 동안 세계통합은 미국화 위주로 진행되었으며 공업이 확대되던 시기였다. 미국은 세계 최대 경제강국으로서, 세계에서 정말 대단한 국가였다. 자신의 방식과 방법으로 전 세계에 진출해 산업화의 융성을 추진했다.

그렇지만 오늘날 불평등한 세계경제무역, 신기술의 탄생, 경제형세의 변화로 인해 중국은 세계를 위해 공헌해야겠다는 생각을 하게 되었다. 만약 '일대일로'가 세계를 위한 중국의 공헌이자 중국이 더 공평하고 더 개방적이며 더 투명한 무역규칙을 제정하는 데 참여하는 방식이라면, '일대일로'는 인접국들에 실질적 혜택을 안겨줄 것이며 더 많은 사람들의 인정을 받게 될 것이다. 나 개인적으로는 이것이 바로 '일대일로'를 시작했을 당시의 초심이라고 생각한다.

만약 과거의 세계화가 자원과 저렴한 노동력을 확보하고 더 많은 시장을 선점하는 것을 위주로 했다면, '일대일로'가 불러일으킨 세계화는 현지에 일자리를 만들고 현실적으로 현지인들이 할 수 없는 일들을 해주며 현지 경제가 발전하는 데 공헌을 해야 한다. 이러한 점들을 고려한다면, '일대일로'야말로 21세기에 정말 대단한 발상이다. 중국은 경제성장의 노하우를 나누고 세계에 대한 중국의 견해를 나누며 세계에 대한 책임을 다하고자 한다.

또한 '일대일로'에 있어 더 중요한 것은 동서양 문화의 교류라고 생각한다. 문화교류, 사상교류가 있어야만 경제교류가 가능하다.

○ 서양은 흑백논쟁, 동양은 흑백통합을 이야기한다

동서양 문화는 아주 많이 다르다. 중국인은 서로 만나면 "식사하셨습니까?"라고 인사하지만 서양인은 "날씨가 어떻습니까?"라고 묻는다. 아마도 중국인은 농사를 짓고 살았기 때문에 최대 관심사가 배가 고픈지 여부였을 것이다. 이는 아열대지역, 농업사회에 해당되는 문제다. 서양은 북온대지역에 위치해 사냥을 주로 했다. 날씨가 좋아야 사냥을 할 수 있기 때문에 날씨에 그렇게 관심이 많은 것이다. 그 외에 농사는 집단으로 협력할 필요가 없지만 사냥은 집단으로 협력해야 한다. 따라서 역사적으로 보았을 때 동양인들의 단체 협력이 상대적으로 떨어지고 전투능력도 떨어졌다. 서양은 처음에는 유목생활을 하며 사냥을 하다 나중에는 약탈을 했고, 축구가 발전한 것에서 볼 수 있듯이 강력한 전투능력을 갖추었다. 축구하는 사람들은 11명이 마치 1명처럼 공을 찬다. 하지만 중국은 1명이 11명처럼 공을 찬다.

중국이 너무 강대해져 세계를 지배하면 어떡하나 늘 노심초사하는 미국인들이 있다. 그런데 이것은 동서양 간의 문화적 차이가 표출된 것이다. 예전에 미국에서 미디어 관련 고위급 인사와 만났을 당시 동서양의 문화적 차이에 대해 논의한 적이 있다. 그들이 말한 이야기는 정말 합리적이었지만 마지막으로 나는 그들에게 유교, 불교, 도교 관련 책을 본 적이 있는지 물었다. 《논어》를 한 편이라도 읽어봤습니까? 아니요. 《도덕경》을 한 편이라도 읽어봤습니까? 아니요. 그래서 나는 말했다. 나는 《성경》을 보고 존중하는 법을 배웠고 서양문화와 중국문화의 차이, 나아가 서양의 장점과 중국의 약점을 이해하게 되었다.

서양은 흑백논쟁을 얘기하지만 동양의 도가사상은 흑백통합을 얘기한다. 흑이라고 반드시 나쁜 것은 아니고 백이라고 반드시 좋은 것은 아니다. 어릴 적, 밖에서 싸우면 싸움에서 이겼든 잘했든 잘못했든 간에 아버지는 먼저 제 자식을 한 대 쥐어박고 나서야 말씀을 하셨다. 이것이 바로 전통적인 중국식 교육이다. 하지만 서양은 갈등 속에서 문제해결을 추구한다.

우리는 우리 아이들이 갈등 속에서 문제를 해결하는 법을 교육해야 한다. 이 세계가 과연 갈등 없이 유지될 수 있을까? '일대일로'에서 과연 갈등이 발생하지 않을 수 있을까? 세계화 과정에서 과연 갈등이 발생하지 않을 수 있을까?

중국의 도가철학은 자신을 바꿔 자연과 조화를 이뤄야 한다고 강조하고, 유가사상은 자신을 바꿔 이 사회에 적응해야 한다고 강조하며, 불교에서는 자신의 행동을 바꿔 내면의 발전에 순응해야 한다고 강조한다. 유교, 불교, 도교에서는 모두 대립의 사상이나 반드시 '지도자'가 되어야 한다고 말하지 않는다.

서양의 복싱은 상대방을 때려 눕혀야 이기지만 중국의 태극권은 상대에게 부상을 입히지 않아도 이길 수 있다. 따라서 중국인은 비즈니스 경쟁에서 상대가 형세의 불리함을 알고 물러서게 만들어야 하며, 대립하는 것은 하수다. 어떻게 공격해 들어왔는지 상대가 전혀 알아차리지 못해야 진짜 고수다.

외국어를 배웠던 탓에 나는 성경을 읽었다. 성경은 세계에서 가장 대단한 '베스트셀러'인 것 같다. 내용이 조리 있고 매우 감동적이다. 다른 것은 들을 필요가 없고 하느님의 말을 따르면 된다. 불교에서 추구하는 '깨달음'이란 꽤나 복잡해 사람마다 생각, 경지, 능력이 다 다를 수 있다. 나는 중국문화에서 어떤 말은 꽤 일리가 있다고 생각한다. 청나라는 자신의 문화에 대해 엄청난 자부심을 지녔지만 왕조가 붕괴된 후 자신감을 잃게 되었다. 그 결과 자기 자신은 아무것도 아니고 서양의 것은 뭐든 좋다고 여겼다. 그렇지만 반드시 그런 것만은 아니다.

○ 세계화는 구도를 이야기하지만 국제화는 능력을 이야기한다

국제화와 세계화는 서로 다른 개념이다. 나는 '일대일로'가 세계화라고 생각한다. 국제화는 능력을 이야기하지만 세계화는 구도와 경계를 이야기한다. 많은 사람들이 기업의 능력과 개인의 능력 모두 국제화의 차원이라고 이야기하지만 세계화는 전 세계에 대한 책임, 세계적 시각 그리고 아프리카의 작은 나라 하나도 나와 관계가 있다는 식의 경계를 의미한다. 국제화를 위해서는 영어를 알아야 하지만 세계화를 위해서는 사실상 영어를 꼭 알 필요는 없다. 마오쩌둥이 영어를 할 줄 알았는가 아니면 닉슨이 중국어를 할 줄 알았는가? 그렇지만 1972년 두 거물은 인류 역사상 가장 중요한 세계화의 구도를 만들어 이후 수년 동안 큰 영향을 주었다. 나는 '일대일로'가 세계화의 구도를 만들지만, 중국 기업이 '저우추취 走出去, 저우추취는 직역하면 '밖으로 나간다'는 의미로 중국 기업들의 해외 진출을 뜻한다 – 옮긴이'할 때에는 국제화의 능력을 갖추어야 한다고 생각한다.

○ 경쟁 상대를 받아들여야 더욱 강해질 수 있다

중국문화는 매우 독특하다. 중국인은 감상과 존중의 태도로 다른 사람과 다른 점, 배워야 할 점 그리고 앞질러 가야 할 점들을 받아들이고 존중하는 태도로 관찰한다. 이것이 중국의 문화다. 한 미국 관리가 내게 중국이 세계 1위가 된다면 어찌어찌될 것이라고 말한

적이 있다. 나는 염려 마시라고 했다. 중화민족의 문화는 때려눕혀 이기는 방식이 아니라 '군자는 말로 하지 손을 쓰지 않는다君子動口 不動手'처럼 점진적으로 상대를 변화시킨다.

오늘날 중국이 서양을 이해하고 있을까 아니면 서양이 중국을 이해하고 있을까? 미국이 중국을 잘 이해할까 아니면 중국이 미국을 잘 이해하고 있을까? 먼저 한 가지 가설을 세워보자. 만약 여러분이 오늘 뉴욕에 가서 미국인 100명에게 중국 도시 10개만 말해도 미국인 100명 모두 머리가 어질어질하다고 할 것이다. 그들은 베이징, 상하이를 제외하고 항저우조차 모를 것이다. 중국어 열 마디를 말할 수 있는 사람은 10명도 채 안 될 것이다. 하버드 대학이라고 다를 바 없다. 하지만 여러분이 베이징이나 상하이에 가서 중국인 100명에게 영어 단어 10개를 말해보라고 하면 모두 술술 내뱉을 것이다. 그들은 미국에서 일어난 일들에 많은 관심을 갖고 있으며 트럼프가 미 대통령으로 당선된 사실을 모두가 알고 또 이에 관심을 갖는다.

이 세계 모든 나라에는 수많은 엘리트가 있다. 진짜 엘리트라면 계속 공부하고 계속 적응하며 새로운 문화를 받아들이고 자신을 부단히 변화시키지 다른 사람을 변화시키려고 하지 않는다. 그렇다면 동양이 좋을까 아니면 서양이 좋을까? 내 생각에 서양도 좋지만 성공하려면 동양과 서양의 장점을 융합하고 모두 받아들여야 한다. 받아들이고 존중하는 태도로 하면 더 잘 해낼 수 있고 경쟁 상대와 함께 가야 더욱 강해질 수 있지 증오의 시각으로 바라봐서는 절대 안 된다. 비즈니스에서 경쟁이 없는 게 얼마나 무서운 일인지 모른다. 하지만 경쟁을 무섭게 만들어버리는 사람도 있다.

지난 300년 동안 서양은 지식 주도의 사회였고, 동양은 지혜 주도의 사회였다. 똑똑하다는 것은 무엇이고 지혜롭다는 것은 무엇인가? 나의 얕은 지식에 따르면 똑똑하다는 것은 다른 사람이 보지 못한 것을 본다는 뜻이며 지혜롭다는 것은 보았지만 보지 않은 것으로 여기는 것이다.

서양이 인류 사회에 큰 공헌을 했음은 부인할 수 없는 사실이다. 만약 지난 이삼백 년 동안 과학기술이 발전하지 않았다면 인류의 진보 또한 불가능했을 것이다. 하지만 인류 역사가 단순히 300년에 그친 것이 아니라 수천 년의 문명을 기반으로 하기 때문에 과학을 신격화시켜서는 안 된다. 과학은 진리가 아니며 과학을 가지고 진리를 증명하는 것이다. 문제를 과학적으로 해석하지 못한다고 해서 틀린 게 아니라 사유의 세계를 넓혀야 한다는 것이 나의 관점이다.

일본, 미국, 러시아 등, 외국 기업가들과 교류를 하면서 기업이 자국의 강대한 문화를 기반으로 했을 때 비로소 계속 성장해나갈 수 있다는 사실을 깨달았다. 기업뿐만 아니라 국가도 마찬가지다. 중국이 '일대일로'의 발전에 진짜 참여하려면 동양의 문화를 공유해야만 한다.

○ **사이버 경제는 서비스업의 일종이다**

서양인은 경제침체기에는 사람들이 돈을 쓰지 않는다고 생각하지만 동양인은 정반대다. 중국인은 세계에서 우환의식憂患意識이 가장 강해 일단 돈이 생기면 바로 은행에 넣어둔다. 현재 중국의 저축률이 이렇게 높은 상황에서 경제가 성장하지 않는다 해도 중국인에게는 쓸 돈이 있다. 미국인은 내일의 돈을 쓰고 심지어 남의 돈까지 쓰지만 중국인은 언제나 자기 돈만 쓴다. 따라서 경제가 어려울 때에도 중국인은 쓸 돈이 여전히 남아 있으니 중국 GDP가 6.5퍼센트 성장하는 지금은 더 말해 무엇하랴.

나는 한 국가의 경제가 10퍼센트 이상의 성장을 지속할 수 있을 것이라고 생각하지 않는다. 일반적으로 인간은 18세 전까지 매년 4~5센티미터씩 자라다가 어느 정도 자라면 머리만 크지 몸이 자라지는 않는다. 어떤 사람들은 의료보험제도가 정비되지 못해 사람들의 불안심리로 중국의 소비가 살아나지 못한다고 한다. 좋은 물건이 있기만 하면 소비자들은 구매욕이 생기기 마련이다. 의료, 보건, 보험제도가 완비된 후에야 소비가 이뤄진다는 말은 들어본 적이 없다. 의료보험제도와 사회보험제도를 구축하는 것 자체가 엄청난 소비 기회가 된다는 것은 말할 필요도 없다.

나는 중국제품이 양적 우세에서 질적 발전으로 나아가는 것은 반드시 거쳐야 할 점진적 발전 과정이라고 생각한다. 중국경제가 제조업 위주의 실물경제에서 서비스업 위주의 경제로 나아가는 것은 필연적 과정이자 사회진보에 따른 결과다. 현재 실물경제와 사이버경제를 대립시킬 필요가 없다. 사실 금융업과 인터넷 산업 역시 서비스업의 일부다.

따라서 나는 중국에는 거대한 내수시장이 있으며 중국의 비즈니스 환경이 개선되고 있다고 생각한다. 20세기 1970년대에는 용기 있게 사업을 벌였다면 1980년대, 1990년대에는 콴시에 의존했고 또 자본의 힘에 의지했지만, 이제는 지혜가 필요하다.

중국에는 '이상주의'와 문화적 깊이가 있다고 생각한다. 하지만 중국은 세계화의 경계에서 '일대일로'와 과거 30년간 발전의 차이를 고민해보아야 한다. 현지에 저렴한 노동력이 있는지, 현지에 값싼 원자재가 있는지를 물을 게 아니라 현지에 더 많은 일자리를 창출하고 현지에 없는 새로운 가치를 창조해내기 위해 무엇을 할지 고민해야 한다.

○ 기업운영의 세 가지 키워드: EQ, IQ, LQ

기업운영의 세 가지 키워드는 EQ(감성지수), IQ(지능지수), LQ(사랑지수)다. EQ가 높은 사람이 성공하기 쉽다. 하지만 똑똑한 사람은 공부를 열심히 하지 않기 때문에 IQ는 일반적으로 그렇게 높지 않다. IQ가 높으면 실패하지 않고 EQ가 높으면 성공할 수 있다. 성공한 창업자는 모두 EQ가 매우 높아 인간의 본성을 아주 잘 파악한다.

IQ와 EQ가 있으면 기업을 성공으로 이끌지만 또 다른 키워드인 LQ를 잊어서는 안 된다. LQ가 없다면 돈이 아무리 많아도 존중 받을 수 없다.

중국이 세계 2위의 경제대국으로 세계에 대한 책임을 다하지 않는다면, 즉 LQ가 없다면 세계의 존중을 받을 수 없다. LQ와 EQ는 다른 것이다. EQ는 인간에 대한 이해를 말하지만 LQ는 세계에 대한 너른 사랑을 말한다. 너른 사랑이란 결코 마구잡이식 사랑이 아니고 원칙이 있으며 마지노선이 있다.

중국은 몇천 년의 역사를 지닌 국가다. 지난 30년 동안 중국의 성장속도를 보고 세계가 놀라움을 금치 못했다. 이런 성장은 지식 습득만을 통해 이뤄낼 수 있는 것이 아니라 강대한 문화적 유전자를 기반으로 했을 때 가능한 것이다. 따라서 중국은 좋은 것이 있기만 하면 잘 배울 수 있다. 우리에게 너른 사랑의 마음이 있다면 '일대일로' 인접국에 혜택이 돌아가도록 할 수 있다.

주

2016년 12월 2일 홍콩에서 열린 〈사우스차이나모닝포스트SCMP〉 중국 연례 회의에서 마윈은 '일대일로'와 세계화 그리고 동서양 문화융합에 대해 허심탄회하게 생각을 밝혔다.

2장

다음 10년

위대한 기업이라면 반드시 사회문제를 해결해야 한다

오늘을 바꾸지 않고 다른 내일을 기대하지 마라

전자상거래는 비즈니스가 아니라 삶의 방식이다

1억 개의 일자리, 1,000만 개 기업, 20억 명의 소비자

여럿이 함께 가려면 조직이 있어야 한다

위대한 기업이라면
반드시 사회문제를
해결해야 한다

알리바바는 어떻게 지금의 모습까지 발전할 수 있었을까? 바로 우리가 미래를 확신했기 때문이다. 10년 전, 나는 사람들에게 인터넷이 미래가 될 것을 확신한다고 말했다. 우리가 성공하지 못했다 할지라도 다른 누군가는 성공했을 것이다. 지금 현재, 나는 여전히 미래를 확신한다.

중국에는 타오바오, 바이두 그리고 텐센트가 있으니 청년들에게 돌아갈 기회는 없는 것일까? 한국에서도 비슷한 상황이 있었다. 사람들은 이런 회사가 이미 있으니 우리에게는 살아남을 길이 없는 게 아닐까라고 생각했다. 10년 전에 나 역시 빌 게이츠에 대해 비슷한 생각을 했다. MS가 있으니 나에겐 기회가 없는 게 아닐까? 구글이 있으니 나에겐 기회가 돌아오지 않는 건 아닐까? 아니다. 기회는 도처에 있다. 인터넷이 있기에, 클라우드컴퓨팅이 있기에, 빅데이터가 있기에 이 세상 사람들 모두에게 기회가 있다.

기회는 어디에 있을까? 기회는 바로 사람들이 불평하는 곳에 있다. 나는 이렇게 자기 자신에게 말하고 또 청년들에게 말한다. 중국에서 사람들이 불평할 때면 기회가 나타난다. 사람들의 불만을 처리하고 문제를 해결하는 것이 바로 우리에게는 기회가 된다. 만약 여러분이 다른 사람들과 마찬가지로 불평만 하면 어떠한 희망도 없다. 따라서 나는 다른 사람이 불평을 하는 소리를 들으면 흥분된다. 기회가 있음을 보았고, 그들을 위해 무엇을 할 수 있을지 고민하기 때문이다.

○ 성공한 사람을 바꾸지 말고 성공을 원하는 사람을 변화시켜라

현재 알리바바그룹과 알리페이 그리고 차이냐오茱鳥 모두 규모가 너무 커졌다. 지금의 규모로는 매일 문제가 발생해 골치 아플 사람이 많을 것이다.

젊었을 때 나는 언젠가 대기업의 CEO가 될 것이며 그렇게 되면 훨씬 더 편안한 생활을 누릴 수 있을 것이라고 스스로에게 얘기했다. 그렇지만 실제로는 전혀 그렇게 되지 않는다. 회사가 커지면 커질수록 여러분의 생활은 편안해지기는커녕 매일 새로운 문제가 발생할 것이다.

산다는 것은 실로 쉬운 일이 아니지만 그래도 우리는 직접 삶과 대면해야 한다. 따라서 여러분 회사 직원들이 많지 않을 때 포지셔닝을 잘해야 한다. 회사 규모가 커진 후에 적절치 못한 부분을 발견했다면 6개월 정도 앞서 변동을 시켜야 한다. 어쩔 수 없이 바꿔야 겠다는 생각이 들었을 때에는 벌써 늦다. 타이타닉호가 빙산과 부딪쳤던 것과 마찬가지로, 빠르게 침몰할 수 있다.

나는 때때로 이 배가 안전하게 항해하고 있는지 자문해본다. 쉽지 않다. 우리는 중국에서 직간접적으로 1,200만 개의 일자리를 창출했다. 만약 우리 배가 침몰한다면 1,200만 명의 삶이 위험에 처하게 된다.

따라서 우리는 어디로 가야 할지, 어떻게 미래에 맞서 싸울지 자문한다. 20세기에는 한두 번의 기회를 잘 포착하면 위대한 기업이 될 수 있었다. 21세기에 위대한 기업이 되고 싶다면 사회문제를 해결해야 한다. 중국에는 여러 가지 사회문제가 산재해 있다. 우리 같은 기업들이 사회문제 해결에 도움을 줄 수 있을 것으로 확신한다. 우선 일자리를 만드는 것이다. 다음은 내수를 확대해 농촌과 농민을 잘살게 하는 것이다. 그리고 중국경제가 더 나아지도록 하는 것이다.

일자리를 만드는 것은 매우 중요하다. 일자리는 개인이 아닌 정부 차원에서 해결할 문제라고 말하는 사람도 있다. 나는 이것이 나의 문제라고 생각한다. 1999년 회사를 창립하던 날, 우리는 우리의 사명을 분명히 했다. 나는 17명의 설립자에게 우리가 이 자리에 모인 것은 소기업의 성장을 돕기 위해서이며, 이것이 바로 우리의 사명이라고 말했다. 소기업은 일자리를 만들어내는 주된 집단으로 그들은 무한한 창조력을 품고 있다. 물론 알리바바가 지금은 이렇게 거대해졌지만 회사를 설립한 그날부터 시작된 우리의 사명을 결코 잊어서는 안 된다.

첫사랑이 가장 아름답듯이 지난 14년 동안 지난한 시간을 견디어오면서 우리는 서비스했던 대상이 소기업임을 늘 기억하고 있다. 훗날 우리가 타오바오를 설립했지만 여전히 소기업을 돕고 있다. 타오바오에는 9백만 개 소규모 판매자가 있다. 이것이 바로 우리가 기억하고 지켜나갈 초심이다. 우리는 계속해서 일자리를 만들어내고 있다.

내수 또한 중요하다. 중국의 연해도시 같은 부유한 지역에서 부자들을 대상으로 돈을 벌어들이기는 쉽다. 그런데 모든 사람이 돈 있는 사람을 대상으로 돈을 벌려고 한다면, 가난한 사람에게서는 어떻게 돈을 벌 수 있을까? 우선 가난한 사람을 잘살게 만들어야 그들에게서 돈을 벌 수 있다.

연해지역 개방된 대도시에서 버스에 스물한 명이 타고 있다고 하자. 그렇다면 일반적으로 그중 스무 명이 판매원으로 모두 당신에게 판촉 활동을 펼친다. 만약 당신이 판매원 중 한 명이라면 어떻게 할 것인가? 다른 사람 주머니에 5위안이 있는 걸 봤다고 하자. 유능한 판매원은 어떻게 그 5위안을 자기 손에 넣을 수 있을까 고민할 것이다. 하지만 좋은 기업가는 어떻게 그 5위안을 50위안으로 만들까 고민한 다음 2위안을 취할 것이다. 이것이 가장 좋은 방식이다. 다른 사람을 부유하게 만드는 것, 그것이 바로 나의 일이다.

중국의 많은 사람들이 부를 꿈꾼다. 그들이 부유해지도록 도운 다음 콩고물을 얻어먹는 것 역시 부자가 되는 방법 중 하나다. 타오바오나 알리바바가 어떻게 이토록 빠르게 성장할 수 있었을까? 우리의 이념 중 하나는 절대로 성공한 사람을 바꾸거나 설득하려고 하지 말고 더 쉬운 방법으로 성공하기를 희망하는 사람을 바꾸고 설득한다는 것이다.

10년 전 타오바오를 시작할 당시 우리는 성공한 사람들을 많이 찾아갔다. 그들은 이렇게 말했다. "안 됩니다. 안 돼요. 나는 절대로 인터넷에서 물건을 팔지 않을 것입니다. 그건 너무 어리석은 짓이에요." 그들은 성공한 사람으로, 성공한 사람을 바꾸는 건 불가능한 일이다. 하지만 성공하기를 갈망하는 사람을 바꾸는 것은 재밌는 일이다.

따라서 우리는 중국경제의 잠재력이 대도시나 연해 개방도시에 있지 않고 중서부에 있다고 확신한다. 이 지역의 사람들은 부자가 되고 싶고 성공하고 싶어 한다. 수억 명의 농민이 성공하기를 원하고 있다. 그들이 성공할 수 있도록 돕는다면 우리에게 엄청난 기회가 열리게 된다.

○ **10년 전, 살아남기만 해도 다행이었다**

어떻게 해야 중국경제가 더 나아질까? 현재 중국은 미세먼지 문제, 식수와 식품안전 문제로 울상을 짓고 있다. 어떻게 해야 이 문제를 개선할 수 있을까? 나는 인터넷이 돈을 버는 도구가 아니라 사회문제를 개선시키는 도구이자 사람들의 사고방식을 바꾸는 도구라고 믿는다.

나에게는 한 가지 큰 바람이 있다. 그리고 그 바람이 현실이 될 것으로 확신한다. 그것은 바로 중국이 인터넷으로 인해 바뀌는 것이다. 사람들은 모두 내게 이런 말을 한다. "잭, 사람들 모두 중국을 떠나고 싶어 합니다. 중국에 남고 싶어 하는 사람이 없어요. 중국은 최악이에요." 그렇지 않다! 미래는 언제나 오늘보다 더 좋을 것이다. 인류는 전쟁, 재난, 기근 등 지난한 시기를 수도 없이 지나왔다. 마찬가지로 오늘 우리는 도전에 직면해 있고 이 도전이 꼭 가장 힘든 것만은 아니다. 우리가 살아남는다면 중국은 살아남을 것이다. 지금 세대는 인터넷 환경에서 성장한 사람들로 개방적이고 투명하다. 우리는 어떻게 자유를 공유할지 배웠으며 세계 곳곳에서 무슨 일이 일어났는지 알 수 있다.

나는 젊은 세대가 분명 우리보다 더 똑똑하다고 확신한다. 그들은 근면하며 그들 앞에 더 좋은 기회가 있는데 어떻게 이런 문제들을 해결하지 못하겠는가.

5년 전에 중국에서는 사람들이 이런 말을 했다. "잭, 당신은 사업하는 사람인데 왜 물, 대기, 나무 문제를 얘기합니까?" 그럼 나는 이렇게 답했다. "물, 대기, 나무에 문제가 생겼습니다. 우리가 아무것도 하지 않는다면 중국은 어려워질 것입니다." 지금 모든 사람이 물과 대기 그리고 환경을 불평하고 있다. 불평을 멈춰라. 부질없다! 반대로 이 국면을 개선해나가는 것이 지금 우리 세대에게 주어진 기회다.

중국에 이런저런 문제가 있다고 말하는 사람이 있다. 불평만 할 줄 아는 사람은 영원히 성공할 수 없다. 다른 사람이 불평하는 곳에서 기회를 포착하는 사람만이 향후 20년 내에 기회를 얻게 된다. 니의 형제는 늘 불평을 했지만 나는 불평하지 않았다. 30년이 지나도록 그에게는 큰 변화가 없지만 나는 계속해서 변해왔다. 그래서 지금 청년들에게 이런 말을 하고 싶다. 미래를 향해 큰 꿈을 계속 가지고 매일 자신을 바꾸려고 노력하라. 그리고 하나씩 실천해나가라.

사람들은 또 이렇게 묻는다. "잭, 10년 전에 이미 이렇게 원대한 목표를 가지고 있었습니까? 당신에게 오늘과 같은 날이 올 것을 알았나요?" 아니다. 사실대로 말하자면 나는 한 번도 이렇게 성공할 것이라고 생각하지 못했다. 10년 전에 나는 그저 살아남기만을 바랐다. 그저 돈이 생겨 직원들 월급을 주고 나도 월급을 받게 되기만을 바랐다.

하지만 그때조차도 나에게는 늘 미래에 대한 큰 기대가 있었다. 나는 열심히 일하지 않으면 기회가 오지 않는다는 걸 알고 있었다. 지난 14년 동안 내가 직접 경험한 많은 것들을 모든 청년들과 나누고 싶다. 불평하는 사람이 얼마나 많든지, 당신이 좋아하든 싫어하든 여러분에게 이 사실을 말하고 싶다. 20년 후에는 오늘보다 더 부유해지고 더 성공한 사람이 있을 것이며 지금보다 더 성장한 기업이 세상에 있을 것이다. 이것은 분명한 사실이다. 당신이 좋아하든 아니든 간에, 이것이 직면할 현실이다. 하지만 더 부유해진 사람이 당신인지 아닌지는 당신이 얼마나 성실했는지, 얼마나 현명하게 일을 처리했는지, 이해득실을 따지지 않고 다른 사람을 도왔는지에 달렸다.

아직 '작은' 오늘, '커질' 수 있는 방법을 고민하고 '세심하게' 일을 처리하라. 여러분이 '커졌을' 때 '작았을' 때를 생각하라. 현재 규모가 이렇게 커진 알리바바는 일자리를 창출할 수 있는 기회를 생각하고 빈곤지역을 도와 부유하게 만들고 중국의 환경을 개선시킬 생각을 한다. 여기에 사람들의 불만이 있고 바로 그러하기에 기회가 있다.

2013년 12월 10일, 마윈은 한국의 서울대학교 법대 기념관에서 강연을 했다. 그가 창업 초기에 겪었던 도전들과 문제해결 과정, 전자상거래 미래 발전, 창업, 취업선택 등 청년들의 관심사를 놓고 학생들과 심도 깊게 대화를 나누었다. 마윈은 젊은 세대는 자신의 일을 성공시킬 뿐만 아니라 국가의 발전에도 관심을 기울여야 한다고 강조했다.

오늘을 바꾸지 않고
다른 내일을 기대하지 마라

16년 전 후판화원湖畔花園, 창업 전 마윈이 살던 집이자 첫 창업의 '기지'였으며 '후판 정신'의 발원지다-옮긴이에서 창업을 했을 때, 직원 구하기가 어려웠다. 당시 우리에겐 한 가지 바람이 있었는데, 그것은 바로 언젠가 알리 바바에 '무예가 뛰어나고 용맹한 장군이 구름처럼 많아지는弓馬殷实 猛將如云' 것이었다. 이 꿈을 위해, 또 102년 동안 건강하고 지속적으 로 발전하겠다는 꿈을 실현하기 위해 우리는 인재를 육성하고 조직 을 이루고 우리만의 문화를 만들어가는 데 다른 창업기업보다 더 많은 시간과 노력을 기울였다.

2003년부터 우리는 모든 직무 후임자를 위한 연수 프로그램 을 진행하고 문화와 가치관 및 팀워크를 인사평가에 포함시켰다. 2009년 알리바바 설립 10주년을 맞이해 알리바바 문화가 앞으로 계속 계승되게끔 만들기 위해 우리는 공식적으로 동반자제도를 시 작했다. 2012년 우리는 알리바바 임원진의 연령대를 낮추고 세대

교체를 통한 업그레이드를 실현하기 위한 준비작업에 들어갔다. 더불어 그룹 전체에 전략의 연속성과 안정성을 보장하고, 신속한 경영지침 이행 및 혁신 능력을 키우기 위해, 알리바바그룹은 전략정책결정위원회(이사장이 의장직을 맡음)와 집행관리위원회(CEO가 의장을 맡음)를 신설했다.

상황에 발맞추어 이렇게 할 수밖에 없었다. 길을 계속 가다 보니 우리는 다행히도 인터넷에서 기회를 잡을 수 있었다. 우리는 모호한 상황에서 확고한 자기 인식을 바탕으로 IT시대에서 DT시대로 가는 변화 속에서 기업경영 체제에 대한 이해를 명확히 했다. DT시대에는 어떤 업무든 혁신이나 변혁을 이루기 위해서라면 조직문화의 혁신과 변혁이 함께 수반되어야 한다. 우리는 16년 동안 이를 준비하고 노력했다.

○ 알리바바는 병권을 70후 세대에게 이양해줬다

알리바바그룹의 CEO 자리를 내려놓겠다는 내용의 편지를 직원 모두에게 보냈던 그해의 기억이 아직도 생생하다. 알리바바는 젊고 힘이 넘칠 때 조직 승계 규정이 제정되고 노하우를 쌓아가야 하기 때문에 앞으로 CEO와 업무 담당자가 수없이 많이 바뀔 것이다.

미래는 변화무쌍하기 때문에 확신하기 어렵다. 미래를 확신하는 가장 좋은 방법은 어제에 머무는 것도, 오늘을 쟁취해나가는 것도 아닌 미래를 열어나가는 것이다. 청년들이 우리보다 더 미래를 잘

개척해나갈 것이라 늘 믿는다. 왜냐하면 그들이 바로 우리의 미래이기 때문이다. 젊은 사람들에게 투자하는 것은 우리의 미래에 투자하는 것과 마찬가지다.

이제 다년간의 노력을 통해 알리바바그룹이 경영권을 70후 세대에게 전부 이양해줄 수 있어 나는 매우 기쁘다.

2015년 5월 10일자로 루자오시陆兆禧는 알리바바그룹 CEO직을 사임하고 이사회 부이사장직을 맡게 된다. 왕젠, 샤오샤오펑邵曉鋒, 청밍曾鳴, 왕슈이王帥 역시 우리가 양성한 70후 세대 경영진에게 경영권을 이양해줄 것이다. 경영권 이양 작업이 끝나면 그들은 그룹 전략정책결정위원회를 만들고 발전시키는 일에 전력투구해 전략에 집중하고 인재를 양성하며 문화를 전승시키는 일에 전념할 것이다. 이는 바로 알리바바그룹이 70후 세대의 손에 모든 '병권'을 쥐여주었음을 의미한다!

루자오시의 뒤를 이어 알리바바그룹의 제3대 CEO가 된 장융张勇은 1972년생으로 알리바바에서 일한 지 8년 되었다. 말하자니 부끄럽지만 세상천지 무서운 게 없어도 CFO가 CEO가 되는 것만큼은 무섭다는 말을 전에 자주 한 적이 있는데, 샤오야오즈逍遙子. 김용金庸 무협소설의 주인공 이름으로 장융의 별칭 – 옮긴이, 즉 장융이 바로 CFO 출신이다. 기쁘게도 우리에게는 소요자처럼 걸출한 리더가 있을 뿐만 아니라 그 뒤에는 70후 세대인 맹장들이 대거 포진해 있다. B2B의 우민즈吳敏芝, 타오바오의 장젠펑行癲, 알리윈의 후샤오밍孫权, 차이냐오의 통원홍童文紅, 모바일인터넷의 위용푸俞永福 외에 경험이 많고 직접 현장에 뛰어본 장펑姜鵬, 다이산戴珊, 우용밍吳泳銘, 장팡蔣芳이 대표적이다. 수년간 노력 끝에 알리바바 경영진에서 70후 세대가 차지하는 비율은 45퍼센트, 80후 세대가 52퍼센트이고 60후 세대는 3퍼센트 정도 되었다. 그 외에 3,000명의 우수한 90후 세대 인재들이 이제 막 알리바바그룹에 입사했다.

이 자리를 빌려 특별히 루자오시에게 감사의 뜻을 표하고 싶다. 지난 2년은 알리바바그룹이 비약적 성장을 이루었던 시간이자, 나로서는 전략, 문화 그리고 인재양성에 더 집중할 수 있었던 시간이었다. 성격이 독특한 마윈의 뒤를 이어 변화의 속도가 빠르고 복잡한 알리바바라는 거대한 조직의 제2대 CEO직을 맡아 얼마나 많은 스트레스를 받았으며 얼마나 큰 용기를 내어 책임을 지고 또 얼마나 많이 희생해야 하는지 그 누구보다 더 잘 알고 있다. 루자오시가 이사회 부이사장을 맡은 후 차이충신蔡崇信 부이사장과 함께 이 새로운 자리에서 청년들을 성장시키고 알리바바그룹의 CEO 교체를 위한 제도 확립과 같은 일들을 함께 해나갈 것이다.

○ 앞으로 5~10년 내에 전 세계 전자상거래 네트워크가 구축될 것이다

각 세대마다 자신들만의 영광의 시대가 있고 각 세대마다 자신들만의 사명과 임무가 있다. 지난 16년 동안 알리바바인은 집념과 행동력으로 전자상거래가 우리의 삶을 바꾸고 영향을 주었음을 증명하면서, 우리만의 독특한 비즈니스 모델을 개발했다. 하지만 우리는 오늘의 성취에 만족해서는 안 되고 또 타인의 추앙에 취하거나 지금이 최고 전성기라고 생각해선 절대 안 된다. 외부에서 예측해준 분기별 수익 속에 안주해 살아가서는 안 되며 지난 16년간 해왔던 것처럼 우리만의 꿈을 꾸며 고객과 시장의 기대를 품고 살아가야 한다. 따라서 알리바바의 70후 세대 경영진은 우리를 앞으로 10년 동안 이끌어가면서 인터넷＋시대의 기회를 잘 포착해 클라우드컴퓨팅과 빅데이터 시대 진입을 위해 전력질주해야 한다.

나는 알리바바그룹이 앞으로 5년 내에, 그러니까 2019년(알리바바 창립 20주년)에 매출 1조 달러의 세계 최대 플랫폼으로 성장할 것이라고 확신한다. 물론 단지 물건을 가장 잘 파는 기업 수준에 그칠 것이 아니라 우리의 전자상거래, 금융, 물류, 데이터, 국제거래 등의 플랫폼과 서비스를 통해 진짜 개방되고 투명하며 번영하는 상업생태 시스템을 구축해 수많은 기업들이 편리하게 비즈니스 활동을 할 수 있기를 희망한다. 더 나아가 2019~2024년 5년 동안 알리바바의 상업생태 시스템을 한층 더 세계화시켜, 클라우드컴퓨팅과 빅데이터 기술을 바탕으로 전 세계 20억 소비자와 수천만 기업이 '전 세계에서 사고 전 세계에 파는' 상업생태 시스템을 구축할 것이다. 전 세계 중소기업이 크리에이티브, 혁신, 창조의 정신으로, 공평하고 자유로우며 개방되고 평등한 국제무역에 실제로 참여하게 된다.

우리는 앞으로 30년이야말로 인터넷기술이 사회 모든 분야를 완전히 바꾸어놓을 시대이며 클라우드컴퓨팅, 빅데이터, 인공지능, 스마트도시, 바이오프로젝트 등 수많은 꿈이 현실이 될 것으로 믿어 의심치 않는다. 그때는 우리의 시대이자 무엇보다 청년들의 시대다.

애플, 벤츠, 삼성 등 세계가 인정하는 대표적 기업들과 마찬가지로, 앞으로 세계는 이제 알리바바를 기대하게 될 것이다. 알리바바 인들은 외부의 비판과 질책에 불만을 품거나 넘어지지 않고 완벽에 완벽을 기하며 사회에 더 많은 것을 환원하고 고객의 기대와 수요를 만족시키기 위해 힘쓸 것이다. 미래를 추구한다고 해서 현재를 포기하는 것이 아니다. 하지만 미래를 위해 오늘 바뀌지 않는다면 우리에게 돌아올 미래를 기대할 수 없다.

　기업이나 기업가가 만능이 되지 못하란 법은 없다. 인재를 발굴하고 가치를 창조하며 문화계승 조직을 만드는 등 계속 발전하고 개선해나갈 때, 기업과 기업가는 비로소 시장경쟁에서 못할 일이 없는 만능이 된다. 시간이 어떻게 흐르든, 세계가 어떻게 변하든, 우리 알리바바인은 맨 처음의 출발선을 기억해야 한다. 이 세상에서 사업하는 게 어려워서는 안 된다!

주

알리바바그룹은 2003년부터 모든 직무에 대해 인수인계를 위한 연수프로그램을 시행했고 2009년 동반자제도를 공식 실시했으며 2012년 경영진의 세대교체를 위한 준비작업을 시작했다. 2015년 5월 7일 마윈은 직원들에게 보내는 편지에서 역사상 가장 대규모의 경영진 교체를 통해 '나이 든 알리바바인'을 대거 교체할 것이라며 신임 CEO로 장융이 임명되었다고 밝혔다.

전자상거래는 비즈니스가 아니라 삶의 방식이다

20년 전 처음으로 미국 땅을 밟았다. 첫 번째 목적지는 시애틀이었다. 미국에 가기 전 교과서, 선생님, 부모님 등 여러 루트를 통해 미국을 알려고 노력했다. 그래서 나는 내가 미국에 대해 정말 많이 알고 있다고 생각했다. 그런데 미국 땅을 막상 밟아보니, 내가 완전히 틀렸다는 사실을 깨달았다. 미국이라는 사회는 내가 교과서에서 배우고 선생님이나 부모님께 들은 내용과 완전히 달랐다.

시애틀에서 나는 처음으로 인터넷을 접했다. 중국에 돌아온 후 친구들에게 인터넷 회사를 차릴 생각이라고 말했다. 나는 24명의 친구를 불러 두 시간 동안 이야기했다. 끝내 내가 하고 싶은 것이 무엇인지 이해하는 친구는 한 명도 없었다. 그래서 투표를 해보니, 결과는 23명이 반대표를 던졌다. 내 친구들은 나에게 충고했다. "그런 건 잊어버려! '인터넷'인가 뭔가 하는 것은 있지도 않아. 절대 해볼 생각도 하지 마." 단 한 명만이 이렇게 말했다. "마윈, 난 널 믿어.

물론 네가 뭘 하고 싶은지 난 모르겠지만 네가 하고 싶으면 용감하게 해봐. 넌 아직 젊잖아." 당시 난 서른 살이었다.

○ 알리바바와 '열려라, 참깨!'

컴퓨터나 사업에 대한 지식이 전무한 상태에서 나는 창업의 길로 뛰어들었다. 나랑 내 아내 그리고 동기 하나랑 여기저기에서 1,000달러를 마련해 첫 번째 창업을 시작했다. 창업을 하면서 정말 험난한 시간이 우리를 기다렸다. 당시에는 정말 호랑이 등에 올라탄 장님이 된 느낌이었다. 창업 후 3년 동안 삶이 정말정말 힘들었다. 은행에서 3,000달러를 대출받는 데 장장 3개월이 걸렸던 기억이 아직도 생생하다. 나는 모든 관계를 동원해보았지만 그래도 대출을 받을 수 없었다. 사람들 모두 마윈이 거짓말을 한다고 생각했다. 왜냐하면 1996년에는 인터넷이 존재하는지조차 믿을 수 없었기 때문이다.

1996년 하반기에 중국에 인터넷이 처음으로 보급되었다. 그래서 나는 열 명의 언론인 친구들을 우리 집으로 초대해 내가 거짓말을 하는 게 아니라 진짜 인터넷이라는 게 존재함을 알려주고 싶었다. 사진 한 장을 다운로드 받는 데 세 시간 반이 걸렸다. 다들 말했다. "이게 진짜 되는 거야?" 내가 대답했다. "그렇다니까. 된다고. 근데 지금이 아니라 앞으로 10년 내에." 어쨌든 적어도 내가 거짓말을 하지 않았음은 증명이 되었다.

작은 회사를 도와 인터넷에서 물건을 팔려고 했지만 하려는 사람이 없었던 기억도 난다. 왜냐면 당시에는 인터넷에서 물건을 사는 사람이 없었기 때문이다. 그래서 첫 주에 우리 직원 일곱 명이 직접 사고 직접 팔았다. 둘째 주가 되자 우리 플랫폼에서 물건을 팔려는 사람이 나타났고, 우리는 그 사람이 내놓은 물건을 모두 사버렸다. 우리가 살던 집 방 두 개에 그 주에 우리가 인터넷에서 사들인 물건이 가득 쌓였다. 우리한테는 아무 필요도 없는 물건이었다. 하지만 이 일을 통해 사람들은 인터넷이 존재하고 인터넷을 통해 물건을 사고팔 수 있다는 사실을 알게 되었다. 사실 일이라는 게 생각만큼 쉽지 않았으며 아무런 환경도 갖춰지지 않은 상태였다. 1995년에서 1999년까지 했던 창업은 실패로 끝이 났다.

1999년, 나는 친구 17명을 우리 집에 초대했다. 우리들은 다시 한 번 해보기로 하고 사이트 이름을 'alibaba.com'으로 정했다. 사람들은 이름이 왜 '알리바바'냐고 묻는다. 우리는 인터넷이 보물창고가 되고 소기업들이 이곳에서 '열려라, 참깨!'의 꿈을 이룰 수 있기를 희망했다. 우리가 가장 먼저 하고 싶었던 일이 바로 소기업을 돕는 것이었다. 또 이 이름이 쓰기도 좋고 입에도 착 달라붙었기 때문이다.

○ **전자상거래는 삶의 방식이다**

당시 우리는 미국의 전자상거래가 대부분 대기업을 도와 비용 절감에 주력하는 것에 주목했다. 하지만 중국에는 대기업이 별로 없었고 대부분 소기업이었다. 소기업에 생존은 정말로 힘든 일이었다. 만약 우리가 인터넷기술을 가지고 이 소기업들을 도울 수만 있다면 얼마나 의미 있는 일이겠는가. 미국은 대기업을 돕는 데 익숙하다. 이는 미국이 농구를 잘하는 것에 비할 수 있겠다. 하지만 중국은 탁구를 쳐서 소기업들을 도와야 했다. 우리가 해야 할 일은 소기업이 비용을 절감하도록 돕는 것이 아니었다. 그들은 이미 비용 절감 방법을 알고 있었다. 그들이 배워야 할 것은 어떻게 해야 돈을 버느냐였다. 따라서 우리의 업무는 소기업이 인터넷에서 돈을 버는 데 계속 집중되었다.

우리는 알리바바가 102년 동안 계속되기를 바란다. 이것은 우리 모든 직원이 명확히 알고 있는 목표다. 이윤이 얼마든, 얼마를 벌었든, 어떤 성과를 거두었든, 우리가 벌써 성공했다고 생각해선 절대 안 된다. 앞으로 102년 동안 계속되어야 한다는 사실을 잊어서는 안 된다. 이제 겨우 16년이 지났고 앞으로 86년이 남아 있다! 이 86년 안에 회사가 도산한다면 우리는 성공했다 말할 수 없다.

이렇게 말하는 사람들이 있었다. "당신들 플랫폼은 무료군요. 당신 회사는 아주 작군요." 미국에 상장할 당시 사람들은 또 말했다. "알리바바는 아마존처럼 전자상거래를 하는군요." 미국인이 생각했을 때 아마존이 유일한 전자상거래 방식일 테지만, 우리는 아마존과 다르다. 우리는 스스로 물건을 매매하지 않고 중소기업이 물건을 매매하도록 도울 뿐이다. 알리바바 플랫폼에서 매일 1,000만 개 소기업들이 거래를 한다. 우린 직접 배송하지 않고 매일 200만 명의 사람이 우리를 도와 3,000만 개의 상품을 배송한다. 우리는 창고가 없지만 중소형 물류회사가 수많은 물류창고를 관리하도록 돕는다. 우리는 어떤 상품노 보관해누지 않지만 3억 5,000만 명의 바이어가 있고 매일 1억 2,000만 명의 소비자가 우리 사이트를 방문한다.

2014년 알리바바 판매액은 이미 3,900억 달러에 달했다. 월마트 직원이 230만 명인데 우리는 18명에서 3만 4,000명으로 늘어났다. 미국에서 전자상거래는 비즈니스이지만 중국에서 전자상거래는 삶의 방식이다. 젊은 사람들은 물건을 사고파는 과정에서 생각을 나누고 소통하며 신뢰를 쌓고 개인의 신용기록을 만들어간다. 스타벅스와 마찬가지다. 스타벅스에 가는 것은 단순히 그곳의 커피가 얼마나 맛있는지 맛보려는 것에 그치지 않는다. 그것은 또 다른 삶의 방식이다. 이처럼 전자상거래가 중국이라는 곳을 바꾸어놓았다.

앞으로 5년 내에 알리바바는 교역액이 1조 달러가 될 것이다. 이는 나의 목표이자 알리바바의 목표이며, 우리가 이 목표를 달성할 수 있을 것으로 본다. 무엇보다 우리가 자부심을 느끼는 부분은 자국에 직간접적으로 1,400만 개의 일자리를 창출했다는 점이다. 중국의 시골에 일자리를 창출했고 중국 여성들을 위한 일자리를 창출했다. 중국 인터넷에서 성공한 판매자 중 51퍼센트 이상이 여성이다. 이 점에 대해 우리는 큰 자부심을 느낀다.

○ 소비자는 더 많은 상품을 필요로 한다

알리바바가 지금 이런 일들을 하고 있고 어디를 가도 알리바바가 있는 상황에서 다음 목표는 무엇인지, 앞으로의 계획은 무엇인지 궁금한 사람이 있을 것이다. 지금 중국에서 이뤄지는 온라인거래 중 80퍼센트 이상이 알리바바를 통해 이뤄진다. 앞으로 우리의 목표는 알리바바의 업무 범위를 전 세계로 확장하는 것이다. 알리바바가 물건을 가장 잘 파는 기업이 될 뿐만 아니라 알리바바의 지휘 아래 전자상거래 인프라의 세계화 실현을 꿈꾼다. 미국과 비교해보았을 때 중국 전자상거래가 사람들이 놀랄 정도로 고속성장을 할 수 있었던 이유는 무엇일까? 바로 중국의 기존 상업인프라가 아주 취약했기 때문이다. 자동차가 있고 월마트와 케이마트Kmart, 현대화된 미국 슈퍼마켓 소매기업의 원조 – 옮긴이의 오프라인 상점이 없는 곳이 없었던 미국과 달리, 중국은 그만한 인프라를 갖추지 못했다.

　미국에서 전자상거래는 식사 후 먹는 디저트처럼 주요 상업 활동의 보조적 역할을 한다. 하지만 중국에서 전자상거래는 이미 그 자체가 메인 요리다. 우리는 전자상거래의 인프라를 구축했다. 따라서 전자상거래 인프라가 세계화된다면, 전 세계적인 결제 시스템, 물류센터, 투명하고 공개적인 거래 플랫폼이 갖춰진다면, 세계 소기업들이 자신의 상품을 세계 각지로 판매하는 것을 돕고 세계 소비자가 세계 각지의 상품을 구입하도록 도울 수 있다. 우리의 목표는 앞으로 10년 내에 세계 20억 소비자가 온라인에서 전 세계 상품을 구매하고 72시간 내에 그 상품을 수령하는 것이다. 또 중국 내에서는 누가 어디에 있든 24시간 내에 상품을 수령할 수 있도록 하고자 한다.

　알리바바의 세계화 전략은 여전히, 소기업을 도와 그들이 가장 효율적인 방식으로 사업을 할 수 있도록 하는 데 집중되어 있다. 우리는 우리의 전사상거래 플랫폼에서 다른 1,000만 개 소기업이 사업을 하도록 도울 것이다. 이러한 소기업을 지원할 수 있고 그들에게로 더 많은 사람들을 끌어다 주며 그들에게 결제 시스템을 제공하고 물류배송 시스템을 제공해 더 빠르고 편리하게 세계 곳곳에서 업무를 볼 수 있도록 할 것이다. 현재 해외업무 비중은 2퍼센트에 불과하지만 앞으로 중국 이외의 지역이 전체 업무의 40퍼센트가 되기를 희망한다.

알리바바의 매출 규모가 이렇게 커진 데다 대규모 자금까지 조달했으니 미국에 올 생각이냐? 미국에 온다면 '미국을 침략'할 생각이냐? 마윈, 당신이 언제쯤 아마존과 경쟁할 수 있을까? 언제 이베이와 경쟁할 것인가? 이런 질문이 있을 수 있다. 사실 나는 이베이와 아마존을 존경한다. 알리바바의 다음 전략은 미국의 소기업이 중국에 진출하는 것을 돕고 그들이 중국에 물건을 팔도록 돕는 것이다. 지금 중국의 중산층 규모는 미국 전체 인구와 맞먹는다. 앞으로 10년 내 중국에서 3억 명이 중산층이 될 것으로 생각한다. 그들은 고품질의 상품과 고품질의 서비스를 아주 많이 필요로 하고 있다. 하지만 지금 중국의 상황으로는 그들의 수요를 만족시키기 어렵다. 지난 20년 동안 중국은 계속 수출에 주력해왔다. 하지만 앞으로 10~20년 동안 중국은 수입에 큰 관심을 쏟아야 한다. 중국은 수입하는 방법을 배우고 소비하는 방법을 배워야 한다. 중국이 소비를 해야 하고 전 세계의 바이어가 되어야 한다.

동시에 미국의 소기업, 미국의 브랜드 제품 역시 인터넷을 통해 중국시장에 진출해야 한다고 생각한다. 지난 20년 동안 미국의 대기업은 중국 전역에 진출했다. 미국 소기업이 전자상거래를 잘 활용한다면 큰 기회를 얻게 될 것이다. 알리바바는 수많은 미국 농민이 중국에 물건을 팔도록 이미 돕고 있다. 시애틀의 체리가 바로 좋은 예다. 주중 미국 대사가 내게 달려와 이런 질문을 했다고는 상상조차 할 수 없을 것이다. "마윈, 우리 시애틀의 체리를 판매할 수 있게끔 도와줄 수 있습니까?" 당시 나무에서 체리를 아직 따지 않은 상태에서, 우리는 예약 판매를 했다. 24시간 만에 중국의 8만 가정이 체리 16만 킬로그램을 싹쓸이했다. 체리를 따고 나서는 24시간 내에 중국에 운송되었다. 2014년 우리는 미국산 체리 30만 킬로그램을 판매했다. 이런 식으로 알래스카 해산물 판매를 도왔다. 또 캐나다 랍스터 판매를 도왔다. 그때 판매한 랍스터 수량이 지난 10년간 해외 판매 최고치를 경신했다. 수많은 유수의 미국 브랜드 역시 우리 플랫폼을 통해 판로를 확대했다. 코스트코는 중국 진출 이후 첫 한 달 동안 견과류 600톤을 판매했으며 판매액은 650만 달러에 달한다. 우리가 그들을 도와 랍스터를 팔고, 체리를 팔고 있는데 우리 시스템을 가지고 미국의 더 많은 중소기업을 돕지 못할 이유가 무엇이겠는가? 또 다른 데이터를 가지고 예를 들어보겠다. 알리바바는 매년 11월 11일, 중국의 광군절을 쇼핑 축제로 변신시켰다. 2014년 '쌍십일절'에 우리 거래액은 97억 달러에 달했으며 판매 개시 1분 만에 240만 명의 소비자가 몰려들었다.

매일 알리바바 플랫폼에는 수억 명의 '배고픈' 소비자가 물건을 필요로 한다. 중국 소비자는 더 많은 상품을 필요로 한다. 바로 이 때문에 내가 미국에 왔다. 우리는 경쟁을 하러 온 것이 아니다. 우리가 이곳에 온 것은 미국의 중소기업을 중국으로 데려가기 위해서다. 우리는 '전 세계에서 사고 전 세계에 팔기'를 원한다. 앞으로 10~20년 내에 당신이 어디에 있든 세계 모든 지역의 제품을 살 수 있고 자기 물건을 세계 각지에 판매할 수 있을 것이다. 필리핀인이 노르웨이 연어를 사고 노르웨이인이 아르헨티나에 물건을 팔며 아르헨티나인이 중국 제품을 사고 또 중국에 물건을 팔 수 있을 것이다. 이것이 바로 인터넷 미래 혁명이 나아갈 방향이다. 변혁의 힘은 강력하다. 알리바바는 중국을 바꾼 것에 자부심을 느낀다.

○ 인류가 협력해 인류의 적에 대항하는 제3차 세계대전

제1차 기술혁명 이후 세계에는 '공장'이라는 새로운 상업조직이 탄생했다. 제2차 기술혁명 이후 세계에는 '그룹'이라는 새로운 상업조직이 탄생했다. DT시대에 접어든 지금 '플랫폼'이라는 새로운 상업방식이 탄생할 것이라고 생각한다. 21세기 중엽 제3차 세계대전이 발발할 것이라고 예언하는 사람도 있다. 불행히도 그 일이 사실이 된다면 제3차 세계대전은 앞선 1, 2차 세계대전과 다를 것으로 보인다. 제1차 세계대전은 적대적인 군사 집단 양측이 패권을 놓고 벌어진 전쟁이었다면 제2차 세계대전은 세계적인 반파시스트 전쟁이었다. 이번에는 더 이상 인류가 서로를 잔인하게 살상하는 전쟁이 되지 않고 인류가 협력해 질병, 빈곤, 기후변화에 맞서 싸우는

'전쟁'이 될 것이다. 나는 이것이 인류의 미래라고 생각한다. 모든 국가, 모든 사람이 인류 생존전쟁에 함께 맞서야 한다.

우리는 무기가 아니라 젊은 세대의 힘을 빌리고 컴퓨터와 빅데이터의 힘을 빌려 인류가 당면한 문제를 해결할 것이다. 나는 초창기에 돈과 상관없이 이런 꿈을 꾸었다. 우리는 이 길이 멀고 또 쉽지 않다는 사실을 알고 있다. 지난 20년 동안 중국에서 인터넷 사업을 하기가 정말 쉽지 않았다고 앞서 말한 바 있다. 오늘 힘들었고 내일은 더 힘들지만 모레는 아름다울 것이다. 하지만 노력하지 않는다면, 사람들의 절대 다수가 내일 저녁 죽게 될 것이다.

주

미국 뉴욕 시간으로 2015년 6월 9일, 뉴욕경제클럽에서 마윈을 초청했다. 마윈은 1,000여 명의 재계 지도자를 대상으로 기조연설을 했다. 마윈은 알리바바가 중국에서 탄생했지만 세계 속에 존재함을 분명히 밝혔다.

1억 개의 일자리,
1,000만 개 기업,
20억 명의 소비자

15년 동안 나는 알리바바가 산산조각이 날까 봐 그것이 가장 두려웠다. 전통적인 관점에서 보자면 가장 좋은 방법은 모든 사람을 한 처마 아래로 불러들이는 것이다. 당신이 나를 알고 내가 당신을 알며, 내가 당신이 뭘 하고 싶은지 알고 당신은 내가 뭘 하고 싶은지 아는 것이다. 하지만 알리바바그룹은 점점 더 커져 베이징에만 15개 사업부처가 있다. 그들은 각기 자신의 업무가 있고 타오바오, 알리페이, B2B, 알리윈 등 기존의 알리바바의 업무가 있으며, UC, 가오더高德, 알리바바픽처스阿里影业, Alibaba Pictures Group, 아리젠캉阿里健康 등 새로운 업무도 있다. 알리바바는 운 좋게도 혁신적인 소규모의 창업기업에 출자할 수 있는 기회를 얻게 되었다.

○ 기술혁명 시대에 적합한 새로운 조직구조를 찾다

우리는 미국, 유럽, 일본, 호주, 싱가포르에서 빠르게 확장해나가고 있다. 갈수록 해외업무가 많아질 것이다. 하지만 안타깝게도 우리는 경험이 없다. 어떻게 운영하고 어떻게 관리해야 할지 정말이지 갈피를 못 잡겠다. 이 때문에 베이징이나 항저우를 제외한 중국 전역 나아가 세계 모든 사무처의 알리바바 직원들에게 정말 미안하다고 말하고 싶다. 조직관리를 제대로 하지 못해 다들 자원이 부족하고 충분한 관심을 받지 못한다고 느끼며 고군분투하고 있다는 기분이 든다. 많은 직원들이 보낸 각양각색의 불만과 억울함을 보니 그룹을 대표해 모두에게 미안하다는 말을 전하고 싶다.

변명하자는 것은 아니지만, 회사가 15년 동안 우리의 상상을 뛰어넘어 너무나 빨리 성장했다. 베이징에만 직원이 8,000명인데 우리는 어떻게 해야 하는 것일까? 어떻게 해야 강력한 관리, 운영 시스템을 구축해 모두를 충분히 지원해주고 모두에게 소속감을 안겨주어 알리바바 생태 시스템에 합류했다는 기분이 실로 들 수 있을까?

이 문제를 놓고 오랫동안 고민해왔다. 중국 기업은 전국의 지점과 세계 지점을 관리하는 데 그 경험이 아주 일천하다. 나는 공장처럼 경영해서는 안 되며, 국유기업처럼 경영해서도 안 된다고 생각한다. 동시에 수많은 다국적 기업의 현재 경영 방식도 옳지 않다고 생각한다. 그렇다면 지금 우리가 미래발전에 적응하기 위해 필요한 관리방식, 조직형태, 조직문화는 과연 무엇일까?

알리바바는 정말로 급속히 발전했고 직원 수도 많아졌다. 내 생각에 지금 3만 명이 넘은 것 같다. 누군가 8만 명이 넘은 회사도 있다고 말해주었다. 그들을 축복하고 그들이 앞으로 더 발전하기를 희망한다.

직원이 많을수록 좋은 게 아니다. 직원이 많아지면 사회를 위해 일자리를 창출할 기회는 점점 더 줄어든다. 나는 알리바바가 102년 후 문을 닫게 될 그날, 우리의 직원이 5만 명이 넘어서는 안 된다고 했다. 하지만 우리가 출자 혹은 투자한 기업의 전체 직원을 합치면 이미 3만 명이 넘었으니 앞으로 들어올 직원 숫자는 1만 6,000명 남짓 된다. 그중 차이냐오에서 5,000명을 가져갈 터이고 해외에서 5,000명을 가져갔으니 이제 남은 숫자는 4~5천 명가량이다. 묻고 싶다. 우리는 앞으로 남은 87년을 어떻게 이겨나가야 하는가?

아무리 생각을 해봐도 모두 잘못되었다는 생각만 든다. 그래서 우리는 전략을 바꿔 알리바바 전체 생태 시스템의 판매액이 10조 위안보다 적을 경우, 직원이 5만 명을 넘지 않는 것으로 정했다. 2014년 판매액은 2조 4,000억 위안이었으니 앞으로 우리는 7억 6,000만 위안을 채워야 한다는 목표가 생겼다. 국내외 5만 명의 직원과 함께 이 꿈을 실현시킬 수 있기를 소망한다.

앞으로 적어도 1,000만 명이 물류업에 종사할 텐데 왜 차이냐오에 5,000명만 배정했느냐고 물을 수 있다. 이렇게 해야만 물류업계가 세계에서 1,000만 개 일자리를 창출할 수 있기 때문이다. 자기 직원이 많을수록 외부에서 일자리를 창출할 기회는 줄어들게 된다. 우리는 다른 사람의 밥벌이를 만들어줘야 한다. 그것이 바로 우리

기업들이 해야 할 일이다. 2015년에 우리는 직원을 한 명도 늘리지 않을 것이다. 그룹에 손실이 있을 수 있고 수입에 영향을 받을 수 있으며 업무나 팀 실적에 영향을 줄지라도 이 기간 동안 기업을 재정비할 것이다.

일부 부서에는 인원이 넘쳐 새로운 부서로 자리이동을 시켜야 하고 일부 부서는 인력이 너무 부족해 다른 부서의 협조가 필요하다. 앞으로 알리바바는 세계 각지에 수만 명의 직원을 포진시키게 될 것이다. 건강한 조직을 만들어 효율을 높이고 기술과 데이터를 이용해 미래를 열어갈 방법을 고민해야 한다.

바로 오늘부터 새로운 시도가 시작된다. 베이징에는 8,000여 명의 직원이 있는데 업무가 분산되어 있는 편이라서 새로운 경영관리 모델을 모색하고 있다. 모두가 함께 노력해 3~5년 내에 좋은 경영 모델을 모색해 우리도 즐겁고 앞으로 알리바바에 들어올 사람들도 즐거울 수 있기를 희망한다. 우리는 즐겁게 일하고 열심히 살아가야 한다. 언젠가 뉴욕 혹은 바그다드 직원들이 베이징 직원들이 쌓아온 경험에서 교훈을 얻도록 하기 위해 지금도 우리는 연구하고 고민하고 있다.

한 가지 더 덧붙이자면, 베이징에 8,000여 명의 직원이 있다는 사실을 감안해 베이징을 항저우와 더불어 제2의 홈그라운드로 만들 방법을 고민해야 한다. 이를 위해 베이징 지역에서 업무를 독립시키고 관리방식을 독립시킬 필요가 있다. 각 기업, 부서 그리고 업무조직마다 자신만의 독특한 문화를 만들어가기를 바라고 또 적극적으로 지지한다. 문화가 얼마나 독특하든지 간에 우리의 목표는 하나이며 우리의 사명도 하나고 우리의 마음 역시 하나다. 이렇게 되었을 때 우리 기업이 비로소 멀리 갈 수 있고 해이해지지 않을 수 있다.

오늘날 이렇게 많은 부서가 베이징에서 함께 발전할 수 있는 최상의 경영관리방식이 무엇이냐고 묻는다면, 나 역시 답을 알지 못한다. 하지만 우리가 함께 그 답을 찾아갈 수 있으리라 확신한다. 3년 동안 노력한다면 이 문제의 답을 함께 모색해낼 것으로 확신한다.

○ 1,000만 개 기업이 7대 서비스를 잘 활용하도록 돕는다

앞으로 10년 동안 알리바바는 어디로 가기를 원하는가? 직원들은 어떤 일을 해야 할까?

사실 한 해 동안 알리바바는 반성해야 할 일들이 참 많이 있었다. 2014년 알리바바가 상장된 후, 우리는 더 많은 것을 고민해왔다. 우리 기업의 존재 이유는 무엇일까? 무엇을 가지고 앞으로 87년을 이어갈 수 있을까? 이런 문제들을 분명히 해야만 앞으로 계속 나아갈 수 있다. 상장된 후 세계가 더 우리를 주목하게 되었고, 주식투자자들이 더 우리를 주목하게 되었으며 애널리스트는 우리의 동작 하나, 실적 하나, 업적 하나하나를 계속 연구하게 되었다. 우리의 말 한마디 행동 하나에 주가가 요동을 칠 수 있다. 우리는 모든 애널리스트의 기대를 만족시킬 수 없다. 그럼에도 우리는 미래를 만들어가야 한다. 만약 전통기업처럼 주가에만 관심을 기울이고 투자자들이 원하는 대로 행동한다면 그 기업은 정말 피곤의 굴레에서 영원히 벗어나지 못할 것이다.

알리바바 창립 10주년을 맞이한 2009년에 나는 앞으로 전 세계에 일자리 1억 개를 만들고 1,000만 개 기업에 생존하고 성장하며 발전할 수 있는 플랫폼을 제공하며 세계 10억 명의 소비자에게 소비의 장을 열어줄 수 있기를 희망한다고 말했다. 이제 우리는 10억 명의 소비자를 20억 명으로 바꾸었다.

현재 알리바바가 여기에 투자하고 저기에 투자하며 여기에 출자하고 저기에 출자해 없는 곳이 없다고 말하는 사람이 많다. 2005년과 2006년에 "타오바오는 무에서 유를 만들었지만 앞으로 알리바바는 유에서 무를 만들어내기를 희망한다"고 말했던 기억이 난다. 여기서 '무'는 '없는 곳이 없다'는 뜻의 '무'이다. 어디를 가도 우리가 있어야 우리 고객이 혜택을 누릴 수 있고 우리 중소기업 고객이 발전할 수 있다. 이를 위해서 우리가 없는 곳이 없어야 한다!

10년을 내다보기 힘들다고들 말한다. 내다볼 수 있다면 그것은 이상한 일이다. 10년 전만 해도 우리를 이해하는 사람을 찾기 힘들었다. 우리는 자신감을 가지고 우리의 전략과 사명을 끝없이 존중해야 한다. 이렇게 했을 때 우리는 비로소 앞으로 나아갈 수 있다.

따라서 1,000만개 기업에게 다음 7대 서비스를 제공해야 한다고 생각한다.

첫째, 알리바바의 전자상거래 서비스.

둘째, 마이금융 서비스.•

셋째, 차이냐오 물류 서비스.••

넷째, 빅데이터 클라우드컴퓨팅••• 서비스.

다섯째, 광고 서비스.

여섯째, 해외무역 서비스.

일곱째, 기타 인터넷 서비스.

베이징에는 첫 번째에서 여섯 번째까지를 제외한 인터넷 서비스 주요 팀이 모여 있다. UC가 우리와 협력을 할 당시 UC 측에서 알리바바의 전략에서 아무리 찾아봐도 UC가 보이지 않고 가오더가 보이지 않으며 알리픽처가 포함되지 않고 알리젠캉 역시 포함되지 않은 이유가 무엇이냐는 질문을 받았던 기억이 난다. 나는 UC 측 사람에게, 일부러 포함시키지 않았다고 말했다. 10년 후 세계와 중국이 데이터를 기반으로 한 각종 서비스를 필요로 할 때를 대비해 준비를 철저히 해야 한다. 최근 몇 년은 우리가 무대를 즐겼지만

• 2014년 10월 16일에 설립된 마이금융서비스그룹 산하에는 알리페이Alipay, 월릿wallet, 위어바오, 자오차이바오招财宝, 마이소액대출 및 왕상은행网商银行이 있다. 개미처럼 미미하지만 마음을 합쳐 협력한다면 그 힘이 놀랍다는 의미이다.

•• 2013년 5월 28일, 알리바바그룹, 인타이银泰그룹, 렌허푸싱联合复星그룹, 푸춘富春그룹, 순펑顺丰그룹, 삼통일달三通一达(선퉁申通, 위안퉁圆通, 중퉁中通, 윈다韻达) 그리고 관련 금융기관이 함께 '차이냐오네트워크 과학기술유한공사'를 설립했다. 2016년 3월 14일 첫 번째 자금모집에서 100억 위안 이상을 조달했으며 그 가치는 500억 위안에 달하는 것으로 평가되었다.

••• 사용량에 따라 비용을 지불하는 방식이다. 네트워크 방문데이터를 활용할 수 있고 편리하며 수요에 따른 사용이 가능하고 계산 데이터 공유풀에 들어갈 수 있다.(네트워크, 서버, 메모리, 애플리케이션, 서비스 등) 2009년 설립된 알리윈은 세계에서도 선도적인 클라우드컴퓨팅 플랫폼으로 200여 개 국가를 대상으로 서비스를 제공한다.

5년이나 10년 후에는 UC, 가오더, 젠캉, 픽처 쪽에서 무대를 즐기게 되고 우리는 진영별 전투 시스템을 갖출 것이다.

먼저 알리바바는 플랫폼을 계속 제공한다. 전자상거래 서비스는 하나의 플랫폼으로 우리는 물건을 사지도 팔지도 않고 배송도 하지 않는다. 하지만 우리가 노력을 한 결과, 모든 고객이 더 저렴하게 물건을 구매하고 더 효율적으로 물건을 판매하며 더 빨리 물건이 배송되기를 원한다. 이것이 우리가 하려는 전자상거래 플랫폼이다.

둘째, 전체 인터넷 금융에서 가장 중요한 것은 데이터이며 신용 시스템이라는 사실이다. 10년 후에는 중소기업이 대출을 받지 못해 어려움에 처하는 일이 더는 생기지 않기를 바란다. 우리는 지난 몇 년 동안 신용과 빅데이터를 기반으로 한 인터넷 금융 시스템을 구축하고 미래 중국 나아가 전 세계 중소기업을 위한 서비스에 주력했다.

셋째, 우리는 차이냐오에 희망을 걸고 있다. 사람들은 베이징의 물류배송이 빠르다고 하지만 나는 베이징에서 빠른 것은 빠른 게 아니고 네이멍구, 신장, 시장, 윈난에서 빨라야 진짜 빠른 것이라고 생각한다. 현재 우리는 매일 3,000만 개에 가까운 택배를 운송하지만 우리가 해결해야 할 문제는 택배 3,000만 개가 아니다. 10년 후 매일 3억 개의 택배를 어떻게 배송하느냐의 문제를 해결해야 한다. 어떻게 해야 중국 어디에서든 인터넷 쇼핑을 한 후 24시간 내 배송을 할 수 있을까? 어떻게 해야 전 세계 대부분의 지역에서 72시간 내 택배 배송이 가능할까? 이것이 바로 우리가 해결해야 할 문제다.

넷째, 빅데이터와 클라우드컴퓨팅이다. 모든 사람들이 중국은 왜 혁신을 할 수 없는지 고민하고 있다. 혁신을 위해서는 인프라가 필요하고 앞으로의 혁신은 데이터와 떼려야 뗄 수 없다. 데이터가 있어야 혁신, 크리에이티브 그리고 창조가 끝없이 나타날 수 있다.

○ 사명감을 가지고 세계에 했던 약속을 지킨다

지금 세대는 아마도 인류 역사상 가장 운이 좋다고 봐야 한다. 미세먼지를 얘기하고 식품안전을 거론하며, 이러저러한 게 싫고 불만스러울 수 있다. 하지만 실제로 우리는 정말 대단한 시대를 살아가고 있다.

이번 기술혁명은 IT, 데이터, 인터넷 혁명으로 사람의 뇌를 완전히 해방시켰다. 이번 기술혁명의 지원을 받아 50년 후에 가장 적합한 상업조직은 어떤 형태일까? 이런 고민을 해본 적이 있는가? 나는 단순한 공장 형태도 아니고 기존의 형태와 같은 기업이 아니며 새로운 플랫폼 형태의 기업이 바로 그것이 되리라 믿는다. 플랫폼 형태의 기업은 사회적 책임을 다해 이 세계의 상업이 더 투명해지고 더 개방되며 더 책임감 있고 공유정신을 더 잘 이해하도록 해야 할 것이다. 지난 20년 동안 인터넷이 발전했고 앞으로 30년은 진정한 시작이 되며 실제로 기술시대에 진입하게 될 것이다. 인터넷 기업이 잘 살아가고 오래 유지되며 건강하게 살아가려면 인터넷 기술을 모두에게 두루두루 혜택이 돌아가는 기술이 되도록 만들어야 한다. 우리는 우리의 클라우드컴퓨팅, 빅데이터, 전자상거래를, 우리가 가진 기술을 모두가 공유할 수 있는 기술로 만들어 인류 사회를 변화시키고 중국 사회를 변화시키고자 한다. 이렇게 했을 때 우리 기업들에 미래가 있다. 이 세계에는 이런 일을 할 수 있는 기업이 몇 안 된다. 중국에서 우리 알리바바가 하지 않는다면 누가 할 수 있겠는가?

우리가 운이 좋다고 말할 수 있다면 또 운이 좋지 않다고도 할 수 있다. 운이 좋지 않은 이유는 야근을 해야 하기 때문이며, 또 운이 좋지 않은 이유는 본사가 베이징이 아닌 항저우에 있기 때문이다. 불행한 일도 많았지만 운이 좋다고 말할 수 있는 까닭은 이 시대를 사는 우리에게 이 기회가 주어졌기 때문이다.

일본에서 어떤 사람이 내게 우리 회사가 ○○회사 창업 멤버를 초빙하다니 정말 대단하다고 말했다. 나는 그에게 창업 초창기 멤버는 대부분 별로라고 말했다. 왜냐하면 우리 회사를 믿어주는 사람이 없었고 실력이 뛰어난 고수는 창업하려는 회사에 들어오려고도 하지 않기 때문이다. 일반적으로 창업 초창기에는 한두 사람 정도가 뛰어나고 나머지 대다수는 평범한 사람들이다. 따라서 그런 식의 신화를 믿어서는 안 된다. 우리는 우수한 인재를 초빙해오지 못했고 모두 우리가 직접 양성하고 훈련해 배출해낸 사람들이다. 어떤 기업이든 우수한 인재는 매우 부지런하고 근면하며 해가 뜨기도 전에 출근해 한밤중에나 집에 들어가고 만원버스를 타고 복잡한 지하철을 이용한다. 청년들은 모두 이렇게 단련되었다. 어제의 알리바바든 오늘의 알리바바든 아니면 미래의 알리바바든, 우리는 모두 이 길을 걸어가야 한다. 우리의 미래는 힘든 가운데 만들어지기 때문이며 우리는 금수저를 가지고 태어난 사람이 아니기 때문이다.

직원들 중에 금수저는 없다. 부잣집에서 태어났다 할지라도 최선을 다해 노력해야 하는데, 하물며 우리 같은 사람들은 말할 필요도 없다.

이런 기업에서 일하면 당연히 힘들고 어렵다는 이야기를 해주고 싶다. 일한 지 오래된 직원들 대부분이 입사할 당시, 나는 그들에게 승진해 돈을 많이 벌 수 있다고 약속할 수는 없지만 억울하고 답답하며 실망스럽고 재수 없는 순간이 분명히 있을 것이며 인센티브나 월급이 충분하지 않을 거라는 건 보장할 수 있다고 말했다.

여러분이 우리 회사에 입사 지원했을 때의 마음과 당시 여러분이 회사에 했던 약속을 생각해보라. 회사는 약속을 하는 데에서 그치지 않고 약속을 이행해나갈 것을 원한다. 우리 회사는 1999년에 약속한 '천하에 어려운 장사가 없게 하라'는 사명을 이어갈 뿐만 아니라 이 사명에 대한 약속을 이행해갈 것이다.

오늘 처음으로 이런 말을 한 게 아니라 1999년에 이미 한 말이다. 2004년, 2005년 당시 시장은 우리에게 회의적인 시선을 보냈다. 우리 회사가 과연 무엇을 해야 할까. B2B에서 간신히 돈을 벌기 시작했는데, 또 타오바오를 시작했고 나중에 또 알리페이를 하게 되었다. 아직 자리를 잡지 못한 상태에서 야후와 손을 잡게 되었다. 사람들 대부분이 이해하지 못할 일들을 우리는 했다. 당시 나랑 다른 사람들은 2012년이 되면 알리바바가 어떤 기업인지 전 세계가 분명히 알게 될 것이라고 이야기했던 기억이 난다.

2012년, 2013년에 전 세계가 '이런 이상한 전자상거래 기업이 있구나' 하고 깨닫게 되었다. 셀 수 없이 많은 질책을 받았지만 그럼에도 세계는 우리를 믿고 우리에게 이렇게 많은 돈을 주었다. 오늘날 '알리바바'의 이름이 안 보이는 곳이 없을 정도로 곳곳에 투자했다. 알리바바 창립 20주년이 되는 2019년이 되면 세계는 전혀 다른 기업을 만나게 될 것이다. 우리는 지금 다음 분기를 위해 분투하거나 내년을 놓고 분투하는 것이 아니라 세계에 했던 약속을 2019년에 지키기 위해 싸우고 있다. 알리바바 창립 20주년이 되면 우리가 어떤 회사인지 모두가 분명히 알게 될 것이다.

동시에 2024년이 되면 알리바바는 천하에 어려운 장사가 없는 강력한 생태 시스템을 실제로 구축해내기를 희망한다. 그해가 되면 내 나이가 딱 60세가 되는데, 환갑 선물로 그 일이 이뤄지기를 희망한다. 2024년에 우리 모두 Show the world(세계에 보여줍시다)!

○ 마윈이 없을 수는 있지만 알리바바의 가치관은 영원할 것이다

마윈이 없다면 알리바바는 어떡하냐고 질문하는 사람이 있다. 여러분에게 분명히 말씀드리는데, 단지 그 시기가 문제일 뿐 마윈은 언젠가 분명히 사라질 것이다. 알리바바는 이미 경영진이 몇 차례 바뀌는 변화를 경험했다. 1999년부터 지금까지 16년 동안 조직개편이 셀 수 없이 많이 이뤄졌다. 중국에서는 1년 사이에 사장이 3번이나 바뀐 기업을 찾아보기 힘들다. 우리는 이것을 포용적 변화라고 하지만 핑계라고 하는 사람도 있다.

앞으로 세계는 점점 더 빠르게 변할 것이며 우리도 변하지 않을 것이라고 말하기 힘들다. 하지만 우리는 '우리의' 변화를 계속 이어 갈 것이다. 따라서 우리는 각 경영진을 대신할 후임자를 찾고 각 회사의 후임자를 찾아낼 것이다.

지금 알리바바 경영진은 기본적으로 1960년대 생이다. 나도 그렇고, 차이충신도 그렇다. 우리 외에도 60년대 생이 많지만 우리는 조금씩조금씩 뒤로 물러날 생각이다. 기업경영을 일선에서 책임질 회장단이 모두 70년대 생이고 실무진은 80년대나 90년대 생이면 좋겠다. 우리는 그들을 엄격히 훈련시켜 아침 일찍 일어나고 밤늦게까지 즐겁게 일하고 발전하며 돈을 벌어 집을 사고 차도 사며 좋은 여자친구나 남자친구를 찾게끔 하고 싶다. 이것이 우리의 바람이다.

1999년, 2000년에 알리바바가 항저우에서 창업을 시작했을 때 직원들 모두 배우자를 찾을 수가 없었다. 직원들이 너무 바쁘기도 했지만 사람들이 '알리바바'라는 이름을 듣기만 해도 바로 도망가 버렸다. 이름도 이상한 데다 듣도 보도 못한 인터넷을 하는 회사라니! 2001년, 2002년 연례회의에서 나는 사람들에게 약속했다. 우리는 항저우에서 가장 좋은 회사가 되고 항저우 시민이 자기 자식, 부인, 남편이 다니길 바라는 회사가 되며 항저우에서 세금을 가장 많이 내는 회사가 되고 항저우의 자랑이 되겠다고 말이다.

만약 당신이 이렇게 생각한다면 분명히 이렇게 할 수 있다. 오늘 당신이 10년 전 가졌던 생각이나 방식으로 살아간다면 10년 후 당신은 오늘의 생각이나 방식으로 살아갈 것이다. 우리도 마찬가지다. 정도 있고 의리도 있어 한 가지 일을 할 때 가치도 있고 의미도 있어야 한다. 우리 모두 하나가 되자. 우리는 미래가 오기를 기다리지 않고 미래를 만들어가야 한다. 세계가 우리 때문에 더 나은 미래를 맞이하기를 바란다.

○ 알리바바는 베이징의 자랑이다

내 이름은 아버지께서 지어주셨다. 아버지는 내가 매일 하늘을 날고 매일 달려나가기를 바라셨다. 그저께는 항저우에서 비행기를 타고 선양에 갔고 어제는 일본에 있다가 오늘 막 돌아왔으며 내일은 상하이에 가서 회의에 참석한 다음 모레 다시 항저우로 돌아오는 식으로 계속 달려가야 한다. 어쩔 수 없다. 아마 여러분도 나와 마찬가지일 것이다. 누가 여러분더러 이 회사에 들어오라고 했는가, 누가 이런 사람하고 같이 창업하라고 했는가! 기왕 왔으니 잘해봐야 하고, 이 운명을 받아들였으니 노력해야 하지 않겠는가. 알리바바는 사람들을 한자리에 불러모아 한 가지 일을 하려고 한다. 여러분이 그 속에서 함께하는 이상 최선의 노력을 기울여야 한다.

내일이 되면 여러분이 알리바바에 없을 수 있고 다른 회사에 갈 수도 있지만, 우리의 사명을 가져가고 우리의 문화와 가치관을 가져가며 '천하에 어려운 장사가 없게 한다'는 약속을 가져가고 1,000만 개 중소기업이 생존할 수 있는 플랫폼을 구축한다는 원대한 목표를 가져가며 1억 개의 일자리를 만들고 20억 명의 소비자를 위해 일하겠다는 마음을 가져가길 바란다. 여러분이 어느 회사에 갈지라도 절대로 원망하지 않고 여러분을 응원하겠다.

베이징은 우리의 경쟁기업이 가장 많이 밀집돼 있는 지역이다. 우리는 오늘의 경쟁기업을 진심으로 축하한다. 토끼와 거북의 경주에서 토끼가 잠깐 낮잠을 잘 수는 있지만 그렇다고 거기에서 영원히 잠들지는 않을 것이다. 20년 후에 베이징의 공기가 지금의 LA, 뉴욕, 도쿄처럼 맑아질 수 있다. 이 도시들도 예전에는 오염된 적이 있다. 환경부처의 노력이 필요하지만 우리가 더 많은 지혜를 모으고 모든 방법을 동원하며 컴퓨터를 활용하고 데이터를 이용하며 전자상거래를 활용해 더 나은 상업모델과 경제모델을 만들어내야 한다. 베이징에서 뿌리를 내리고 현지 시민과 고객 그리고 정부의 전폭적인 지지를 이끌어낸다면 중국에 영향을 줄 수 있고 중국경제의 발전에 참여할 수 있다. 이렇게 되었을 때 우리는 인생을 헛살지 않았다고 말할 수 있다.

주

2015년 4월 23일, 알리바바그룹은 베이징국립경기장에서 세계 각지의 임원진이 모두 참석한 가운데 베이징직원대회를 개최했다. 마윈은 대회에서 알리바바그룹이 2009년에 세운 목표에서 '10억 소비자에게 서비스를 제공한다' 부분을 '20억 소비자에게 서비스를 제공한다'로 수정했다. 마윈은 수년 동안 다른 회사를 인수하면서 알리바바가 미래 '7대 서비스'를 통합해가는 중이라고 밝혔다. 알리바바의 전자상거래 서비스, 마이금융 서비스, 차이냐오물류 서비스, 빅데이터 클라우드컴퓨팅 서비스, 광고 서비스, 해외무역 서비스, 인터넷 서비스가 그것이다.

여럿이 함께 가려면
조직이 있어야 한다

나는 언제나 회사의 최대 상품은 바로 직원이라고 생각한다. 직원이 발전하면 우리 상품도 자연히 발전하고 서비스가 더 좋아지면서 고객들을 만족시킬 수 있다. 중국에서 탄생한 알리바바가 세계경제를 발전시키고 인류 사회 진보에 기여하는 기업이 되기를 소망한다. 따라서 우리는 우리 회사에 들어온 직원들이 모두 이 사명을 가지고 이러한 꿈을 꾸기를 바란다.

우리 기업은 앞으로 85년 동안 계속해서 이 길을 꾸준히 걸어갈 것이다. 강력한 이상주의와 현실주의가 만나 미래를 고민하고 세계를 고민하게 된다. 우리 기업은 사명에 의해 움직인다. 나는 회사 내에서 알리바바의 사명을 계속 이어갈 것이다. 그것은 바로 '천하에 어려운 장사가 없게 하라'이다.

지금까지 우리 회사는 남다른 길을 걸어왔다. 후판화원에서 첫 창업을 했을 당시 '동양의 지혜, 서양의 행동력, 세계라는 큰 시장'

이라고 했다. 알리바바는 중국에서 생겨났지만, 중국 기업이 아니고 당연히 미국 기업도 아니다. 사람들이 알리바바가 어느 나라 기업인지 묻는다면 나는 세계 각국에 우리 주주가 있다고 답한다. 나는 여러분에게 이렇게 말하고 싶다. 알리바바는 중국에서 탄생했지만 글로벌 기업이다.

알리바바의 KPI_{Key Performance Indicators, 핵심성과지표, 경영업무 성과를 가늠하는 데 가장 중요한 지표 - 옮긴이} 측정은 정말 번거로운 일이다. 모든 사람이 KPI를 싫어하지만 KPI가 없다면, 결과를 고려하지 않는다면, 효율을 고려하지 않는다면, 조직을 고려하지 않는다면, 관리를 고려하지 않는다면 모든 이상은 공허한 말에 불과하고 우리는 그저 헛소리만 하는 몽상가로 전락한다.

사람들 모두 이상을 지켜가길 바라지만 제약이 없다면 이는 공상에 불과하다. 세상에 완벽한 조직이란 없다. 왜일까? 이유는 간단하다. 빨리 가고 싶다면 혼자 가면 된다. 멀리 가고 싶다면 여럿이 함께 가야 한다. 여럿이 함께 가려면 반드시 조직이 만들어져야 한다.

우리가 항저우 화싱_{華星} 빌딩에 있을 때 우리 직원들을 빼내가는 회사가 많았다. 알리바바 사람이 온다면 월급을 4배로 주겠다는 회사도 있었다. 결과적으로 우리 직원들 중 떠난 사람은 아무도 없었다.

우리가 좋아하는 인재는 건설적인 의견을 내고 행동력 있는 사람이다. 우리는 날이면 날마다 불평만 늘어놓는 사람을 싫어한다. 우리는 그런 사람을 좋아하지 않는다. 회사 인트라넷을 통해서든 아니면 외부 사이트에서든 허구한 날 회사가 나쁘다고 하면서 회사는 계속 다니는 사람을 나는 가장 싫어한다. 남편이 아내가 싫다고 말하고 아내는 남편이 싫다고 말하면서 이혼하기는 싫어하는 것과 마찬가지다.

문은 열려 있다. 우리는 의견을 듣고 질책도 받을 용의가 있다. 하지만 행동도 수반되어야 한다. 알리바바의 문은 영원히 열려 있어 쉽게 나갈 수 있지만 들어오기는 힘들어야 한다. 이 점이 바로 다른 회사와 구별되는 점이다. 다들 나가기는 쉽지만 들어오기는 어렵다는 점을 기억하라. 쉽게 들어오고 나가기 어렵다면, 그것은 감옥이다.

함께 협력해야만 난관을 극복할 수 있으며 재난이나 불편한 상황에 부딪쳤을 때 다들 남의 탓을 해서는 안 된다. 몇 년 전에 우리는 우리 회사가 어떤 점에서 다른 회사랑 다른지를 놓고 한참 토론했다. 나는 직원들이 회사 통근버스를 타고 출퇴근하는 것에 반대했다. 왜일까? 살 수 없어서가 아니다.

차가 없으면 지하철이나 버스에 끼어 타고 자전거를 타도 출근시간에 맞출 수가 있다. 통근버스가 생긴다면 지각하는 사람이 훨씬 많아지고 일하다 말고 가는 사람이 더 많아지게 될 것이다. 야근을 강조하는 것이 아니라 자신의 일을 중요하게 여기는지 여부를 강조하는 것이다. 만약 일을 중요하게 생각하고 진짜 좋아한다면 일찍 일어날 수밖에 없다.

자기 스스로 노력을 해서 수익을 얻는 것이지 누가 보너스로 주는 것도, 다른 사람이 대신 소득을 올려주는 것이 아니라 온전히 자신의 노력으로 쟁취하는 것이다.

성과 역시 노력을 통해 얻어진다는 것을 기억해야 한다. 우리는 노력하는 것을 격려하고 결과에 대해 보수를 지급한다. 성과가 있다면 We pay(보수를 지급한다). 당신이 노력했다면 성과가 없더라도 괜찮다. 우리는 이를 격려할 것이다.

'백년 알리바바'를 줄여 '바이알'이라고 한다. 이는 알리바바 창업 초기부터 주창한 것으로 알리바바 신입사원 연수 내용이자 알리바바에 들어온 사람이 가장 먼저 배우는 내용이다. 2016년 3월 9일 알리바바 시시위안취西溪園區 보고청에서 입사 1년차 신입사원 800여 명이 '알리바바 필수과목'인 공개강좌에 참여했다. 그 외에 1,500여 명의 신입사원은 인트라넷 학습 플랫폼을 통해 온라인으로 과목을 수강했다. 본문은 마윈의 '바이알' 연설 내용을 정리한 것이다.

3장

인터넷 세계관

불평이 나오는 곳에 기회가 있다

기업가는 10년 후를 고민해야 한다

혁신은 기업가의 일이다

'마우스+시멘트' 기업이 비로소 살아남는다

빅데이터는 기술에 영혼을 불어넣는다

기업관리란 어떠해야 하는가

천하에 어려운 장사가 없게 하라

불평이 나오는 곳에
기회가 있다

나는 열두 살에 영어를 독학하기 시작했다. 왜 그런 마음을 먹었는지 기억은 안 나지만 영어 자체가 좋았던 것 같다. 그때 매일 새벽 5시에 일어나 항저우 호텔까지 40분 동안 자전거를 타고 가서 외국 관광객을 찾았다. 그들은 내게 영어를 가르쳐줬고, 대신에 나는 그들에게 항저우를 관광시켜줬다. 스스로 영어를 공부하면서 나는 사고의 중요성을 깨달았다. 모든 사람이 맞다고 할 때 몇 분간 기다리고, 모든 사람이 아니라고 할 때도 몇 분간 기다려라. 다른 각도에서 세계를 보면 다른 반응을 얻게 될 것이다.

1995년 대학을 떠날 때 총장에게 인터넷 관련 창업을 하겠다고 말했다. 그는 내게 인터넷이 뭐냐고 물었다. 나는 나도 모른다고 말했다. 우리는 두 시간 동안 이야기를 나눴는데 그가 말했다.

"잭, 당신이 뭔가 하고 싶은 게 있다는 걸 알겠소. 하지만 뭘 하려는지 사실 잘 모르겠소. 그렇지만 10년 후에도 돌아오고 싶다면 그

때 돌아오게나."

나는 알겠다고 말했다. 교사는 언제나 미래를 믿고 지식이 삶을 바꿀 수 있다고 믿으며 학생이 자신보다 더 우수하다고 믿고 또 그 것을 바란다. 우리 회사의 CEO는 바로 '최고 교육자'로, 나는 교육 을 책임지고 그들은 행동에 책임을 진다.

내가 창업할 당시에는 소기업이 생존을 위한 걸음을 내딛기 정 말 어려웠다. 나는 장장 5개월에 걸쳐 간신히 500달러를 빌렸지만 회사는 문을 닫았다. 나는 첫 번째 회사를 등록했을 때 회사 이름 을 '인터넷'으로 짓고 싶었다. 하지만 등록사무소의 직원이 말했다. "안 됩니다. 사전에 그런 글자가 없습니다." 그는 회사명을 '컴퓨터 자문회사'로 하라고 권했다. 그래서 첫 번째 회사의 이름이 '항저우 희망컴퓨터자문회사'가 되었다. 사실 그때 나는 과학기술이나 컴퓨 터에 대해 아는 것이 아무것도 없었다.

나는 15년 전의 나를 호랑이 등에 타고 있는 장님에 비유하곤 했 다. 나는 우리 팀원들에게 말했다. "우리가 어쩌다가 성공한 게 아 님을 반드시 증명해야 한다." 정부와 은행은 우리에게 어떤 도움도 주지 않아서 우리는 제로에서 시작해야 했다. 우리 세대의 용기와 인터넷의 힘, 바로 이것을 청년들과 나누고 싶다.

또 내가 절대 신봉하는 사실은 작은 것이 아름답다는 점이다. 월 가에서 다국적 기업을 신경 쓰는 것처럼 소기업 역시 지원을 받을 수 있어야 한다. 나는 그들을 도울 수 있기를 희망한다.

세상에는 내가 할 수 있는 일이 정말 많고 내가 더 잘할 수 있는 일도 정말 많으며 우리가 함께할 수 있는 일도 정말 많다는 걸 깨달았다. 나는 나 자신을 대표할 뿐만 아니라 나와 함께 일하는 무명의 사람들, 소기업을 대표한다.

오늘날 세계 곳곳에 불평이 가득하다. MS, IBM, 시스코가 시장을 분할해 독식했을 때 스물 몇 살이던 나는, 그들이 시장점유율을 다 가져갔다고 불평했다. 지금 우리 역시 거인으로 성장했기 때문에 나는 더 이상 불평하지 않는다.

내가 하고 싶은 말은 그러니까, 대부분의 사람이 불평하는 바로 그곳에 기회가 있다는 점이다. 나는 이 사실을 절대적으로 믿는다.

작은 것이 아름답고 작은 것에 힘이 있다. 알리바바가 성공할 수 있었던 비결이 바로 이것이다. 꿈이 있어야 또 언젠가 그 꿈을 이룰 수 있지 않겠는가.

주

미국 뉴욕 시간으로 2014년 10월 16일 저녁, 아시아 소사이어티는 뉴욕 유엔본부에서 제1차 아시아 게임 체인저 어워즈Asia Game Changer Awards 수상자 명단을 발표하고 수상식을 거행했다. 아시아 지역 발전을 위해 혁신과 공헌에 걸출한 능력을 보인 13명의 개인이나 단체가 본상을 수상했다. 마윈은 중국 기업가 중 유일하게 '아시아 게임 체인저 어워즈' 명단에 이름을 올렸다.

기업가는 10년 후를
고민해야 한다

기업이 커질수록 사람은 힘들어지고 지위가 높을수록 고독해진다. 책임을 져야 하기 때문이다. 그래야 이 시대를 살아가는 우리가 의미 있는 일을 할 수 있게 된다.

○ 시장은 박수를 믿지 않고 결과만 믿는다

기업을 경영하기란 쉽지 않고 중국에서 기업을 경영하기란 더 쉽지 않다. 미국에서 기업을 경영하는 걸 100미터 달리기에 비유하자면, 중국에서 기업을 경영하는 것은 크로스컨트리 경주와도 같다. 우리 앞에는 수많은 장애물이 있지만 이 장애물들은 한편으로 기회로 볼 수 있다. 우수한 기업가가 되려면 상대방의 말을 잘 경청해야 하지만 자신의 생각도 가지고 있어야 한다. 기업가와 경제학자의 차이

점은 바로 여기에 있다. 경제학자는 말을 하면 일이 끝나지만, 기업가는 말을 하면 일이 그제야 시작된다. 따라서 기업가는 지행합일知行合一을 실천해야 한다. 알기는 쉽고 행동하는 것 역시 쉽지만 합일을 이루기는 정말 어렵다. 기업가는 지식을 배우고 과학을 배우며 규율을 준수해야 함과 동시에 새로운 규율을 탐색하고 발견해야 하기 때문이다. 따라서 기업가는 사회발전 과정에서 과학자이자 예술가라고 생각한다. 나는 내가 기업가인 게 정말 자랑스럽다.

우리가 지금 실제로 직면해 있는 어려움은 경제학자가 예측한 문제가 절대 아니다. 나는 경제학자를 존경하지만, 우리 같은 기업가들이 미래를 판단할 때 경제학자의 말이 기준이 되어서는 안 된다고 생각한다. 봄이 오는 것을 가장 먼저 아는 것은 오리다. 기업가는 시대 변화나 경제 변화에 가장 민감하다. 모든 기업가들이 경제학자의 미래 예측을 듣고 움직인다면 그것은 우리 기업가들이 자신감을 잃었음을 말해준다. 경제학자는 어제의 결론을 기초로 데이터를 분석한 후 경제 모델을 찾고 미래를 예측한다. 하지만 기회를 포착하는 데 있어 기업가의 직관, 미래 시장에 대한 기업가의 판단이 더 중요하다. 우리는 지금이 변혁의 시대임을 알아야 한다.

○ 혁신은 가르쳐서 나오는 게 아니라 놀이 속에서 '뉴노멀'이 나온다

우리는 종종 미국이나 유럽이 우리보다 혁신적이며 중국의 혁신능력에는 한계가 있다고 얘기한다. 따져 보면 다 교육의 문제다. 사실

나는 중국의 교육에는 문제가 없지만 양육에는 문제가 있다고 생각한다. 양육 과정에서 문화가 길러지고 감성이 자라난다. 나는 항저우사범대학을 졸업했다. 베이징대학이나 칭화대학을 졸업했다면 아마도 지금쯤 매일 연구를 하고 있었을 것이다. 문화는 놀이에서 나온다. 만약 '뉴노멀' 상황에서 우리의 문화를 다시 돌아본다면 놀다 보니 화가가 되고 놀다 보니 운동선수가 되고 놀다 보니 작품이 나오는 경우가 많음을 알게 될 것이다. 따라서 우리 기업가 역시 노는 법을 배워야 한다.

나는 '뉴노멀'이라는 것이 신경제의 '뉴노멀'이라고 생각한다. 많은 사람들이 내가 전통적 상업을 어지럽혔다며 나를 탓한다. 그렇다면 당신은 왜 10년 전에 이런 추세를 읽지 못했음을 스스로에게 묻지 않는가? 신경제로 충격을 받은 것은 기술이 아니다. 기술은 살 수 있고 찾을 수 있다. 문제는 새로운 사상을 용기 있게 활용할 수 있느냐, 용기 있게 받아들일 수 있느냐다. 저항해 봤자 소용이 없으며 적응하고 융합해나가야 할 뿐이다. 전에 우리가 회사를 운영하면 자신이 중심이었지만 신경제에서는 다른 사람이 중심이 되고 고객이 중심이 되며 직원이 중심이 되어야 한다. 직원이 당신보다 발전해야 한다. 직원은 미래 혁신의 원천이기 때문이다.

몇 년 전에 타이완에서 열린 포럼에 참석해 혁신에 대해 논의한 적이 있다. 우샤오리吳小莉는 타이완의 수많은 70~80대 기업가들이 아직도 혁신을 논한다고 말했다. 내 생각에 타이완에는 희망이 없다. 설마 70~80대가 자신들이 청년들보다 더 대단하다고 생각한다는 것인가? 청년에게, 직원에게 그리고 고객에게 기회가 돌아가도록 해야 한다.

인터넷 경제를 고민할 때 다음 몇 가지를 함께 고려해야 한다. 즉, 가장 중요한 타인 중심의 개방, 투명, 공유, 책임의 정신이다. 지금까지 우리 경제는 공유를 하지 않았다. 내가 가진 정보를 다른 사람이 갖지 못했을 때 내가 돈을 벌 수 있었다. 하지만 앞으로는 공유가 이뤄져야만 내가 성공할 수 있다.

○ 기업가는 오늘에 충실하되 10년 후의 일도 생각해야 한다

지금 인터넷 경제가 세계에 가져온 충격은 상대적으로 크지 않다. 200년 전 산업혁명은 증기기관차, 기차를 내놓았고, 1차 세계대전, 2차 세계대전까지 일으켰다. 하지만 인터넷은 우리의 의식을 바꾸어 미래를 다시 고민하도록 할 뿐이다. 기업의 흥망성쇠는 당연한 일로 경제가 언제나 최상의 상태를 유지할 수는 없겠지만 우수한 기업은 반드시 나쁜 상황에서도 설립되고 성장해왔다. '뉴노멀'에서 좌절과 어려움은 여러분에게 최대 기회가 된다.

기업을 경영함에 있어 관건은 반드시 10년 후를 고민해야 한다는 점이다. 오늘 시작한다 해도 내일 얻어질 성과가 그렇게 많지 않다. 실제 상황을 잘 고려해 미래를 예측했을 때 기회가 돌아온다. 나의 경우를 보자면, 일반적으로 3~5년 후 정부가 할 일들을 예측한 후 바로 행동에 옮기고 계속 수정해나간다. 3~5년 후 정부가 모두 다 같이 움직이자고 호소를 하면 나는 발을 빼는 쪽을 택한다.

따라서 전략이 필요하다. 전략은 미래에 대한 판단이 기반이 되며 전략은 희망사항을 반영하고 희망은 사명에서 만들어진다. 따라서 사명, 희망, 전략, 조직, 문화, 인재 등 전체 시스템을 잘 구축하고 발전시켜야 기업을 잘 운영할 수 있다.

멀리 가기 위해서는 조직이 필요하다. 강력한 조직을 만들기 위해서는 조직문화가 필요하다. 강력한 조직과 문화가 있어야 우수한 인재를 유치할 수 있기 때문이다. 문화가 강해야 기업이 강하다. 여러분의 상품에 퀄리티를 담아내는 것이 문화의 본질이다. 그렇다면 퀄리티란 무엇인가? 바로 품격이 있고 품질도 좋은 것이다. 기업의 퀄리티가 높아야 제품의 품질이나 서비스 품질이 높아진다. 퀄리티가 높은 기업은 바로 퀄리티가 높은 직원이 만든다. 생산라인에만 돈을 쓰고 직원들에게 돈 쓰는 것을 아끼며 아까워하지 마라. 은행의 입장에서 설비를 구매하는 데 돈을 빌려주려고 하지 직원 교육을 위해 대출을 해주고 싶지 않을 것이다. 하지만 이것이 바로 기업경영의 예술이자 기업성공의 비결이다.

앞으로 기회는 점점 더 많아질 것이다. 인터넷이 세계화를 가속화시키기 때문에 기업의 문화나 조직을 발전시키고 세계화의 관점에서 사고해야 한다. 오늘날 시장 자원은 세계화의 차원에서 배치가 이뤄진다. 앞으로 10년 내에 중국의 중산층은 5억 명 선이 될 것이다. 따라서 우리는 양으로 승부할 것이 아니라 품질경쟁에 주목해야 한다. 나는 기술, 재무, 경영을 모르지만 기술, 재무, 경영을 아는 청년들을 믿는다. 그들이 바로 미래다.

인정승천人定胜天, 즉 사람의 힘으로 자연을 이길 수 있다고 했다.

자연天에는 규칙이 있다. 여기서 말하는 '天'은 천재일 수도, 인재일 수도 있다. 하지만 '定'은 '침착하다鎭定'의 '定'이지, '반드시一定'의 '定'이 아니다. 경제 상황이 어떠하든지 간에 시험대상은 바로 여러분의 능력이다. 그런데 여러분의 능력은 직원의 능력, 조직의 힘, 기업문화의 힘, 미래를 예측하는 능력으로 표출된다. 지금은 미래를 판단하는 기업가들의 모습을 보여줄 기회의 시간이자 자신의 능력을 보여줄 수 있는 때다. 지금 우리는 잘 보여줘야 한다. 기업가는 사회가 발전하는 과정에서 가장 중요한 주축으로, 기업가가 성장해야 중국의 기업이 성장할 수 있고 중국이 성장할 수 있다. 기업가가 발전해야 전체 중국 시장이 발전할 수 있다. 나는 이 점이 정말 자랑스럽다!

주

2014년 12월 6일, 베이징에서 베이징저장기업상회 제5차 회원대표대회가 열려 전국 각지에서 온 저장상회 대표와 저장상회 발전에 관심을 갖고 지원해주는 사회 각계인사 600여 명이 한자리에 모였다. 마윈은 베이징저장기업상회 명예회장으로 위촉되어 대회에서 저장상회의 발전 방향에 대한 자신의 생각과 판단 그리고 미래 인터넷 발전 추세와 상업 추세에 대해 연설했다.

혁신은
기업가의 일이다

많은 경제학자들은 중국경제가 단기적인 하강 압박을 받고 있다고 말했다. 하지만 나는 중국경제에 장기적이고 지속적인 하강 압박이 있을 것으로 본다.

우리는 성장률 9퍼센트, 12퍼센트로 돌아가지 못하고 5퍼센트, 6퍼센트 상태에 적응하는 법을 배워야 한다. 심지어 앞으로 20년 동안 2~4퍼센트 성장률을 유지할 수 있다면 우리는 이미 세계 2위의 경제대국이 되었기 때문에 그것만으로도 충분히 대단한 일이다.

2015년은 실로 힘든 한 해였다. 평생 생각해보지 못한 일들이 그 한 해 동안 터져 나왔다. 기업가들은 우리의 기대와 예측을 넘어선 일들을 잘 파악해야 한다.

○ 비즈니스는 전쟁터와 마찬가지로 살아남은 사람이 이긴다

지난 한 해는 기업가에게는 정말 힘든 한 해였다. 비즈니스는 전쟁터와 마찬가지다. 전쟁터에서 살아남는 사람이 성공한 것처럼, 비즈니스에서 기업도 마찬가지다. 연말에 기업이 그 자리에 서 있고 직원들에게 보너스, 월급을 줄 수 있다면 바로 성공한 것이다. 기업 경영의 첫 번째 요소는 전사처럼 살아남는 것이다. 전쟁터에서 전사는 때로는 이기기 위해서가 아니라 살아남기 위해서 전쟁에 임한다.

2015년의 마지막 날 우리는 도산하지 않았다. 이 점은 충분히 축하할 만한 일이다!

연말이 되면 다음 한 해가 아주 어려울 것 같고 여러분의 회사가 예상치 못한 수많은 난관에 봉착할 수 있다는 생각이 들 것이다. 앞으로 닥칠 재난을 분명히 보고 대비한다면 이것이야말로 진짜 낙관적인 행동이다. 앞으로 3~5년 동안 중국의 경제 상황은 여전히 비관적일 것이다. 하지만 5~15년 후 중국경제는 희망적이다. 경제 상황이 호전되었을 때 돈을 벌 수 있는 기업가가 진정한 기업가는 아니다. 주식시장이 호황일 때 길거리에서 채소를 파는 할머니가 돈을 번다면 할머니는 투자자가 아니라 투기자라고 불러야 한다. 경제 상황이 악화되었을 때 기업가가 여전히 돈을 벌고 있다면 바로 성공한 기업가다. 위급한 고비를 이겨낸 기업가에게는 바로 '항체'가 있다.

○ 기업가는 사회발전 과정의 탐험가다

중국은 격변하고 있다. 체제 변환도 좋고 업그레이드도 좋으며 혁신도 좋다. 아마도 인류 역사상 보기 드문 기회가 우리에게 주어졌다. 중국은 세계 2위의 경제대국이지만 기업의 질적, 양적 수준, 규모, 품질을 세계 1위의 경제대국인 미국과 비교해본다면, 또 유럽과 비교하고 일본과 비교하면 엄청난 격차가 존재한다. 하지만 언젠가 중국에서도 분명 세계적인 수준의 기업이 많이 탄생하게 될 것이다.

뛰어난 기업가는 이 시대를 읽고 국가 상황을 이해해야 한다. 기업가 자신에게 무엇이 있고 무엇이 필요하며 무엇을 포기해야 할지 잘 이해했을 때, 그 기업은 비로소 멀리 갈 수 있다. 지금 이 시대는 진정한 상업혁명의 시대다. 어떤 이는 상업혁명을 기회로 보고 어떤 이는 그것을 재난으로 받아들인다. 사실 기회가 아직 오지 않았을 때가 바로 진짜 기회다. 일단 기회가 만들어지면 종종 그때가 재난의 시작이 된다. 기업가의 책임은 혁신이고 혁신의 주체는 기업가다. 기업가는 사회발전 과정에서 탐험가가 된다. 기업가는 희소자원이다. 우리는 전문 관리자를 키울 수는 있지만 기업가를 양성할 수는 없다.

○ 혁신에는 언제나 리스크가 뒤따른다

혁신에는 엄청난 대가가 따르고 혁신은 시간의 제약을 받는다. 혁신의 시간은 유한적이라 외부의 많은 것에 신경을 쓴다면 인생에서 가장 소중한 순간을 잃어버리게 된다. 65세가 되면 집에서 자식과 손주가 집 안에 가득한 기쁨을 누릴 수 있을 뿐이다.

혁신에는 엄청난 리스크가 뒤따른다. 전통적인 은행이 리스크를 다루는 것은 우리 인터넷 기업들보다 낫다. 전통적인 금융기관에서는 방탄복보다 더 두껍게 더 잘 리스크를 관리한다. 하지만 우리가 하는 혁신은 적이 절대로 당신에게 가까이 다가가지 못하도록 하는 것이다. 방탄복을 잘 만든다고 해서 저격수가 그 자리에 나타날 가능성을 없앨 수 있는가? 우리가 혁신하고 반성할 만한 부분이다.

중국이 가장 두려워하는 것은 먼저 'Fu'해지는 것이다. 여기에는 여러 종류의 'Fu'가 있다. 첫째는 '부유富有하다'의 '부富'가 있다. 중국에서 '갑부_{중국어로는 首富로 首에는 '먼저'라는 뜻이 있다 - 옮긴이}'가 되는 것은 재난과 같은 일이다. 또 책임을 지다_{중국어로 負責任로 負의 중국어 발음이 'fu'다 - 옮긴이}는 의미의 '부負'가 있고, 부채가 가장 많다_{중국어로 負債의 발음이 fuzhai로 'fu'로 시작된다 - 옮긴이}의 '부負'도 있다. 나는 '먼저 복을 누리는_{首福, 중국어에서 '갑부'를 뜻하는 首富와 빗대어 동음이의어를 통한 언어유희를 한 것이다 - 옮긴이}' 사람이자 끝이 평온한 사람이 되고 싶다. 하지만 기업 규모를 키운 사람이 결과가 좋은 경우가 얼마나 되는가? 따라서 우리는 자신의 기업이나 직원 그리고 후대를 위해 안정되고 평온한 복을 구해야 한다!

진정한 기업가는 불평하지 않고 성공한 사람은 언제나 자신의 문제를 돌아본다. 실물 경제든 사이버 경제든, 실상은 모두 성장하고 있는 어린아이에 불과하다. 아이들은 싸우면서 서로 상대를 탓한다. 중국에 생산과잉 문제가 있는가? 없다. 있다면 낙후된 경제의 생산과잉 문제다. 제조업이 하락세인가? 전반적으로 보았을 때 제조업이 하락세를 보이는 것도 아니다. 중국의 소매업이 악화일로인가? 전반적으로 보았을 때 소매업의 상황은 나쁘지 않다. 여러분이 잘 못했기 때문에 지금 인터넷이 여러분을 도태시킨 것일 뿐이다. 이것은 당연한 이치다. 실제로 인터넷 기업의 도산율이 전통기업보다 낮지 않고 심지어 훨씬 더 심각하다.

○ 절상의 통찰력은 학습하고 반성하는 능력에서 드러난다

비즈니스 기회가 있는 곳이면 반드시 절상浙商, 중국 저장성 출신 상인을 일컫는 말 - 옮긴이이 있다. 세계 어디를 가든지 코카콜라가 있는 곳이라면 반드시 절상이 있다. 절상은 수요를 찾는 데 뛰어나야 할 뿐만 아니라 수요를 만들어낼 수 있어야 한다. 수요를 쫓아가는 데 뛰어나야 할 뿐만 아니라 수요를 이끌어낼 수 있어야 한다. 외재적 수요를 찾아내야 할 뿐만 아니라 내재적 수요를 발굴해내야 한다. 따라서 절상은 앞으로 전체 국가의 소비 품격을 높이고 절상 부대의 자질을 높이는 데에서 가장 큰 기회를 찾을 수 있다. 규모, 속도로 기업의 성공 수준을 결정지을 수는 없다. 기업의 성공 여부를 결정짓는 것은 규모가 얼마나 큰지, 속도가 얼마나 빠른지가 아니라 상품이 얼마나 좋은지 소비자에게 어떤 체험을 제공하는지다.

소비자가 좋은 체험을 하려면 기업가가 장인정신을 갖춰야 한다. 경제성장 속도가 둔화되면 어떤 점이 안 좋은가? 사실 속도가 빠르냐 느리냐가 아니라 오랫동안 꼼꼼히 작업해 정교한 작품을 만들었는지 여부에 따라 품질이 달라진다. 시스템을 구축할 줄 알고 최고의 사람, 최고의 경영법, 최고의 기술을 사용해 최고의 제품을 창조해내는 능력을 발전시켜나가야 한다. 이것이 바로 장인정신의 발현이다.

내 생각에 인터넷이 가져올 충격은 우리의 상상을 뛰어넘을 것이며, 앞으로 닥칠 도전이 점점 더 커질 것이다. 조직혁명, 인재혁명, 문화혁명, 기술혁명이 이제 시작되었다.

주

상하이시저장상회 연례회의 및 '13·5 중국민영경제 혁신발전 집중조명' 정상회담이 2015년 12월 30일 개최되었다. 마윈은 이 연례회의에서 절상이 국가 소비품격을 전반적으로 향상시키며, 기업가가 중국경제 성장 속도가 둔화되는 '뉴노멀'에 적응했을 때 가장 큰 기회를 만나게 되며, 기업이 겪고 있는 '재난'은 다른 한편으로 기회이고 위급한 상황을 잘 넘긴 기업가만이 '항체'를 갖게 된다고 역설했다.

'마우스＋시멘트' 기업이
비로소 살아남는다

여러분은 좋든 싫든, 지난 20년 동안 인터넷이 세계에 위대한 공헌을 했으며 인류 사회에 엄청나게 큰 영향을 끼쳤음을 인정할 수밖에 없다.

지난 20년 동안 인터넷 산업은 아주 성공적이었다. 하지만 나는 매우 이상한 현상을 발견했다. 인터넷 회사 중에서 건강하고 안정적으로 3년 이상 유지된 기업이 드물다는 사실이다. 이는 대부분의 인터넷 회사에 '밀일蜜日'이나 '밀주蜜周'만 있을 뿐, '밀월蜜月'이 없음을 의미한다. 심지어 구글, 페이스북, 아마존, 이베이 그리고 알리바바 역시 마찬가지다. 우리 모두가 매일 걱정하고 매일 노심초사하고 있다.

한 업종의 회사 모두가 3년을 채 넘기지 못한다면 그 업종은 영원히 주류가 되지 못한다는 건 누구나 다 아는 사실이다. 따라서 우리는 우리 기업들이 벤츠, 지멘스처럼 오랫동안 건강하게 유지시킬 수 있는 해결방안을 찾고자 고군분투하고 있다. 어떻게 해야 그 해결책을 찾을 수 있을까?

오늘날 과학기술은 아주 빠르게 발전하고 세계는 빠르게 변하고 있다. IT 기술과 디지털 기술, 이 두 가지는 서로 다른 기술일 뿐만 아니라 사람들의 서로 다른 사고방식과 이 세계를 대하는 각기 다른 방식을 보여준다. 30년 후에 세계가 어떤 모습으로 바뀔지 알지 못하고 30년 후에 데이터가 어떤 상태일지 알지 못한다. 하지만 전 세계가 30년 후에 거대한 변화를 맞이할 거라고 확신한다. 1차 기술혁명과 2차 기술혁명으로 인류가 체력적 한계를 뛰어넘었다면 이번 기술혁명으로 인류의 뇌가 해방되는 기회를 맞이하게 되었다.

앞으로 세계는 석유의 힘을 빌릴 뿐만 아니라 데이터가 훨씬 더 중요한 역할을 담당하게 될 것이다. B2C 방식이 아니라 C2B 방식이 더 주를 이룰 것이며, 기업이 고객에게 물건을 판매하는 방식에 그치지 않고 고객이 기업을 바꿀 것이다. 왜냐하면 우리가 대량의 데이터를 보유했기 때문이다.

제조업자들은 자신만의 개성이 없다면 생존하기 아주 어려울 것이다. 앞으로 제조업자가 생산하게 될 기기는 단순히 상품을 제조할 뿐만 아니라 '말'을 할 수 있고 '생각'도 할 수 있어야 한다. 기기는 더 이상 석유와 전기의 힘만 빌리는 것이 아니라 데이터를 기반으로 한다.

미래 기업은 규모에만 신경 쓰고 표준화에만 신경 쓰면 안 되며, 유연성, 민첩성, 개성화에 더 많은 관심을 기울여야 한다. 따라서 나는 앞으로 세상에 여성 지도자가 더 많아질 거라고 확신한다. 왜냐하면 미래에는 사람들이 근육의 힘에만 관심을 쏟는 게 아니라 지혜, 관심 그리고 책임을 더 중시할 것이기 때문이다.

나는 인터넷에 결여된 부분을 찾아야 하는데, 그 결여된 부분은 바로 마우스와 시멘트 간의 협력으로 인터넷 경제와 실물 경제가 결합할 수 있는 방법을 찾는 것이다. 마우스와 시멘트가 결합할 때 인터넷 기업이 살아남을 수 있고 30년을 멋지게 살아가고 나아가 더 오랫동안 유지될 수 있다.

이렇게 결합되었을 때 바로 디지털 경제가 아니라 데이터 경제 Data Economy가 된다. 데이터 경제는 모든 것을 바꾸어놓을 것이다. 세상은 그로 인해 더 아름답게 바뀜과 동시에 더 힘들어질 것이 분명하다. 그때가 되면 기기에서 움직이는 게 있는데, 그것이 바로 데이터다.

우리는 지금 혁신의 시대, 발명과 크리에이티브에 집중하는 위대한 시대를 살아가고 있다. 나는 개개인이 아주 열심히 일한다면 자신의 꿈을 이룰 수 있을 것이라 확신한다.

오늘 우리는 세계의 노동자, 트럭 운전사 그리고 게이머들을 만날 수 있다. 이들은 과거에는 불가능했던 과학기술을 통해 자신의 꿈을 이룬 사람들이다. 하지만 오늘날 데이터가 이 모든 것을 현실로 만들었다.

나는 과학기술이 세계를 바꾼 것이 아니라 과학기술 이면의 꿈이 세계를 바꾸었다고 확신한다. 내 경우를 보더라도 훈련받은 과학기술 전문가도 아니고 컴퓨터에 대해 아는 것이 하나도 없으며 인터넷에 대한 이해도 깊지 않다.

하지만 나에게는 큰 꿈이 있다. 바로 중소기업을 돕겠다는 것이다. 나는 세계를 이끌어갈 것은 과학기술이 아니라 꿈이라는 것을 확신하고 있다.

---

^주

2015년 3월 15일 독일 하노버에서 '데이터 경제'라는 주제로 국제정보통신 박람회CeBIT가 열렸다. 전 세계 IT업계 대표기업들이 모인 자리였다. 70여 개 국가의 3,300개 기업이 참여했으며, 중국은 처음으로 협력국으로 참여해 최신 제품을 세계에 선보였다. 마윈은 초청받은 기업가 대표로 개막 연설을 했고 마이금융의 Smile to Pay를 직접 시연했다.

빅데이터는
기술에 영혼을 불어넣는다

사람들은 중국 인터넷 기업 중에서 알리바바의 기술이 제일 떨어진다고 생각해왔다. 바이두의 리옌훙李彦宏은 기술을 알고 텐센트의 마화텅馬化騰은 기술을 전공했지만 마윈은 전혀 배우지 않아 마윈이 제일 떨어진다고 생각한다. 사실 내가 기술을 잘 모르기 때문에 우리 기업의 기술이 가장 뛰어날 수 있다. 내가 기술을 모르기 때문에 기술을 존중하고 기술 담당자와 싸울 일이 없다. 내가 기술을 잘 알았다면 하루가 멀다고 찾아가 이래라 저래라 지시해 기술 담당자는 힘들었을 것이다. 내가 기술을 모르기 때문에 그들이 하는 말과 행동을 호기심을 가지고 경외하는 마음으로 바라볼 수 있었다.

알리바바의 클라우드컴퓨팅은 세계에서 가장 빠른 발전 추세를 보이고 있다. 중요한 이유 중 하나는 내가 모르기 때문이다. 농담을 하는 게 아니다. 왕젠은 알고 있는 사실이다. 6년 전 알리바바의 미래 발전 방향을 결정해야 할 무렵, 우리는 빅데이터가 앞으로의 방향이고 클라우드컴퓨팅이 앞으로 갈 길이라고 생각했다. 하지만 어떻게 해야 하는 것일까? 기술진은 5K기술 등을 발전시켜야 한다면서 여러 용어들을 사용했지만 나는 하나도 알아들을 수 없었다. 내 생각에 컴퓨터가 사람보다 나은 부분은 바로 그들의 '지능지수'가 사람보다 높다는 점이다. 전에는 사람들이 많은 걸 기억해야 했지만 지금은 컴퓨터가 사람을 대신해 그 일을 한다. 빅데이터가 탄생하고 컴퓨터의 '지능지수'는 사람보다 더 높아지게 되었다. 어느 날 컴퓨터의 '감성지수'와 '지능지수'가 모두 사람보다 높게 된다면, 이는 엄청난 혁명이다. 그런데 미래에 분명 이런 날이 올 것이다! 따라서 어떻게든 우리는 이 일을 해내야만 한다.

훗날 텐센트나 바이두가 살아남지 못한다면 중요한 이유는 그들의 지도자가 이 기술이 어렵다는 걸 알고 지레 겁먹고 뛰어들지 않았기 때문이다. 하지만 나는 이게 얼마나 어려운지 모른다. 그래서 '어떻게든 이 일을 해내야만 한다'는 말을 할 수 있는 것이다. 인터넷에는 수많은 사람이 존재한다. 우리 회사 직원을 포함해 대부분의 사람들이 마윈이 왕젠에게 낚였다고 얘기한다. 5,000대의 컴퓨터를 한데 모은 방식의 클라우드컴퓨팅이라는 게 근본적으로 불가능하다는 것이다. 사실 난 무슨 말인지 전혀 이해하지 못했다. 하지만 나는 이런 기술이 사회문제를 해결할 수 있다면 반드시 해나가야 한다고 생각한다. 나는 기술을 모르지만 알리바바가 기술에 생명력을 더하고 데이터에 영혼을 불어넣기를 희망한다.

나는 너무나 많은 기술 담당자가 연구실에 앉아 있지만 결과적으로 아무 쓸모가 없는 상황을 많이 보았다. 실험실에서 많은 기술이

사장되고 그중 살아남은 것만이 좋은 기술이다. 사회가치를 창조하고 수많은 사람에게 혜택이 돌아가야 비로소 좋은 기술이다. 그렇지 않은가? 지금 수천만 개 소기업이 알리바바가 제공하는 서비스를 이용하고 있으며, 수억 명의 소비자가 알리바바를 이용하고 있다. 우리 플랫폼은 1분에 1,700만 명이 동시 접속할 수 있다. 이것이 바로 좋은 기술이다.

기술에 생명력을 더하고 데이터에 영혼을 불어넣으며 데이터가 사회발전에 긍정적 역량을 발휘하도록 해야 한다. 이것이 바로 우리의 소박하면서도 단순한 초창기 마음이다. 따라서 우리는 하고 싶든 하고 싶지 않든 간에 꾸준하게 투자하고 결국은 성공하게 되었다. 바로 내가 기술을 몰랐기에, 기술을 매우 존중하고 기술을 경외했기 때문이다.

○ 10년 후에 어떻게 살아남을 수 있을까

내가 외국어를 배울 당시 가장 큰 꿈은 아침에 파리에서 일어나고 낮에는 런던, 저녁에는 부에노스아이레스 바에 있는 것이었다. 이번에 나는 많은 국가를 뛰어 다녔다. 7일 동안 3개국, LA, 뉴욕, 워싱턴, 파리, 로마 등 6개 도시를 돌고 돌아왔다. 그런데 이제야 나는 내가 이런 삶을 원하지 않았다는 것을 알게 되었다. 시차는 뒤바뀌고 음식은 맞지 않으며 언어도 지역마다 다르고 정말 힘든 생활이다. 하지만 길에서 많은 것을 배우고 많을 것을 생각하며 많은 것을 알게 되었다.

알리바바는 운이 좋았다. 수년 동안 인터넷 회사들은 부침이 심했지만 우리는 지금까지 올 수 있었다. 지난 15년 동안 우리는 우리의 사명을 놓지 않았다.

우리가 전자상거래를 막 시작했을 때만 해도 무척 어려웠다. 당시 사람들은 모두 전자상거래라는 것을 못 미더워했다. 지금은 전자상거래가 유행이다. 우리가 하루아침에 성공한 것이 아니다. 지난 15년간 하루하루, 한 달 한 달 모든 유혹을 떨치고 여기까지 온 결과다. 다들 알다시피 당시에는 문자가 가장 돈이 되었고 나중에는 게임이 가장 돈이 되는 등 여러 비즈니스 모델이 출현했다. 우리가 샘을 낸 적이 있었을까? 당연히 있었다. 사실 압력은 무섭지 않았지만 유혹은 두려웠다.

다른 사람이 돈을 저렇게 많이 버는데 우리는 못 버는 상황에서 질투가 났을까? 당연히 질투했다! 바로 2년 전만 해도 우리 1년 수입이 텐센트 1분기 수입에도 못 미쳤으니 당연히 질투가 났다. 지금 간신히 따라잡았는데 저쪽에서 위챗을 내놓았다.

그런데 알리바바는 어떻게 살아남을 수 있을까? 사실 중요한 출발점이 있다. 그것은 바로 우리가 오늘을 위해 살지 아니면 내일을 위해 살지 계속 고민하고 있다는 점이다. 알리바바는 10여 년 동안 발전을 거듭해오면서 이 문제만큼은 변함없이 계속 자문해왔다. 10년 후에 중국에 무슨 일이 일어날까? 세계에 무슨 일이 일어날까? 어떤 문제가 발생할까? 어떤 재난이 있을까? 우리는 무엇을 할 수 있을까? 왜냐하면, 지금 해서 내일 성공할 수 있는 일은 우리

차례까지 돌아오지 않을 것이고, 올해 해서 내년에 돈을 벌 수 있는 일은 분명 우리까지 차례가 돌아오지 않기 때문이다. 우리가 할 수 있는 일은 올해 해서 10년 후에야 성공할 수 있는 일이다. 이를 출발점으로 삼아 오늘 준비를 시작한 다음 10년 동안 노력하는 것이다. 10년 후 이 일이 진짜 발생되면 기회가 온 것이다. 따라서 미래를 분석하고 예측하는 것은 알리바바와 우리들이 반드시 해야 하는 일이다.

나는 1995년에 대학교수직을 사임하고 창업했다. 창업은 아주 힘들었고 등락을 거듭했으며 수없이 많은 실패를 경험했다. 마침내 나는 소기업이 성장하기 정말 어렵고 지금에 와서도 세상에서 소기업을 운영하기가 여전히 정말 힘들다는 사실을 깨닫게 되었다. 국유기업은 국가의 지원을 받고 외자 기업은 서방 사람들이 뒷받침이 되어주지만 소기업은 아무에게도 지원을 받지 못한다. 첨단기술을 이용해, 기술의 힘을 빌려 소기업을 돕는 방법 외에는 없다. 그래서 우리는 전자상거래를 할 때 대기업이 아니라 소기업에 집중한다.

○ 실용적인 이상주의자

2001년과 2002년에 우리는 사람을 구하지 못했다. 길거리에서 사람을 모집했고 신청만 하면 다 받아줬다. 지금은 우리 직원이 2만 5,000명가량 된다. 알리바바가 설립된 이후 알리바바에 들어온 사람은 6만 명가량이다. 다시 말해, 4만 명 넘는 직원이 15년 동안 알리바바를 떠났다. 사람들에게 알리바바를 떠나기가 얼마나 어려운지, 알리바바를 떠나면서 왜 그렇게 힘들어하는지 물어보라. 왜냐하면 우리 회사는 일반적인 회사와 달리 이상주의가 강하기 때문이다. 우리는 우리의 사명감을 가지고, 우리의 가치관을 가지고 사람들을 감화시켰다.

알리바바가 창업하고 처음 4~5년 동안은 신입사원이 들어올 때마다 두 시간가량 그들과 함께 교류의 시간을 가졌다. 나는 사람들에게 이런 말을 했다. "돈을 벌 수 있다고 약속해줄 수 없고 사장 자리에 오를 수 있다고 약속해줄 수 없으며 집과 차를 살 수 있다고 약속해줄 수 없다. 하지만 여러분의 눈물, 답답함, 억울함, 봉변, 어느 것 하나 작게 여기지 않고 여러분에게 다시 돌려주겠다."

여러분이 살고자 한다면 이상을 위해 필사적으로 일해야 하는데, 사실 힘든 일이다. 하지만 진정한 이상주의자는 실용주의자라고 믿는다. 지난 15년을 돌아보면 우리 기업의 최대 자산은 바로 이상주의자인 직원들이다. 알리바바의 첫 번째 상품은 바로 우리 직원이고, 그다음이 소프트웨어, 기술이며, 세 번째가 타오바오다. 따라서 우리 직원이 바뀌고 성장해야 고객과 상품이 바뀔 수 있다. 이 점을 계속 지켜나갈 것이다.

내가 알리바바인의 생각, 가치관과 생활방식에 실제로 영향을 주었다는 점이 가장 자랑스럽다. 지금 사람들은 IBM이나 MS에 들어가고 싶어 한다. 업무 조건을 놓고 보면 타오바오나 알리바바가 결코 꿀리지 않는다. 하지만 나는 회사 차원에서 통근버스를 제공하는 것을 강력히 반대한다. 집이 멀어 회사에 오고 가는 데 두 시간,

심한 경우에는 세 시간이 걸리니 통근버스가 있으면 좋겠다는 말이 나온다. 그러면 나는 뭐든 괜찮지만 통근버스만은 안 된다고 대답한다. 왜일까? 내가 보니 국유기업은 모두 통근버스가 있는데 나중에는 다 중단되었다. 야간학교와 대학교수를 겸직했을 때 나는 자전거를 타고 공장 앞을 지나가다가 거기에서 줄을 서서 기다리는 사람이 많은 걸 발견했다. 5시 종이 울리자 통근버스가 도착했고 사람들은 모두 집으로 돌아갔다. 이렇게 다른 사람에 의해 좌지우지되는 것에 익숙해진 사람은 성공할 수 없다.

예선에 직원들이 항저우에 와서 일을 하면 우리는 숙소를 제공하지 않았다. 나는 방조차 스스로 못 구하는 사람을 인재라고 생각하지 않으니 직접 가서 방을 구하고 다른 사람들과 부딪쳐 교류를 해야 한다고 말했다. 우리는 길을 걸을 때 책을 읽느라 전봇대에 머리를 부딪치는 그런 사람은 필요 없다. 우리가 원하는 사람은 생활할 수 있는 사람이다.

우리 기업은 열심히 생활하고 즐겁게 일하자고 주창한다. 삶을 진지하게 대면했을 때 삶 역시 여러분을 진지하게 대해준다. 일은 생활의 일부일 뿐 여러분의 전부가 될 수 없다. 업무 스트레스가 크고 즐겁지 않다면 혁신적인 삶을 살 수 없다.

○ 사회진보를 이끌어내는 데에 즐거움이 있다

최근에 어떤 사람이 알리바바가 한동안 의약업에 손을 댔다가 또 한동안은 문화산업도 하던데 도대체 무엇을 할 생각이냐고 물었다. 사실 우리 생각은 분명하다. 우리는 10년 후 중국 사회에 나타날 두 가지 문제를 계속 고민하고 있다. 하나는 건강문제이고 다음은 문화문제다.

우리는 어떻게 해야 사전에 안배를 잘해 빅데이터가 의료 서비스에 도움을 줄 수 있을지를 고민해야 한다. 빅데이터를 통해 오프라인 병원의 성장을 둔화시키고 의료 수준은 갈수록 좋아지며 의약품 품질은 갈수록 개선되며 약값은 갈수록 저렴해질 수 있다.

지금 중국경제는 빠르게 성장하지만 문화교육 발전은 둔화되어 불균형을 보이고 있다. 사람들의 주머니는 두둑해졌지만 머리는 오히려 비어가고 있다. 머리가 빈 민족에게는 희망이 없으니 문화교육에 대한 투자가 커져야 한다. 자신만의 문화를 발전시키지 않는다면 서민의 문화수준은 결코 개선될 수 없다. 미국이 어떻게 발전했는지를 보면, 백악관의 전략, 펜타곤의 군사력, 월가의 자금, 실리콘밸리의 기술, 할리우드의 가치관 등이 종합적으로 그리고 전면적으로 발전한 결과다. 이는 누구 한 사람의 책임이 아니라 개개인의 책임이다. 우리는 모두 지식과 기능을 발휘해 조금씩조금씩 노력해 나가야 한다.

예전에 우리는 베이징대, 칭화대 학생을 유치할 여력이 없었고 그들이 우리 회사에 올 리가 없었다. 그래서 우리의 과거 전략은 일류대학이 아닌 곳의 일류 학생을 찾는 것이다. 이런 학생들은 근면하고 성실하다. 공부를 그렇게 잘하지는 못했지만 겉모습에 신경쓰지 않았다. 따라서 여러분은 알리바바는 일반적인 회사가 아님을 반드시 기억해야 한다. 우리는 인터넷이 돈을 버는 수단에 그치지 않고 사회진보를 이끌어내고 사회를 변화시키며 사회에 영향을 줄 수 있어야 한다고 생각한다.

우리가 있기 때문에 은행은 괴롭다. 그들은 지나치게 많은 돈을 벌었지만 고객들이 만족할 만한 서비스를 제공하지 못했다. 이제 은행은 열심히 자신들의 서비스 태도를 바꾸고 또 바꾸어 진정한 고객 중심 형태가 되어야 한다. 우리는 인터넷 기술을 이용해 수많은 소기업을 단결시키고 소비자의 역량을 단결시켜야 한다. 우리의 기쁨은 얼마의 돈을 버는 데 있지 않고 우리가 있기 때문에 사회가 크게 변하는 것에 있다. 사회 전체의 긍정적 역량을 한데 모아야 비로소 미래로 나아갈 수 있다. 이것이 우리의 가장 큰 기쁨이다.

○ 어제의 장점이 오늘의 단점이다

100만 위안이 있을 때 여러분은 가장 행복하다. 1,000만 위안이 있다면 복잡해지기 시작한다. 이 돈을 건설은행에 입금할까 아니면 농업은행에 입금할까? 1억 위안, 10억 위안이 있다면 이 돈은 여러분의 것이 아니라 다른 사람이 여러분을 신뢰해서 이 돈을 여러분에게 준 것이다. 여러분이 이 돈을 훨씬 더 효과적으로 사용할 수 있을 것이라 믿었기 때문이다. 나는 알리바바의 돈이 내 것이라고 생각해본 적이 한 번도 없고 그렇게 생각해서도 안 된다. 이 돈은 사회 것으로 동료나 고객이 여러분이 관리를 잘할 것이라고 믿고 여러분에게 줘서 운용하게 한 것에 불과하다.

인터넷 시대는 우리에게 평등한 기회를 제공해준다. 미국에는 대단한 기업이 있고, 중국에도 있다. 그런데 왜 중국의 전자상거래가 미국보다 빠르게 발전할 수 있을까? 이베이는 대단한 회사고 아마존을 보면 탄복을 금치 못하지만 이 둘을 합친다 해도 타오바오보다 작다. 우리가 대단해서가 아니라 중국 시장이 크고 중국의 기존 상업기반이 너무 약하기 때문이다.

미국의 비즈니스 환경은 매우 훌륭하고 월마트가 3, 4선 도시까지 없는 곳이 없어 전자상거래가 파고들기 어렵기 때문에 그저 소매업의 보조 역할을 할 뿐이다. 중국은 마트와 쇼핑몰이 잘 갖춰 있지 않아 전자상거래가 발전할 수 있었다. 어떤 경우에는 어제의 장점이 오늘의 단점이 될 수 있다. 현재 모두가 결국 동일한 출발선상에 서 있다. 따라서 우리는 빅데이터 시대가 미국을 초월할 수 있기를 희망한다.

우리는 모두 운이 좋은 세대다. 20년 전에 태어났다면 기회가 많지 않았고 20년 늦게 태어났다 해도 기회가 많지 않을 것이다. 사실 여러분이 잘 간파한다면 기회는 매일 있다. 내 생각에 창업을 한다면 무수히 많은 기회가 있다. 뜻이 같고 생각이 일치하는 사람들이 시대가 주는 기회를 함께 포착하고 국가가 주는 기회를 함께 포착해 시대의 사회변혁에 실제로 참여한다면 이는 일생일대의 행운이라고 할 수 있다.

워싱턴에서 88세의 앨런 그린스펀과 만난 적이 있다. 그는 내가 위어바오에 대해 말하는 것을 듣고 많이 배웠다며 그런 놀이 방법이 있는지 몰랐다고 했다. 미국 금리는 시장화되어 이런 공간이 존재하지 않는다. 이것은 어떤 문제를 말해주는가? 오늘날 많은 젊은이들이 이것이 틀렸다 저것이 틀렸다고 불평한다. 불평이 있는 곳에는 발전의 기회가 있다. 불평을 하기보다 직접 움직여 바꾸어나가는 것이 낫다. 혼자서는 할 수 없으니 여러분보다 더 잘 아는 사람을 청해 함께 일하자고 하거나 여러분보다 더 잘 아는 사람이 하는 대로 따라 해도 좋다. 이것 역시 기회다. 매일매일 허송세월하면서 매일 자신의 능력을 사용할 데가 없다고 한탄해서는 안 된다.

따라서 내가 하고 싶은 말은, 알리바바가 이러한 사고방식을 가지고 15년간 기업을 계속 유지해왔다는 것이다. 우리는 이러한 사고방식으로 앞으로 몇십 년, 몇백 년을 이어갈 수 있기를 계속 희망한다. 그리고 각 단계마다 우수한 청년들이 들어오기를 희망한다. 우리가 계획한 직원 수는 5만여 명으로 2만 5000명이 들어올 자리가 남아 있다.

상대적으로 우리는 운이 좋은 편이다. 계속 견지해나간다면 잘 살아갈 수 있다.

주

2014년 3월 18일 베이징대학 100주년 기념강당에서 클라우드컴퓨팅과 빅데이터를 주제로 알리바바 기술포럼이 열렸다. 마윈은 수천 명의 학생에게 자신의 창업 이념을 진솔하게 밝혔다.

기업관리란
어떠해야 하는가

결국 언젠가는 회사가 커지고 결국 언젠가는 회사가 복잡해질 것이며 결국 언젠가는 부담이 커지고 결국 언젠가는 회사에 변화와 체제 전환이 필요하게 될 것이다. 지금까지 알리바바는 17년의 세월을 견뎌왔다. 지난 17년 동안 우리는 하루를 1년처럼 살았고 갈수록 어렵고 갈수록 힘들어지고 있다. 기업이 일정 규모까지 성장하면 결국 이런 문제가 생기기 마련이다. 다들 이 점을 기억하기 바란다.

○ 경영 모델, 제품, 그리고 관리

기업을 경영할 때 세 가지 요소가 중요한데, 첫째는 경영 모델이고, 둘째는 제품 그리고 셋째는 관리다. 이 세 가지 중에서 어느 것이 더 중요할까? 왕리펀王利芬과 〈중국에서 성공하기贏在中國〉라는 프로그램을 진행할 때, 심사위원 중 한 명이 리스크 관리 전문가였다. 그는 모델이 더 중요하다며 사람에게 큰 관심을 기울이지 않았다. 또 다른 친구가 있었는데, 그는 사람이 좋은지 나쁜지에만 관심을 기울였다. 내 생각에는 이 두 사람 모두 CEO라고 부르기에 적합지 않다. 뛰어난 CEO라면 반드시 관리 기반을 견고히 닦아두어야 한다. 하이얼을 생각해보자. 하이얼에 제품이 없는가? 하이얼에 제품이 없다면 1984년에 냉장고를 부수지 못했을 것이다. 1980년대에 중국에서 이 수준에 이른 기업이 몇 개나 되었는가? 나는 그 시절에 대한 기억이 아주 생생하다. 당시 냉장고 한 대를 사려면 표가 있어야 했다. 이것이 바로 당시 제품 구매 방식이었다. 제품은 생명력으로, 이 점은 지금까지 달라진 적이 없다. 하이얼 같은 대기업이 한 걸음 더 도약하고자 알리바바와 같은 기업과 협력하는 것은 사실상 쉽지 않다. 우리는 상관없다. 누구든 큰 기업 하나만 찾아 협력하면 그만이다. 알리바바의 시스템이 더 커진다 한들 하이얼처럼 시스템이 복잡하지는 않다.

일정 규모로 그리고 지속적으로 이윤이 창출되지 않는다면, 모델이라 부르지 않고 상업 활동이라고 부른다. 건강한 모델을 가진 기업으로는 어디를 꼽을 수 있을까? 구글, 페이스북, 텐센트, 알리바바 등을 꼽을 수 있다. 전 세계를 다 돌아봐도 스무 개가 채 되지 않는다. 하이얼은 지금까지 100억 위안 이상의 이윤을 창출했다. 하이얼의 지금 모델과 노하우는 여러분의 기업이 앞으로 성장하는 데 분명히 큰 도움이 될 것이다. 오늘을 기억한다면 분명 언젠가 쓸모 있는 날이 올 것이다. 사실 나는 다른 기업을 돌아보는 데 시간을 많이 소비한다. 다른 사람의 고통스러운 경험은 우리에게 가장 좋은 산 교재가 된다.

○ 기업을 경영하는 데에는 큰 즐거움이 따라야 한다

기업은 곧 사람이고 관리는 곧 힘을 빌리는 것이다. 내가 '기업은 사람과 같다'는 말을 처음으로 들었던 것은 소니 CEO를 통해서다. 내 생각에 기업도 사람처럼 생로병사가 있고 기업에 문제가 생기면 병이 난 것과 같다. 어떤 문제는 감기 같은 작은 병과 같아 치료를 받지 않아도 저절로 좋아질 수 있다. 어떤 문제는 치료를 받지 않으면 암처럼 갈수록 커질 수 있다. 기업을 관리하는 것은 자기 자신을 관리하는 것과 마찬가지다. 장루이민張瑞敏이 1년에 책을 100권도 넘게 본다는 얘기를 들었다. 내가 지금까지 읽은 책을 다 합쳐도 그만큼 되지 않고 그중에서도 절반은 진융의 소설이다. 그래서 장루이민에게 진심으로 탄복하며, 특히 지식이 아주 방대하다는 점을 가장 존경한다. 장루이민은 전문가형 학자의 전형이라고 생각한다.

1년에 100여 권의 책을 읽는다는 것은 그것이 매우 즐겁기에 가능한 일이다. 중국 기업 중에서 32년이라는 짧은 시간 동안 이렇게 대규모로 성장한 곳은 하이얼을 제외하고 손에 꼽을 정도다. 큰 즐거움이 없었다면, 뜨거운 열정이 없었다면, 유혹에 넘어가지 않을 강한 정신력이 없었다면 할 수 없는 일이다. 따라서 기업을 경영하는 사람이라면 어떤 일에 큰 즐거움을 느끼는지 분명히 알아야 한다. 연구하는 것을 좋아하는 사람이라면 제품연구를 해야 한다.

○ 관리란 사람과 문화를 관할하고, 제도와 모델을 정리하는 것이다

내 생각에 '관리'에서 '관'은 사람을 관할하고 문화를 관할하는 것이며, '리'는 제도를 정리하고 모델을 정리하는 것이다. 사람을 관리하는 가장 좋은 방법이 무엇일까? 바로 문화를 통해 관리하는 것이다. 기업마다 자신들만의 생각이 있어 관리방식이나 방법 모두 다르지만 출발점은 동일하다. 관리 혁신을 예로 들면, 몇 년 전 알리바바 내부에서 치열한 논쟁이 벌어졌다. 혁신이라는 것은, 혁신적인 제도를 구축하는 걸까 CEO가 결정을 내려야 하는 걸까? 하루 종일 토론을 한 후 나는 개인적으로 제도와 CEO 모두 중요하다는 최종적인 결론을 내렸다. 건강한 혁신제도가 없다면 혁신의 성과도 크게 기대하지 못할 것이다. 황제는 아들을 40명, 50명 낳아야 한다. 그렇지 않으면 누가 보위를 잇겠는가? 하지만 최종적으로 누가 태자가 될지, 주력제품이 될지는 황제와 CEO의 결정에 달려 있다.

허풍을 떠는 게 아니라 나는 '판돈을 걸 때' 운이 상당히 좋은 편이다. 당시 나는 타오바오에 돈을 걸었다. 중국의 인터넷 기업을 살펴보면 판매나 마케팅을 하는 사람들은 대부분 알리바바 출신이며, 여기에서 나가 다른 회사의 CEO나 COO를 하고 있다. 당시 우리는 전성기를 맞이해 판매가 안 되는 곳이 없었다. 타오바오에 돈을 건 후 알리페이에 걸었고 그 후에 알리윈에 걸었다. 우리의 혁신은 하나하나씩 끊임없이 이뤄지고 있다. 어떤 상황이 되면 정책을 결정해야 한다. 이것이 우리의 미래다. 어떤 사람은 판돈을 걸 때 판단의 근거가 무엇인지, 자신이 무엇을 가지고 있는지, 무엇을 원하는지, 무엇을 버려야 하는지 명확해야 한다고 말한다. 지도자로서 여러분은 언제나 기업의 방향을 확실히 해야 한다. 방향은 여러분의 사명이자 희망 그리고 가치관이다.

○ 플랫폼 기업이 되려면 플랫폼을 잘 이용해야 한다

나는 개인적으로 플랫폼 기업을 하거나 플랫폼에서 일을 하거나 플랫폼을 잘 이용해야 한다고 생각한다. 왜냐하면 각각의 기업 모두가 플랫폼이 될 수는 없기 때문이다. 1차 기술혁명으로 공장이 탄생했고 2차 기술혁명으로 기업이 탄생했으며 3차 기술혁명으로 플랫폼이 탄생했다. 실제로 플랫폼이 되는 것은 기술이나 제품이 아니라 바로 당신의 생각이다. 플랫폼의 사상은 다른 사람을 더욱 발전시키고 다른 사람을 위해 일하게 된다. 현재 중국에는 알리바바처럼 플랫폼을 운영하는 기업이 몇 개 안 된다. 막 시작했을 당시 알리바바는 대형 플랫폼이라고 할 수는 없었다. 우리가 했던 일들은 주로 기업들의 수출을 돕는 것이었다. 알리바바에서 기업이 물건을 못 팔아 돈을 못 벌면 우리는 파산하는 것이었다. 나중에 타오바오를 할 때도 마찬가지였다. 구매자가 언짢으면 우리 역시 불편해진다. 알리페이도 마찬가지다. 플랫폼 기업의 핵심가치는 어떻게 해야 다른 사람을 발전시킬 수 있을까에 있지만 브랜드 기업은 모든 자원을 집중시켜 자신을 발전시키는 데 있다. 모든 기업이 플랫폼이 될 수 없다. 당신이 플랫폼 기업이 될 수 없다면 플랫폼을 잘 이용하면 된다. 물론 플랫폼이 되고 싶다면 한 가지 원칙을 잘 이해해야 한다. 그것은 바로 여러분의 고객을 발전시키고 여러분의 직원을 발전시키며 여러분의 공급업자를 발전시키고 여러분의 경쟁 상대를 발전시키는 것이다. 이렇게 해야 좋은 플랫폼이 될 수 있다.

내가 이해한 바에 따르면, 2차 세계대전 중에 출현한 새로운 무기인 항공모함이 바로 플랫폼이다. 자체로는 싸울 수 없고 상판에 있는 함재기만이 싸울 수 있다. 함재기에 탄약, 연료를 제공하고 신속한 이륙과 착륙을 가능케 하는 것이 항공모함의 역할이다. 하지만 항공모함은 호위함의 보호를 필요로 한다. 우리 자신은 싸울 수 없어 누군가 우리랑 싸운다면 우리는 손해를 보게 된다. 그렇다면 싸워 이겨야 할 대상은 누구인가? 바로 우리 플랫폼에 있는 기업이 물리친 다른 기업이다. 전자상거래로 돈을 벌지 못한다고 말하는 사람이 있다. 하지만 중국에서 돈을 버는 전자상거래 기업의 95퍼센트가 모두 우리 플랫폼에서 돈을 벌고 있다. 이것이 바로 플랫폼 사상의 핵심이다.

○ 햇빛 쨍쨍한 날에 지붕을 수리해야 한다

기업을 경영하는 사람이라면 무엇을 가지고 있는지, 무엇을 원하는

지, 무엇을 포기해야 하는지를 분명히 알아야 한다고 생각한다. 언제나 내가 무엇을 원하는지 생각해야 한다. 사실 진짜 지혜로운 것은 내가 원하지 않는 것이 무엇인지 정확히 아는 것이다. 소기업은 어떤 사람을 쓸지 고민해야 하지만 대기업은 어떤 사람을 내보낼지 고민해야 한다. 여러분이 5,000명을 관리할 때, 다루는 제품 품목이 200개가 넘을 때, 고려해야 하는 차원은 달라진다.

기업이 일정 규모 이상으로 성장하게 되면 많은 일이 발생한다. 이때 대大를 위해 소小를 버릴 줄 알아야 하며 무엇이 중요하고 무엇이 중요하지 않은지 정확히 알아야 한다. 발전 과정에서 많은 문제에 부딪히기도 하고 또 많은 문제에 부딪히지 않을 수도 있다. 부딪히지 않을 수 있는 것은 우리가 장시간에 걸쳐 그 문제를 고민했기 때문이다 그때 회사 규모가 2,000~3,000명을 넘었다면, 1만 명을 넘었다면 어떠할지 생각해보자. 수입이 1억을 넘었다면 어떨까? 수입이 50억, 100억이 넘었을 때 어떤 어려움에 처하게 될까? 매번 문제가 커지기 시작할 때 바로 바꾸어야지 이미 심각해진 후에 바꾸면 늦는다. 나는 큰비가 내릴 때까지 기다리지 말고 햇빛 쨍쨍한 날에 지붕을 고쳐야 태풍이 몰아칠 때 피할 곳이 있다고 스스로를 계속 일깨운다.

기업마다 경영 방식이 다르다. 하지만 다들 지금 이 자리에 오기까지 동일한 뼈대를 세워왔음은 의심할 바 없는 사실이다. 그것은 바로 경영에 대한 투자와 열정 그리고 연구다. 만약 이런 기본기가 갖춰지지 않았다면, 이런 고민이 부재하다면 그 언젠가 여러분은 분명 힘든 나날을 보내게 될 것이다.

시장은 전쟁터를 방불케 한다. 두 기업이 경쟁할 때 사람의 자질과 기술력은 크게 차이가 나지 않는다. 결국 경영관리에 얼마나 많은 시간을 쏟느냐에 따라 달라진다. 관리는 힘을 빌리는 것으로, 사람의 힘과 자본의 힘 그리고 지식의 힘을 빌리는 것이다. 성공한 기업가, 정치 지도자, 예술가를 많이 만났는데, 그들은 모두 미래를 낙관했다. 비관적인 사람은 성공할 수 없다.

성공하려면 학습능력, 자기반성능력, 자기변화능력, 꾸준한 실천력 등 네 가지 요소를 반드시 갖춰야 한다. 성공했다고 하는 사람들을 수없이 많이 보았다. 이 사람들 중 한 사람도 자신이 성공했다고 생각한 사람이 없었다. 나는 지금도 매일 마음이 조마조마하고 살얼음 위를 걷는 것 같다. 에베레스트에 오르면 바람이 어느 쪽에서 불어올지 몰라 경치를 감상할 여유가 없다. 에베레스트에 홍기를 꽂고 사진을 찍고 길어야 2분 정도 머문 후 바로 하산한다. 만약 여러분이 여러분의 업계에 애정이 있고 여러분의 회사에 애정이 있으며 여러분의 방식에 애정이 있고 여러분의 제품에 애정이 있다면 계속 공부하고 또 열린 마음으로 공부할 것이다. 자기 자신을 돌아보고 반성해야지 다른 사람을 반성시키거나 직원을 반성시켜서는 안 되며, 자신의 문제를 반성해야 한다. 자신이 먼저 달라져야 한다. 여러분이 달라졌을 때 여러분의 조직이 달라진다. 그다음 스스로에게 충분한 시간을 주고 그 길을 꿋꿋이 걸어가야 한다.

○ 젊어 힘이 있을 때 아이를 낳아야 한다

우리가 산에 오르는 것은 산에서 내려오기 위해서가 아니다. 다음 산을 오른 후에 또 내려와야 하기 때문이다. 이러한 힘을 유지하는 것을 가리켜 수준이라고 한다. 사람마다 문제를 보는 관점이 제각기 다르다. 당신이 문제를 보는 관점, 깊이, 범주에 따라 기업의 미래가 달라진다.

요즘 나는 어디든 찾아가 이런저런 이야기를 늘어놓으며 큰소리를 뻥뻥 치고 있다. 내가 봐도 내가 일을 해봤자 젊은 사람들보다 못 하니 젊은 사람이 일을 하고 나는 큰소리를 치는 게 맞다. 언젠가 젊은 사람이 큰소리 치는 것을 나보다 더 잘하게 되면 나는 은퇴를 해야 한다. 사실 인재는 이렇게 하나씩 하나씩 나타난다. 아이를 낳으려면 반드시 젊어 힘이 있을 때 낳아야지 80세가 되어 아이를 낳아서는 안 된다. 그 나이에 아이를 낳으면 부모가 힘이 없고 어떻게 아이를 다루어야 할지 모르기 때문에 아이에게 좋지 않다. 만약 올해 나이가 마흔이라면 두 명으로는 안 되고 앞으로 두 명을 더 낳을 수 있으니 기회가 있는 셈이다. 따라서 조금이라도 빨리 후임자를 길러내야 한다. 우리와 10년 동안 함께 일한 사람은 진짜 힘들게 고생했다. 가야 할 사람을 가게 해줘야 한다.

주

2016년 7월 28일 마윈은 후판대학 1기, 2기 학생들을 데리고 하이얼 칭다오 본사를 방문해 이틀 동안 교류의 시간을 가졌다. 마윈은 이곳에서 기업 관리에 대해 강연을 했다.

천하에 어려운 장사가
없게 하라

나는 정말 운이 좋은 사람이다. 20년 전에도 좋았고 10년 전에도 좋았다. 난 내 자신이 이렇게 운이 좋다는 걸 믿지 않았다. CEO 할 때 힘들었지만 직원들이 더 힘들었다. 특별히 내 동료들이 나를 믿어준 데 진심으로 감사하다. 10년 전 오늘, 사스가 중국 전역을 휩쓸었을 당시, 사람들은 모두 미래를 낙관하지 않았고 믿음이 없었다. 알리바바의 젊은 세대 10여 명은 중국이 10년 후에 더 좋아질 것이라고 확신했다.

그리고 10년 후 전자상거래는 중국에서 엄청난 관심을 받았다. 수많은 사람이 이를 위해 엄청난 대가를 지불했고 이상을 위해 10년을 버텨왔다. 나는 지금 알리바바그룹에서 99퍼센트가 사라진다 할지라도 지난 10년이 가치 있다고 계속 생각해왔다. 이 생에 더는 후회가 없을뿐더러 지금 우리에게 이렇게 많은 친구가 있고 이렇게 큰 신뢰를 받았으며 이렇게 함께하는 사람이 많으니 말해 무엇 하겠는가.

내게는 성공할 만한 이유가 없으며 알리바바도 성공할 만한 이유가 없고 타오바오는 더욱 성공할 만한 이유가 없다. 하지만 오랜 시간을 지내오면서 우리는 미래에 대해 확신했다. 오늘의 우리를 만든 것은 무엇일까? 오늘의 마윈을 만든 것은 무엇일까? 나는 신뢰라고 생각한다. 모든 사람이 이 세계를 불신하고 미래를 불신하며 다른 사람을 믿지 못할 때 우리는 믿기로 결정했다. 10년 후 중국이 더 나아지리라 믿기로 결정했으며 우리 동료가 그리고 중국의 젊은 세대가 우리보다 더 잘하리라 믿기로 결정했다.

오늘날의 중국은 신뢰가 쌓였다. 타오바오에서 매일 2,400만 건의 거래가 이뤄진다는 것은 중국에서 매일 2,400만 건의 신뢰 관계가 만들어짐을 의미한다. 여러분은 생전 듣도 보도 못한 이름의 낯선 사람에게 돈을 내고 지금까지 한 번도 보지 못한 물건을 구매한다. 그러면 알지 못하는 누군가에 의해 수백 수천 킬로미터 떨어진 여러분의 손에 전달된다.

모든 알리바바인에게 감사드린다. 여러분은 이 시대에 희망을 보여주었으며, 중국의 모든 80후, 90후 세대처럼 새로 신뢰를 구축하기 위해 노력하고 있다. 이러한 신뢰를 통해 세계는 더욱 개방되고 더욱 투명해지며 더 공유하는 법을 배우고 더 많이 책임 지게 될 것이다. 나는 여러분으로 인해 자부심을 느끼며 이 생에서 여러분과 함께 일해왔다. 다음 생에서도 우리는 동료로 함께 일할 것이다!

○ 기회를 찾고 기회를 잡아라

오늘날 세계는 급변하고 있다. 30년 전 우리 중 누구도 중국이 제조업 강국이 될 것이라고 생각지 못했다. 컴퓨터가 이렇게 광범위하게 응용될 것이라고 아무도 생각지 못했다. 인터넷이 중국에서 이렇게 빠르게 발전할 것이라고 아무도 생각지 못했다. 타오바오를 할 수 있을 것이라고 아무도 생각지 못했다. 오늘 우리가 여기에 모여 계속 미래를 마음껏 꿈꿀 수 있을 것이라고 아무도 생각지 못했다.

많은 사람들이 아직도 컴퓨터가 무엇인지, 인터넷이 무엇인지 알지 못하던 때에 모바일인터넷이 시작되었다. 많은 사람들이 모바일인터넷이 무엇인지 알지 못하던 때에 빅데이터 시대가 열렸다. 변하는 시대의 주역은 청년들이다! 오늘 적지 않은 젊은이들이 구글, 바이두, 텐센트, 알리바바와 같은 기업들이 모든 기회를 앗아갔다고 생각한다. 10년 전 수많은 위대한 기업들을 보고 우리 역시 갈피를 잡지 못하고 앞으로 기회가 있을지 여부를 자문했었다. 10년 동안 꾸준히, 끝까지 이 길을 걸어온 결과 우리는 오늘에 다다를 수 있었다. 이 시대가 변하지 않는다면 젊은 세대들에게는 기회가 없을 것이다. 산업시대에는 연공서열을 따졌기에 언제나 부자 아빠가 필요했다. 하지만 우리에게는 부자 아빠가 없으며 가진 것이라고는 근면함과 이상뿐이다. 많은 사람들이 변화를 싫어하지만 변화를 잘 포착했기 때문에 미래를 볼 수 있는 것이다. 앞으로 30년 동안 이 세계와 중국은 더 많은 변화를 맞이하게 될 것이며, 이 변화는 개개인에게 기회가 될 것이다. 우리는 어제를 바꿀 방도가 없지만 30년이 지난 오늘은 바로 지금 우리가 결정할 수 있다. 자신을 바꾸는 것은 소소한 일에서 시작해 10년을 꾸준히 지속해야 한다!

인류는 이제 비즈니스 사회로 접어들었다. 나 역시 비즈니스맨이지만 이 세계를 살아가는 비즈니스맨들이 마땅히 받아야 할 존중을 받지 못하고 사는 것에 아쉬움을 느낀다. 이 시대는 제 욕심만 차리며 살 수 있는 시대가 더 이상 아니다. 예술가, 교육가, 정치가 같은 다른 직업군과 함께 우리 모두 최선의 노력을 기울여 이 사회를 잘 만들어가야 한다고 생각한다. 14년간의 비즈니스 경험을 바탕으로 인생을 깨닫고 어려움이 무엇인지, 꾸준함이 무엇인지, 책임이 무엇인지, 다른 사람이 성공해야 내가 성공할 수 있는 게 무엇인지 알게 되었다. 우리는 직원들이 미소 짓기를 가장 바란다.

○ 혼란에 빠지지 않을 유일한 방법은 젊은 세대를 믿는 것이다

누가 여러분을 5년 동안 흥하게 할 수 있으며, 여러분이 실패하지 않고, 늦지 않으며, 혼란스럽지 않을 것이라고 단언할 수 있는 사람이 누가 있겠는가. 실패하지 않고, 늦지 않으며, 혼란스럽지 않을 유일한 방법은 젊은 세대를 믿고 미래를 믿는 것이다.

기업을 경영해 지금의 규모로 키워내면서 작지만 자존감을 지킬 수 있었다. 하지만 사회 공헌을 얘기한다면 우리는 이제 막 걸음마를 시작했다. 현재 우리가 얻는 것이 우리가 지불한 것보다 훨씬 더 많다. 사회는 우리 기업이 더 멀리, 더 오래가기를 바란다. 다시 말해 우리가 사회문제를 직접 해결하거나 해결하는 과정에 참여할 수 있기를 원하는 것이다. 오늘날 사회에 존재하는 수많은 문제들은 우리에게 곧 기회가 된다.

소기업은 중국의 꿈이 가장 많이 담긴 곳이기 때문에 알리바바인은 지금까지 계속 소기업을 위해 일해왔다. 14년 전 우리는 '천하에 어려운 장사가 없게 하라'는 사명을 발표한 바 있는데, 지금 이 사명이 젊은 세대에게 주어졌다. 사람들은 전자상거래나 인터넷이 불공정의 원인이라고 말하지만 나는 인터넷을 통해 진짜 공정해졌다고 생각한다. 모든 알리바바인은 소기업을 지원해야 하고 이들은 분명 미래에 중국에서 최대 납세자가 될 수 있을 것이다.

마이클 잭슨이 부른 〈Heal the world〉, 이 노래가 참 좋다. 하지만 이 세상에는 우리가 할 수 없는 일들이 많다. 사람은 저마다 자신의 일만 잘해내고 자기가 관심을 갖는 일만 잘해내도 충분히 대단하다. 우리는 함께 노력하고 열심히 일해 중국의 환경을 개선해 물을 깨끗하게 만들고 하늘을 푸르게 만들며 우리와 우리 후손들의 먹거리가 반드시 안전해질 수 있도록 해야 한다.

주

2013년 5월 10일 저녁, 항저우 황룽黄龍 체육관에서 열린 알리바바그룹의 타오바오 10주년 행사에 4만여 명이 참가했다. 마윈은 알리바바 CEO 자리에서 사임한다고 밝히며 사임연설을 했다.

4장

젊은 세대가 미래다

베이징과 시애틀은
서로 통한다

43년 전에, 닉슨 전 미국 대통령이 내 고향 항저우를 방문하면서 항저우에는 외국 관광객이 많아졌다. 당시 나는 중학생이었는데 교사들의 자질이 별로 높은 편은 아니었다. 국어 선생님이 영어까지 겸해야 했으니 교육의 질이 낮을 수밖에 없었다. 나는 호텔 앞에서 외국 관광객에게 무료로 가이드를 해주면서 독학으로 영어를 배웠다. 9년 후, 나의 영어 수준은 일정 수준 이상으로 올랐을 뿐만 아니라 미국 문화를 더 잘 이해할 수 있게 되었다. 지금 생각해보면 당시에 중·미 외교가 정상화되지 않았다면, 대외개방이 이뤄지지 않았다면 지금의 알리바바를 기대하기 힘들었을 것이다. 나 개인의 운명을 바꾸었던 이 두 가지 큰 사건은 중·미 우호협력과 떼려야 뗄 수 없이 밀접한 관계를 갖는다.

○ 시애틀의 잠 못 드는 밤

20년 만에 시애틀을 다시 찾은 나는 '시애틀의 잠 못 드는 밤'을 경험했다! 20년 전 나는 교사 신분으로 처음 시애틀을 방문했다. 시 중심가에 위치한 빌딩에서 나는 태어나 처음으로 컴퓨터를 써보고 처음으로 인터넷에 접속하면서 당시 인터넷상에 중국에 관한 정보가 거의 없음을 발견했다. 인터넷이라는 매력 넘치는 세계를 접하고 나는 여기에 시장 기회가 있음을 발견했다. 귀국한 뒤 나는 2만 위안을 빌려 창업을 했고, 그것이 지금까지 계속되었다.

시애틀은 내 창업의 꿈이 싹튼 곳이다. 인터넷이 나를 일깨웠고 중국에서 20년 동안 꾸준히 노력한 결과 우리의 꿈이 현실이 되었다. 중국인은 중국몽을 이야기하고 미국인은 아메리칸드림을 이야기한다. 사실 중국몽과 아메리칸드림은 더 나은 생활을 추구하고 더 건강하고 더 즐거우며 더 행복한 생활을 추구한다는 점에서 본질적으로 동일하다. 따라서 나는 중·미 양국이 진심으로 협력해 신형대국관계를 수립하기만 한다면 중·미 양국의 국민이 더 나은 중국몽, 아메리칸드림, 세계몽을 더 많이 꿀 수 있을 것으로 확신한다. 우리는 모두 중·미 우호협력의 수혜자다. 모두가 희망과 믿음을 가득 안고 개혁개방이 이뤄진 큰 시장에 참여했기 때문에, 바로 오늘의 우리가 있을 수 있다. 물론 중·미 기업인들은 중·미 우호협력을 적극적으로 추진하고 만들어가는 사람들이다. 기업인들의 노력이 없었다면 우리는 오늘날처럼 중·미 간에 큰 성과를 기대하기 힘들 것이다.

○ 중국의 꿈, 세계를 품은 가슴

중국과 미국은 아주 다르다. 다른 점도 있고 같은 점도 있기 때문에 경쟁도 하고 협력도 할 수 있다. 지난 수십 년 동안 세계화에 성공한 기업은 서로 간의 공통점을 계속 찾았고 서로 간의 차이점을 받아들이고 존중하며 이해하는 법을 배웠다. 이렇게 했기 때문에 우리 기업이 협력 공생할 수 있었고 함께 미래지향적으로 나아갈 수 있었다. 중·미 양국 중 어느 쪽도 상대방을 멀리할 수 없다. 기업가는 양국 소통의 중요한 교량이 되어야 하며 상호신뢰를 구축하고 시장에 대한 인식을 같이해야 한다. 이것이 우리가 함께 나아가야 할 미래다!

서로 다른 문화적 배경과 국가 상황, 더 나아가 서로 다른 종교와 신앙으로 인해 오해가 발생하는 것은 아주 자연스러운 일이다. 훌륭한 기업가는 소통이 오해를 불식시키는 유일한 열쇠임을 알고 있다. 적극적으로 소통하고 문제를 함께 직시한다면 해결 못 할 문제는 없다.

인류는 어느 때고 편안한 시절을 살아본 적이 없다. 중국에서 장사하는 게 어렵다면 미국에서 장사하는 것 역시 쉽지 않다. 지금 존재하는 문제는 우리에게 기회를 가져다준다. 우리는 미래를 보며 현재를 살아내야 한다. 나는 그 당시 양국 지도자가 중·미 관계의 미래에 대해 원대한 구상을 했기 때문에 지금의 성과가 있을 수 있다고 생각한다. 내일을 염두에 두었을 때, 비로소 오늘의 문제를 해결할 수 있다고 믿는다.

중국경제에 대한 미국인의 인식을 보면, 일부 오해를 제외하더라도 중·미 간 문화 차이로 발생한 부분이 있음을 보게 된다. 미국인은 중국경제에 경기 하향 압력이 있으며 중국인은 소비를 하지 않는다고 생각한다. 하지만 실제로 그렇지 않다. 알리바바 플랫폼의 소비자 데이터를 보면, 2015년 이후 중국소비자신뢰지수는 여전히 강세를 띠었고 분명한 상승세를 보였다. 전반적으로 투자와 수출이 둔화되는 상황에서 내수소비는 감소하지 않고 오히려 증가했다. 이는 미국인이 이해할 수 없는 부분이다. 미국인은 내일의 돈을 쓰고 다른 사람의 돈을 쓰는 데 익숙하지만 중국인의 위기의식 이면에는 역사·문화적 배경이 있어 우리는 늘 어제의 돈을 쓰고 자기가 직접 모은 돈을 쓴다. 중국인은 저축하는 것을 좋아해 중국의 주민 저축률은 세계 1위다. 중국의 일반인들이 저축을 하는 것은 어려울 때를 대비하기 위해서다. 따라서 경제가 어려울 때에도 중국인에게는 여전히 쓸 돈이 있음을 알 수 있다.

　　현재 중국의 중산층은 3억 명가량인데 앞으로 10~15년이 흐르면 이 숫자가 5억 가까이 될 것이다. 이 사람들의 소득이 중산층이 되더라도 소비수준은 여전히 낮을 것이다. 여기에 엄청난 소비 잠재력을 발견할 수 있다. 중국경제 제도 전환을 위한 강한 원동력이 될 뿐만 아니라 세계경제를 이끄는 강한 동력이 될 것이다. 따라서 오늘 중국 전통기업의 경영 압박이 커지고 있다는 점을 고민해야 하지만 다른 한편으로 중국 신경제의 성장세가 미국에 결코 뒤지지 않음을 확인할 수 있다. 불과 16년 만에 알리바바 네트워크의 소비 규모는 전 세계 월마트 규모에 비견할 만한 수준이 되었다. 우리의 성과가 얼마나 대단한지 얘기하려는 것이 아니다. 이는 중국의 시장잠재력이 얼마나 대단한지 보여주는 것이다. 중국의 거대한 내수시장을 개발하고 중국의 첨단과학기술과 신흥산업을 발전시키는 방향으로 중국경제가 체제를 전환하고 업그레이드해야 하며, 이는 세계경제가 중국경제에 품고 있는 기대라고 확신한다. 부패척결과 법치사상으로 개방되고 투명한 기초를 닦아간다면 중국의 시장경제 질서가 갈수록 규범화될 수 있을 것이다.

주

미국 현지 시간으로 2015년 9월 23일, 폴슨 연구소와 중국국제무역촉진위원회가 공동으로 주최한 중·미 기업가 좌담회가 시애틀에서 열렸고, 시진핑 주석이 회의에 참석해 정책 강연을 했다. 중·미 양국에서 각기 15명의 CEO가 중미 기업가 원탁회의에 참여했다. 중국에서는 알리바바, 텐센트, 레노보, 중국 은행, 하이얼 등이 참여했고, 미국에서는 아마존, 시스코, 애플, 보잉, 펩시, 코카콜라 등이 참석했다. 베이징이 시애틀을 만났다는 것은 중·미 경제 발전이 새로운 국면으로 접어들었음을 의미했다. 마윈은 회의에서 중국시장의 엄청난 잠재력과 중국인의 소비 근성에 대해 얘기하며, 중·미 기업가의 협력은 중국과 미국, 나아가 세계경제 발전에 큰 보탬이 될 수 있을 것이라고 주장했다.

원망을 줄이고
꾸준함을 키워라

내가 처음 인터넷 사업을 시작하겠다고 말하자 스물세 명이 반대
했고 한 명만이 한번 해보라고 했다. 어떤 자격이나 지식 혹은 능력
을 전혀 갖추지 못했으며 경영을 배운 적도 없고 컴퓨터를 알지도
못했으며 공부를 썩 잘하지도 않았기 때문이다……. 하지만 내게는
꿈이 있었고 나 자신이 창업을 할 수 있을 것이라고 굳게 믿었다.

○ 내가 실패한 것을 본 사람이 없다

당시에 사람들 눈에는 성공 가능성이 전혀 없는 일이었으며 어떤
지원도 없었지만 우리는 15년을 계속 유지해왔다. 우리 열여덟 명
이 50만 위안을 마련했다. 그 당시에는 50만 위안으로 대충 12개월
을 버틸 수 있었다. 결국 8개월 만에 자금이 바닥이 났다. 나는 차이

충신 부회장과 함께 융자를 받으러 실리콘밸리에 갔지만 벤처투자 펀드 30여 개에서 모두 거절당했다.

꿈과 이상에는 큰 차이가 존재한다. 꿈은 모든 사람이 젊은 시절에 가지고 있던 것이다. 어떤 부모는 자기 아이가 오늘은 이거 한다고 했다가 내일은 또 저거 한다며 하루가 멀다고 꿈을 바꾼다고 이야기한다. 나는 지극히 자연스러운 일이며, 어쨌든 꿈이 없는 것보다 낫지 않느냐고 말한다. 하지만 이상은 다르다. 이상은 한 무리의 사람이 함께 어떤 일을 꾸준히 해나갈 계획을 세우고 실천해가면서 조금씩조금씩 현실로 만들어가는 것이다. 창업은 팀을 이루어 하는 일이다. 사실 알리바바를 설립하기 전에 나는 이미 창업한 지 4년이 되었다. '차이나 옐로페이지'를 2년 반에서 3년가량 했고 대외경제무역합작부에서 13개월 동안 계약직으로 일했지만 모두 실패했다. 하지만 내가 실패한 것을 본 사람이 아무도 없다.

당시 나는 매일같이 빌 게이츠를 탓하고 래리 엘리슨_{Larry Ellison}(오라클 창업자)을 탓했으며 그들이 최고의 자원과 최상의 기회를 앗아가버렸다고 욕했다. 그때 내가 소프트웨어를 하려고 하면 MS가 나왔고 하드웨어를 하려고 하면 IBM이 나왔으며 마트를 하려고 하니 월마트가 이미 있었다.

그래서 선택한 것이 인터넷이다. 다들 잘 알겠지만 인터넷을 하는 사람들 중 대부분이 성공하지 못했다. 하지만 알리바바는 운 좋게 성공했다. 내가 여러분과 나누고 싶은 이야기는 당신이 창업을 한다면 다른 사람이 왜 실패했는지 고민하는 데 더 많은 시간을 쏟아야지 다른 사람이 왜 성공했는지를 고민할 필요가 없다는 사실이다. 성공의 이유는 다양하지만 똑같이 따라할 수 없을 때가 많다. 하지만 실패는 그 전철을 다시 밟지 않을 수 있다. 3~4년 전만 해도 많은 사람들이 알리바바가 엉망이라며 비즈니스 모델에 문제가 있고 서비스나 제품도 별로라고 생각했다……. 하지만 지금 알리바바는 글로벌 기업으로 우뚝 섰다. 다른 사람들이 우리를 좋지 않게 볼 때 우리는 믿음을 가져야 하고, 다른 사람이 우리를 좋게 볼 때 우리는 마음의 태도를 재정비할 필요가 있다.

우리는 오늘까지 올 수 있을 것이라고 생각하지 못했다. 다시 하라고 한다면 똑같이 이렇게 성공할 수 있을지 자신할 수 없다. 사람들은 현재의 영광스러움만 보고 우리가 실수했을 때, 낙심했을 때, 갈등이 생겼을 때, 정부가 '성가시게' 할 때, 고객이 불만스러울 때, 돈이 없어 월급을 주지 못할 때를 보지 않는다……. 눈부신 성공은 찰나에 불과하지만 치러야 할 대가, 겪어야 할 좌절과 고통은 아주 크다.

다행히 우리는 스스로를 품어줄 줄 알았다. 월급을 주지 못했을 때 어떻게 해야 하는가? 한 달 월급으로 2,000위안밖에 줄 수 없는데, 직원이 5,000위안을 바랄 때 우리는 어떻게 해야 하는가? 기업이 커질수록 문제가 많아지고 책임도 커진다는 사실을 이제야 알게 되었다. 전 세계 창업자들은 모두 경영에 어려움을 겪고 크다면 큰 문제에 부딪치며 작다면 작은 고통을 안고 있지만 건강한 마음을 유지해야 한다. 마윈이 정말 지혜롭다고 말하는 분들이 있다. 지혜가 어디서 오는가? 지혜로운 사람은 분명히 불행한 일을 겪어본 사람이다. 사람들이 지혜롭다고 하는 사람은 모두 육체적으로나 심리적으로 엄청난 고통을 겪어본 사람이다!

○ 지난 15년 동안 그만둘 생각을 1만 번도 넘게 했다

내가 느낀 바를 젊은 사람들에게 나누고 싶다. 미래를 낙관해야 하고, 원망을 줄이고 자신의 문제를 열심히 들여다봐야 하고, 남들과는 다른 꾸준함이 필요하다. 이런 자질을 갖추지 못한다면 멀리 갈 수 없다.

첫째, 낙관적이어야 한다. 낙관적이지 않으면 창업을 할 수 없다. 나는 낙관주의자다. 인류 사회는 발전 과정에서 온갖 어려움에 봉착하게 되지만 인류 사회는 영원히 앞으로 발전해나갈 것이다! 따라서 2008년 금융위기가 있을 때 나는 수많은 동료들에게 이것이 기회라고 이야기했다. 위기가 계속 발생하고 또 그 형태를 달리하지만 우리의 문제해결 능력 역시 향상되고 있다!

둘째, 원망을 줄여야 한다. 다른 사람이 원망하는 것을 듣고 그 안에서 기회를 생각해야 한다. 일찍이 많은 사람들이 중국의 수출이 어렵다고 불평하면서 수출을 하려면 광저우 수출상품박람회에 가야 한다고 했다. 하지만 광저우 수출상품박람회 참가 신청을 하지 못했다면 어떻게 해야 할까? 왜 인터넷에 플랫폼을 만들어 사람들이 직접 인터넷상에서 거래하도록 하지 않을까? 그래서 사람들의 원망 속에서 알리바바가 탄생했다. 진짜 성공한 사람은 분명 용감하게 자기 자신을 바꾸어가는 사람이다. 다른 사람을 바꿀 생각을 하지 마라!

셋째, 성공한 사람은 모두 어려움에 봉착해 실수를 범한 후에 늘 자기 자신을 돌아본다. 지난 15년 동안 우리는 그만둘 생각을 1만 번도 넘게 했다. 그만둘 생각을 할 때 2분만 더 생각해보고, 꾸준히 달려갈 때 또 2분만 더 생각해보았다. 이렇게 계속 고민하고 꾸준히 노력하면서 지금까지 걸어왔다.

주

2015년 2월 2일 마윈은 홍콩 펀드가 주최한 '청년과의 약속: 꿈에서 성공창업에 이르기까지'라는 주제의 회의에 참석해 연설했다.

다른 사람의
실패를 통해 배운다

15년 전만 해도 알리바바는 더 이상 작을 수 없을 정도로 작은 기업이었기에, 지금처럼 이렇게 많은 대기업과 교류할 수 있을 것이라고 생각조차 못 했다. 오늘까지 올 수 있었던 이유는 시대가 우리에게 기회를 주었고, 국가가 우리에게 기회를 주었으며, 사회가 우리에게 기회를 주었고, 동료가 우리에게 기회를 주었기 때문이다.

2010년 6월, 나는 대만에서 열린 혁신포럼에 참석했다. 당시 사회자가 '우리 대만이 얼마나 대단한지 한번 봐라, 나이가 이렇게 많은 기업인들이 아직도 혁신을 논하고 있다'고 말했다. 이 말을 들은 나는 심히 걱정스러웠다. 내 생각에 혁신은 젊은 세대의 일로 몇몇 나이든 기업가들이 잘한다 할지라도 전체적으로 보자면 젊은 세대가 훨씬 잘한다.

나는 진용 선생님에게 그의 소설을 보면 나이가 많을수록 무공이 뛰어난데 이는 순리를 거스르는 것이라고 주장했다. 우리는 젊은 세대를 위해 기회를 남겨두어야 한다. 만약 여러분이 미래를 믿는다면 젊은 세대를 믿어야만 한다. 젊은 세대를 믿었을 때 미래가 아름답다는 말을 실로 할 수 있다.

○ 어떤 청춘은 헤매지 않는다

지난 15년 동안 중국에는 천지개벽할 변화가 발생했다. 특히 경제 분야에서 15년 전에는 본 적이 없던 사람, 들은 적이 없던 기업이 대거 출현했다. 가장 중요한 사실은 이들 모두가 하나같이 젊은 세대가 창립한 젊은 기업이라는 점이며, 특히 인터넷 분야에 더 많다는 것이다. 하지만 아쉽게도 지난 15년 동안 대만에서는 새로운 기업과 새로운 기업가들이 많이 탄생하지 못하고 있다.

사람들은 내가 젊은 세대라고 말하지만, 나는 올해 쉰 살로 더 이상 젊지 않다. 내 나이가 되면 걱정이 더 많아진다. 전에 나는 틀린 말을 할까 걱정해본 적이 없었는데 요즘은 내가 말하는 내용 중에 틀린 게 있을까 걱정이 된다. 이 점만 봐도 나는 이미 나이가 많이 들었다.

오늘날 수많은 젊은이들이 방황하고 있고, 그들에게 충분한 기회가 주어지지 않는다고 생각한다. 사실 나 역시 헤매도 봤고 방황도 해봤다. 예전에 내가 채용 공고에 지원한 이야기를 인터넷에서 본 사람이 많을 것이다. 사실 난 서른 곳도 넘게 지원을 했지만 한 곳에도 채용이 되지 않았다. 그중 하나가 패스트푸드 기업이었는데 스물다섯 명이 지원했고 스물네 명이 채용되었지만 나 하나만 떨어졌다.

무엇이 나를 오늘로 이끌었을까? 성공한 사람들은 대개 자신의 문제를 고민하지만 실패자는 다른 사람을 평가하기만 한다. 지금의 대만과 중국 대륙의 젊은이들은 20년 전보다 훨씬 더 우수한 교육을 받았다. 나는 동료들에게 나 같은 사람이 지금 알리바바에 지원하면 내 학벌이 모자라 분명 떨어질 거라고 말한 적이 있다. 살면서 시련을 겪고 좌절도 겪어봐야만, 학교에서 배운 내용이 진짜 자기 지식이 될 수 있다. 내가 받은 교육의 수준이 그리 높은 편은 아니지만, 그래도 항저우사범대학이 세계에서 가장 좋은 대학이라고 생각한다. 내가 서른 번이 넘게 좌절하지 않았다면, 그렇게 오랜 시간 방황하지 않았다면 오늘이 있었겠는가. 젊은 세대의 방황은 자연스러운 일로, 중요한 것은 자신이 무엇을 해야 할지 고민하는 것이다.

내가 ET처럼 이상하게 생겼다고 말하는 사람이 있다. 사실 나라는 사람은 외모가 ET처럼 생긴 것만 제외하면 나머지는 일반 사람들과 모두 같다. 15년 전에 나는 우리 아파트에서 17명의 청년들과 함께 창업을 했다. 그때 우리는 아주 단순하게 생각하면서 그냥 한번 해보자고 한 것이다. 만약 우리 같은 사람들이 성공할 수 있었다면 중국 사람 80퍼센트가 성공할 수 있다. 우리에게는 부자 아빠나 부자 삼촌이 없다. 지금까지 우리는 정부에 돈 한 푼 요구하지 않고 스스로의 힘으로 한 걸음 한 걸음 걸으며 계속 돌진해 오늘에 다다랐다.

하지만 요즘 청년들은 "마윈, 당신이 너무 멀리 가서 우리가 쫓아갈 수 없어요"라고 말한다. 사실 15년 전에 나는 다른 청년들과 똑같았다. 지금 우리 알리바바의 시가총액이 높아졌지만 과거에는 많은 사람들이 믿음이 안 간다며 우리 회사가 돈도 못 벌면서 이상한 생각만 한다고 여겼다. 당시 우리 회사가 부패했다고 생각하는 사람이 많았지만 나는 우리가 사실 그렇게 부패하지 않음을 알고 있었다. 지금 사람들은 우리가 아주 강해졌다고 이야기하지만 사실 우리는 그렇게 강하지 않다. 다른 사람이 여러분이 못 할 게 없다고 생각할 때 사실 위험은 여러분 코앞에 닥쳐 있다.

만약 내가 다른 사람과 다른 점이 있다면, 그것은 바로 문제를 보는 관점이 다른 사람과 다르고, 문제를 보는 깊이가 다른 사람과 다르다는 점이다. 사람마다, 세대마다 자신만의 기회가 있는데, 여러분이 그 기회를 잡을 수 있느냐의 차이다. 어떤 사람들은 기회를 재난으로 여기고 어떤 사람들은 재난을 기회로 여긴다. 안타까운 점은 세상에 많은 사람들이 기회를 재난으로 여긴다는 사실이다.

만약 어떤 사람이 늘 운이 좋다면 그 배후에는 분명히 여러분이 발견하지 못한 것들이 많이 있을 것이다. 반면 운이 따르지 않는 사람은 분명 화가 날 수 있을 것이다. 대만의 '반도체 대왕' 장충머우 張忠謀, 대만 반도체제조공사臺積電의 창립자이자 회장 - 옮긴이에게는 그만의 기회가 있고, 우리 세대에게는 인터넷이 부여해준 기회가 있다. 사람은 저마다 자신만의 기회가 있는데 그 기회를 어떻게 잡느냐가 관건이다.

만약 여러분의 눈이 언제나 리자청, 빌 게이츠에 쏠려 있고 매일 위챗에서 마윈의 어록을 찾아본다면 여러분에게는 기회가 있을 리 없다. 나 역시 전에 장충머우, 궈타이밍郭臺銘, 대만 홍하이그룹(폭스콘 모회사) 창립자이자 회장 – 옮긴이을 보고서 그들이 내 기회를 다 앗아가버렸다고 노기충천했었다. 나는 언제쯤 리자청을 넘어설 수 있을지 자문해본 적도 있다. 우리가 이렇게 대단한 인물을 통해 보는 것들은 모두 그들이 우리에게 보여주고 싶은 것들이지만, 우리는 그 이면의 괴로움, 그 이면의 노력, 그 이면의 대가들을 보아야 한다! 훗날 내가 이런 것들을 내려놓고 주변의 왕씨, 이씨를 돌아보자 그들 역시 조금씩 그들의 꿈을 좇았고 그 결과 오늘의 내가 있게 되었다.

○ 인생에는 세 번의 기회가 있다

내가 막 쉰 살이 되었을 즈음 어떤 사람이 내가 갈수록 철학적인 말을 한다고 했다. 철학적인 말을 하는 사람은 일반적으로 고생을 많이 해본 사람이다.

인생에는 세 번의 기회가 있다. 첫 번째 기회는 청년의 때로, 젊은 이들은 자신에게 기회가 전혀 없다고 생각하지만 사실 이 시기에는 기회가 도처에 있다. 가진 게 없으므로 하고 싶다면 무슨 일이든 할 수 있기 때문이다.

두 번째 기회는 성공을 조금 거두었을 때로, 그때는 어디든 기회가 있다고 생각한다. 어느 인터넷대회에서 만난 사람이 "마윈, 지금 어디를 가도 기회가 있습니다. 눈을 뜨기만 하면 바로 기회가 있습니다"라고 했다. 사실이다. 돈이 없을 때에는 당신이 다른 사람을 속이지만, 돈이 생기면 다른 사람이 당신을 속인다. 당신 스스로 모든 게 기회라고 여길 때에는 생각을 명확하게 정리하지 못했을 시기다. 여러분 자신이 진짜 원하는 게 무엇이며 포기해야 하는 게 무엇인지 진짜 알게 되면 진짜 기회가 많지 않다.

세 번째 기회는 다른 사람에게 기회를 주는 것으로, 이것이야말로 진짜 기회라고 할 수 있다. 서른 살에는 다른 사람과 함께하고 마흔 살에는 스스로 하고 쉰 살에는 다른 사람이 하도록 돕고 젊은 세대에게 기회를 줘야 한다.

모두가 걱정에 사로잡혔을 때 기회가 있다. 모두가 기뻐 날뛸 때 위험이 찾아온다. 이때 위험을 불식시킬 수 있다면 이것은 바로 여러분이 차지할 기회다. 수년 동안 나는 문제를 반대로 보았다. 나는 다른 사람의 불평을 즐겨 듣고 머리로 그 문제를 열심히 고민한다. 사방에 분노가 있고 불평이 있으며 불만이 가득할 때, 사실 바로 거기에 기회가 있다.

나는 MBA에 대해 다른 생각을 갖고 있다. MBA는 사람들에게 어떻게 성공하는지를 가르치지만 내 생각에는 다른 사람이 어떻게 실패했고, 왜 실패했으며, 실패를 어떻게 극복했는지를 더 많이 배워야 한다. 생각을 좀 더 하다 보면 자연히 실패가 줄어들고 성공으로 가게 될 것이다. 하지만 가장 관건이 되는 것은 '밤새 수천 갈래 길을 생각하고 아침이 되면 원래 길로 돌아가는' 우를 범하지 않는 것이다. 수많은 젊은 청년들이 밤에는 이걸 할까 저걸 할까 고민하다가 아침이 되면 자전거를 타고 출근을 한다. 당장 지금부터 변화가 시작되어야 한다고 생각한다. 행동은 모든 변화의 근본이다.

어떤 사람은 내가 기술을 모른다고 말한다. 사실 난 기술이 아주 어렵고 머리 아프다. 솔직히 말하자면 나는 컴퓨터를 배운 적이 없고 소프트웨어를 배운 적이 없다. 내가 지금 할 수 있는 것은 인터넷에서 뉴스를 보거나 젊은 친구들과 교류하는 것이다. 하지만 우리 같은 사람들은 지금 가지고 있는 기술로 어떤 문제를 해결할 수 있을지 고민해봐야 한다.

세상에는 지금 천지개벽의 변화가 발생하고 있다. 20년 동안 인터넷은 사회, 경제, 정치 등 각 분야에 엄청난 변화를 가져왔다. 하지만 이제 시작에 불과하다. DT시대는 기술이 아니라 사상과 관념에서 격차가 발생한다. 오늘날 우리는 체제 전환과 업그레이드를 얘기한다. 나는 개인적으로 각 사람의 뇌가 업그레이드되어야만 경제체제가 전환될 수 있다고 생각한다. 우리가 젊은 세대에 희망을 걸었을 때 젊은 청년들이 우리 모두에게 부유하고 체제가 전환된 미래를 가져다줄 수 있을 것이다.

우리는 지금 사회가 IT시대에서 DT시대로 전환되고 있음을 보고 있다. IT시대와 DT시대의 차이점이 기술의 차이뿐만 아니라 사상과 관념의 차이임을 알아야 한다. 다시 말해 IT는 자기 자신을 발전시켰다면 DT는 다른 사람을 발전시킨다는 차이가 있다.

여러분이 오늘 창업을 한다면 10년 후에 어떤 일이 있을지 고민하고 자신이 10년 후 사회를 위해 어떤 문제를 해결해야 할지 자문해야 한다. 오늘 창업해 내일 성공할 생각을 한다면 기회는 여러분의 것이 아니다. 무엇을 가지고 오늘 일을 해 내일 성공을 거둘 것인가? 오늘 일을 해 10년 후에 성공할 생각을 한다면 지금의 기회를 더 많이 포착하고 더 많이 고민해야 한다.

대만에는 아주 뛰어난 젊은이들이 많이 있다. 내 동료인 차이충신 역시 대만 사람이다. 15년 전에 수백만 위안의 고액 연봉을 포기하고 항저우에 와서 한 달에 500위안을 받으며 나랑 같이 일을 했던 차이충신처럼 할 수 있는 사람이 얼마나 있을까? 이것은 용기고 행동이며 꿈이다.

창업을 하기는 쉽다. 하지만 창업할 때의 이상을 꾸준히 지켜가고 자신을 계속 발전시켜가기란 어려운 일이다. 나는 지금 대만의 청년들이 중국 대륙에 와서 공부하고 창업하는 것을 도울 수 있는 기금 설립을 계획 중이다. 어차피 이 돈은 내 개인의 것이 아니라 기부를 받아서 만들어야 한다. 그렇다면 젊은이에게 더 많은 기회를 주지 않을 이유가 어디 있겠는가?

주

2014년 12월 15일 타이베이에서 '2014 양안기업가 정상회담'을 개최했을 때, 마윈이 참석해 연설을 했다.

기업을 경영하는 것은
전쟁을 하는 것과 같다

세계는 빠르게 변하고 점점 더 다원화되고 있다. 누구든 자신의 머리로 판단하므로 저마다 각기 다른 관점을 가질 수 있고 다른 미래를 펼쳐갈 수 있다.

○ **기업을 운영한다는 것은 비판을 받고 욕을 먹는 길이다**

알리바바라는 기업을 운영한다는 것은 비판을 받고 욕을 먹는 길을 가는 것으로, 욕을 안 먹으면 오히려 너무 긴장된다.

알리바바는 운이 좋았지만 우리가 지불한 대가와 노력은 사람들의 상상을 초월한다. 성공 뒤에는 너무나 많은 눈물과 억울함 그리고 좌절의 시간이 있었다. 1999년 처음 회사를 창업했을 때, 우리는 중국 기업들에 전자상거래를 홍보했지만 가는 곳마다 문전박대를 당했다. 당시 고객사 10곳을 찾아가면 9곳에서 거절했다. 한 군데만이라도 한번 해보자고 하면 우리는 신이 났다. 정말 신이 났다.

막 창업을 했을 당시에 나는 기업이 커지면 지금처럼 많은 고통이나 불편 없이 돈 있는 사람들이 그러한 것처럼 해변에서 인생을 즐기며 시가나 피울 것으로 생각했다. 그런데 생각지도 못하게 규모가 커지니 더 피곤하고 스트레스는 더 많고, 단 한 번의 실수로 회사 문을 닫을 수도 있다는 압박감이 크다.

남들이 하는 이야기에 휘둘리지 말고 서로 뜻이 같고 생각이 일치하는 사람들을 찾아 스스로 결정하며 5년이고 10년이고 그 길을 꾸준히 걸어가면서 그 뜻을 펼쳐나가야 한다. 알리바바의 오늘은 이렇게 만들어졌으며 모든 창업자들이 이 길을 밟아왔다.

내 영어 실력은 정규교육을 통해 길러진 것이 아니라 이 사람 저 사람과 수다를 떨면서 배운 것이다. 우리 집에는 영어를 할 줄 아는 사람이 없었다. A, B, C를 펼쳐놓으면 우리 아버지는 어떤 게 A이고, 어떤 게 B이며, 어떤 게 C인지 모르시고 어머니는 더 모르셨다. 나는 열한두 살쯤 되었을 때 영어를 배우기 시작했다. 매일 아침 자전거를 타고 항저우 샹그릴라 호텔 앞에 가서 해외 관광객들과 부딪치며 영어를 배웠다.

재밌는 사실은 외국인들은 항저우에 여행 온 사람들이라서 나를 상대해줄 시간이 없었다. 어쩔 수 없이 나는 일부러 호텔 문 앞에서 영어를 소리 내어 읽었는데 어떤 단어는 발음이 정말 괴상했다. 그럼 외국인이 듣고 "어! 이상한데? 무슨 말인지 들어도 모르겠다" 하며 내게 와서 말을 걸었다. 그럼 나는 무료로 관광가이드를 해주는 것으로 보답했다. 그렇게 9년 동안 수다를 떨었다.

나중에 나는 항저우사범대학에 들어가 학생회 회장이 되었고 학생연맹 회장이 되어 다른 사람을 이해하고 조직을 어떻게 운영해야 하는지 배울 수 있었다. 졸업 후에는 대학에서 교편을 잡게 되었는데, 당시 총장은 내게 전체 학생 중 나 혼자 대학에 배정되었기 때문에 5년 내에 학교를 떠날 수 없다고 얘기했고 나는 알았다고 했다. 교직 생활은 힘든 편이었다. 모든 교수 중에서 내 학벌이 가장 안 좋았기 때문에 다들 나를 무시했고 월급도 많지 않았다. 나중에 선전의 어떤 사람이 내게 1,200위안의 월급을 제안했고 하이난의 어떤 사람은 매달 3,600위안을 제안했다. 하지만 나는 이미 다른 사람하고 약속을 했기 때문에 5년 내에 학교를 떠날 수 없다고 말했다. 그렇게 학교에서 6년을 가르쳤다.

6년 동안 성실히 학과 주임교수로 일했던 경험을 통해, 나는 많은 것을 배울 수 있었다. 모든 교사들은 학생이 잘되기를, 자신보다 더 뛰어나기를 바라기 때문에, 학생이 잘못하는 것을 보면 바로 그것을 고쳐 나쁜 것을 배우지 않기를 바란다. 나는 지금까지 교사처럼 행동한다. 매일같이 회사에서 직원들이 나를 뛰어넘기를, 나보다 더 잘하기를 바라고 그들 각자 모두 성공하기를 희망한다.

실패는 자연스러운 일이다. 인생에서 가장 큰 자산은 과거의 모든 실패 경험이다. 나는 상당히 많은 실패를 경험했다. 취업하려고 수십 차례나 도전을 했지만 모두 거절당했던 사실을 다들 알 것이다. 내 평생 채용에 성공해본 적이 없다. 우리 부모님을 포함해 어떤 사람도 내가 성공할 것이라고 생각하지 못했다. 한번은 아내한

테 이렇게 물었다. "당신은 내가 갑부가 되길 원해 아니면 존경받는 사람이 되길 원해?" 그러자 아내가 이렇게 대답했다. "당신이 무슨 수로 갑부가 되겠어요? 당연히 존경받는 사람이 되어야죠."

외국어를 배우면서 시야가 열렸고, 학생회 간부를 하고 교수를 하면서 마음을 다스리고 조직을 운영하는 법을 배웠으며, 계속되는 실패로 맷집이 좋아졌다. 창업자가 낙관적인 마음을 갖는 것은 매우 중요하다. 이런 정신이 없다면 절대로 앞으로 나갈 수 없다. 절대 다수의 사람이 낙관적이다. 나는 이전에는 내가 낙관적인지 몰랐다. 그런데 작은 일에서 큰일에 이르기까지 실패가 계속되자 이것도 습관이 되면서 채용에 탈락해도 아무렇지 않았다. 왼손으로 오른손을 덥히는 법을 배우고 오늘보다 더 나은 내일이 분명히 온다고 믿어야 한다.

○ 꿈과 이상의 차이

많은 사람이 창업하고 싶어 하는데, 다른 이의 실패 경험을 많이 참조해야 함을 기억하라. 기업을 운영한다는 것은 전쟁을 하는 것과 마찬가지여서, 살아 돌아와야 성공한 것이다. 무턱대고 다른 사람이 틀렸다고 얘기하는 사람은 절대로 돌아올 수 없다. 따라서 다른 사람이 어떻게 실패했는지 알아보고 자신의 문제를 돌아보는 데 더 많이 시간을 투자하라. 성공의 이유는 수천 수만 가지지만 실패의 원인은 대동소이하다. 몇 가지 잘못을 발견했더라도 여러분 역시 동일한 잘못을 할 수 있다. 다른 사람이 어떻게 실패했는지 알아보는 데 시간을 더 많이 시간을 투자하고 이런 실패를 불러온 잘못이 무엇인지 열심히 연구해보기를 바란다. 만약 좌절을 겪게 되더라도 자신의 문제를 반드시 살펴봐야지, 다른 사람을 탓해서는 안 된다.

10년여 동안 나는 밤마다 '하지 말자, 재미없어'라는 생각이 들었지만, 다음 날 아침에 일어나면 다시 계속했다. 사실 성공은 얼마간 더 버텨보는 것이다. 때로는 사람들이 모두 반대하는 일이 기회일 수 있고, 사람들이 모두 옳다고 하는 일에 더 조심해야 때도 있다. 다들 쉽다고 생각하는 일은 금방 따라할 수 있다. 사람들이 말도 안 된다고 하는 일에 희망이 있다고 생각한다. 경쟁을 두려워하면 기업을 경영해서는 안 된다. 어려움을 겪을까 걱정되고 다른 사람들에게 욕먹을까 두렵다면 창업을 해서는 안 된다.

꿈과 이상의 차이는 어디에 있을까? 조종사, 사장, 교수가 되고 싶다고 생각하는 것을 가리켜 꿈이라고 한다. 이상이란 무엇인가? 하나의 팀, 한 무리가 함께 이해하고 함께 해나가면서 한 가지 일을 이루어내는 것으로, 이상은 현실이 되어야 하는 것이다.

지금 세계는 그 어느 때보다 빠르게 변하고 있어 최상의 시기라고 할 수 있다. 전례 없이 좋은 기회가 지금 주어졌기 때문이다. 각 세대마다 그 세대가 져야 할 책임이 있고 그 세대만의 기회가 있다.

사회는 점점 더 개성적인 것을 요구한다. 대규모, 표준화, 생산라인의 IT시대는 더 이상 시대의 흐름을 따르지 못한다. 많은 청년들이 공장방식을 따르고 싶어 하지 않기 때문에 혁신을 이뤄야 한다. 타오바오 때문에 마트의 판매량이 감소했다고 하는 사람도 있다.

하지만 그는 타오바오가 없었더라도 마트의 판매량이 여전히 감소할 것이라는 사실을 알지 못한다. 소비자는 점점 더 개성화된 소비를 하기 때문이다. 이는 사회의 발전 추세로 여러분이 혁신하고 창업할 수 있는 기회가 바로 여기에 있다.

한 대학생이 타오바오에서 여름 모기 표본을 팔았는데 판매가 꽤 되었다. 그는 여름에 공부를 하는데 모기가 물어 그 모기를 잡아다 표본을 만들어 여자애에게 귀걸이를 만들어주었다고 한다. 그런데 다른 이도 똑같은 모기 표본 귀걸이를 만들어달라고 했고 이런 요청이 이어졌던 것이다. 몇 년 전 알리바바에서 미국 흑인들이 주로 사용하는 가발을 팔았다. 어떤 사람이 그걸 사서 쓰고 수영을 하러 갔는데 가발의 본드가 녹아버렸다. 이에 불만을 가진 여성이 타오바오를 고소했고 몇 주가 흐른 후 세계에서 처음으로 물에 들어갈 수 있는 가발이 탄생했다.

창업을 하는 과정에서 귀타이밍이나 다른 사람들보다 더 쉽게 길을 갈 수 없고 자신만의 흥밋거리를 찾아야 한다. 다들 흥미를 못느끼는 부분에 기회가 있다. 사람들이 불평을 토로할 때 당신이 그 문제를 해결하면 그게 바로 기회가 된다. 다들 별로라고 여기는 물건을 가지고 잘 하다 보면 그것이 바로 당신만의 기회가 된다.

젊은 세대의 지식 구조, 컴퓨터와 핸드폰 그리고 인터넷에 대한 인식은 분명히 우리 세대보다 낫다. 한 친구가 내게 요즘 핸드폰은 액정이 너무 작다고 투덜댔다. 나는 액정 크기의 문제가 아니라 네 눈이 나빠져서 그렇다고 말했다. 젊은 사람들은 딱 좋다고 생각한다. 나는 우리 젊은 세대가 미래 문제를 해결할 수 있는 지혜가 충분하다고 믿으며 이 믿음을 결코 저버리지 않을 것이다.

기업의 첫 번째 책임은 건강한 제품을 생산하고 양질의 서비스를 제공하며 직원들을 잘 보살피는 것이다. 하지만 기업의 입장에서 기업의 책임을 비즈니스 모델에 접목시키는 것이 중요하다. 기업이 해로운 제품을 생산하고 사람을 속이면서 매년 돈을 좀 기부하고 자선활동을 좀 했다고 '사회에 공헌했다'고 하는 것을 보면, 정말 혐오스럽다. 이 두 가지는 따로 구분할 수 있는 것이 아니다.

많은 사람들이 현 세대가 전 세대보다 못 하다고 말하지만 나는 현 세대가 전 세대보다 낫다고 생각한다. 지진 발생 후 성금을 모금할 때 청년들이 그 일에 가장 앞장섰다. 여기에 바로 우리 사회의 희망이 놓여 있다. 우리 회사에서 일할 경우 30퍼센트 정도의 반대는 자연스러운 일이다. 창업하는 과정에서 누군가 반대하는 게 반드시 나쁜 일만은 아니고 누군가 편을 들어주는 게 반드시 좋은 일만도 아니다. 여기에는 스스로의 판단이 뒤따라야만 한다. 알리바바는 아주 의미 있는 일을 했다. 몇 년 전 우리는 알리바바나 타오바오에서 샥스핀 거래를 근절시키고 상아 제품이 알리바바나 타오바오에서 거래되지 못하도록 금지했다. 이러한 결정을 발표하자 알리바바 직원 모두가 환호의 박수를 쳤다.

○ 젊은이들이여, 세계의 눈으로 10년 뒤를 보자

대만은 창업환경이 좋다. 그렇지 않다면 대만TSMC나 팍스콘같이 우수한 기업이 탄생하지 못했을 것이다. 하지만 지금 세계에는 많은 변화가 일고 있다. 이러한 변화 앞에서 일부 청년들은 원망하고 또 갈팡질팡할 수 있지만 이것 역시 자연스러운 일이다. 왜냐하면 여러분의 아버지 세대 역시 여러분 나이 때 기회가 전혀 없다고 느끼며 갈팡질팡했기 때문이다. 사실 사회를 바꾸고 세계를 바꾸기 위해서는 먼저 나 자신이 바뀌어야 한다.

10년 후 사회는 무엇을 필요로 하고 어떤 불편과 문제가 나타날까? 알리바바는 글로벌 기업이 되어 전 세계 중소기업을 위해 문제를 해결하고 더 많은 청년들이 발전의 대열에 합류하도록 도울 것이다. 알리바바는 글로벌 기업이 될 수 있고 척박한 농촌사회에 깊이 참여하는 기업이 될 수 있으며 기술 주도형 기업도 될 수 있다. 만약 나에게 대만에 온 '개인적 목적'을 묻는다면, 그것은 바로 대만의 더 많은 청년들이 빅데이터 인터넷 시대의 흐름에 동참하고 자신의 꿈과 다른 사람의 꿈을 실현할 수 있기를 바라기 때문이다. 물론 젊은이들이 대만에서 잘해나간다면 이것 역시 기쁜 일이다. 세계는 이미 평등해졌으므로 모두가 세계의 관점에서 문제를 바라봐야 하기 때문이다.

주

2015년 3월 3일 대만대학연맹, 대만대학, 대만사범대학, 대만과학기술대학 학생회가 공동으로 초청한 특별강연에서 마윈은 학생들과 창업 경험을 나누었다.

나는 눈물을 흘릴
시간조차 없다

길을 찾기 전까지, 무엇을 하고 싶은지 확실해지기 전까지는 갈팡질팡하는 것은 아주 자연스러운 일이다. 나는 일자리를 구해보려고 서른 번이 넘게 도전했지만 한 번도 채용된 적이 없었다. 나랑 친구들 다섯 명이 경찰대에 지원했는데 네 명은 뽑히고 나만 떨어졌다. 스물네 명이 패스트푸드 회사에 지원했는데 그중 스물세 명이 붙고 나만 떨어졌다. 나중에 그 패스트푸드 회사의 그해 중국 채용 담당자를 알게 되었는데, 나는 나를 뽑지 않은 것에 감사했다. 채용에 탈락하는 것은 어쩌면 남을 위해 일하지 말고 직접 창업하라는 하늘의 뜻일 수 있다.

○ 나는 성공하게 생긴 사람이 아니다

마윈이 멀리 생각하고 먼저 앞서 나가는 걸 보면 정말 대단하고 뛰어난 사람이라고 하는 사람도 있다. 사실 우리는 모두 똑같다. 이 세상에 특별히 뛰어난 사람이 있다고 믿지 않는다. 우리는 모두 평범한 사람들이다. 나는 그저 기회를 보았고 어떤 걸 생각한 다음 그 일을 꾸준히 해나갔을 뿐이다. 내가 더 멀리 생각할 수 있었던 것은 눈앞의 기회는 우리의 것이 아니기 때문에 멀리 생각할 수밖에 없다. 만약 느릿느릿 간다면 더 기회가 없기 때문에 빠르게 달려갈 수밖에 없다.

나라는 사람은 성공하게 생긴 사람이 아니다. 난 어렸을 때부터 부모님이나 친구들, 선생님 모두 내가 성공할 거라고 생각하지 않았다. 결국 나중에 내가 잘해내 드라마 속 등장인물처럼 대역전을 이루자 대단하다고 생각했다. 나는 많은 사람들과 마찬가지로 가난한 집 출신으로 시대가 나를 지금의 모습으로 변모시켰다. 나는 만 권의 책을 읽느니 만 리 길을 가는 게 더 낫다고 생각한다. 사람마다 상황을 보는 시각이 각기 다르다. 어떤 사람은 책 읽는 것을 좋아하지만 나는 사람 만나기를 좋아한다. 어떤 사람은 음악 듣는 것을 좋아하지만 나는 세계 다른 나라와 문화를 접하는 것을 더 좋아한다. 사람마다 생각이 달라서, 어떤 사람은 생각해본 것을 이미 한 것으로 치지만, 어떤 사람은 생각해보고 하나씩 하나씩 해나가기 시작한다.

많은 이들이 '알리바바를 하고 타오바오, 알리페이를 하고 이렇게 큰일들을 해내다니 당신 참 대단하네요.'라고 말한다. 이 일은 내가 한 것이 아니라 우리 팀이 했고 여러 명이 한 것이라고 말하고 싶다. 하지만 사실 오늘의 알리바바, 타오바오, 알리페이는 모두 14년 전에 우리가 미래를 꿈꾸며 했던 생각으로, 그것이 지금 현실이 되어 여러분들이 볼 수 있게 된 것에 불과하다. 오늘 뭔가를 해서 내일 성공하고 싶다면 이는 사실상 불가능한 이야기다. 스마오 그룹 쉬룽마오許榮茂 회장 집에서 태어나지 않는 한, 그럴 만한 기회도 없고 도와줄 사람도 없다.

자신은 왜 이렇게 재수가 없는지, 뭘 해도 도와주는 사람이 없다고 생각할 수 있다. 하지만 도와주는 사람이 없는 것이 정상이고 도와주는 사람이 있는 것이 더 비정상적이다. 왜 다른 사람의 도움을 받는 그런 기회를 얻으려고 하는가? 어떤 사람은 창업을 하면서 "난 진짜 운도 없어. 돈을 빌리지 못했어"라고 말한다. 분명히 말하지만, 돈을 빌리지 못하는 게 정상이고 돈을 빌리는 게 더 비정상적이다. 누가 당신에게 이런 기회를 주겠는가?

유럽에 갔을 때 많은 유럽 청년들이 지금 기회가 없다고 느끼며 갈팡질팡하는 것을 보았다. 우리 중국의 청년들도 마찬가지다. 나 역시 젊었을 때 갈팡질팡했다. 어떤 사람이 "정말 곤혹스럽습니다. 어떤 일을 해도 잘 해내지 못합니다"라고 말했다. 올해 몇 살인지 물어보자 스물여섯 살이라고 대답했다. 나는 스물여덟 살이 되기 전까지 내가 뭘 하고 싶은지조차 알지 못했다는 사실을 말해주고 싶다. 갈팡질팡하는 것은 창피한 일이 아니다. 우리는 모두 갈팡질팡해본 적이 있다. 우리가 지금 얼마나 능력이 있느냐는 것과는 무관하다. 빌 게이츠 역시 갈팡질팡해봤다. 이것이 바로 실사구시다.

○ 마음의 크기만큼 큰일을 해낼 수 있다

좋은 사람이 되려면 EQ가 높아야 하고 IQ도 높아야 하며 또 용기 있게 책임을 질 수 있어야 함을 모두 알아야 한다. 젊은 세대는 아버지 세대보다 IQ가 훨씬 높을 것이라고 확신한다. 난 IQ가 높지 않다. 만약 내 IQ가 높았다면 나는 창업을 하지 않았을 것이다. 공부를 썩 잘 하지 못했고 좋은 직업을 얻지 못했으니 스스로 일을 할 수밖에 없었다. 난 EQ도 높지 않다. 어떤 사람이 EQ가 높은가? 고난, 실패, 실의, 혼란, 고통, 실망 등, 이런 모든 것들이 한데 어우러졌을 때 EQ가 높아진다. 용기 역시 중요하다. 용기가 없다면 무슨 일을 감당할 수 있겠는가? 자기 자신을 책임지고 싶다면 당신은 보통 사람이다. 다섯 명을 책임지고 싶다면 한 그룹의 지도자일 것이다. 13억 명을 책임지고 싶다면 국가 지도자일 것이다.

마음의 크기만큼 큰일을 할 수 있다. 물론 세상에는 혼자 할 수 있는 일이 없다. 전에 나는 성공할 좋은 기회를 다 가져가버렸다고 빌 게이츠를 싫어했다. 또 돈 있는 사람도 싫어했다. 성공한 사람은 다들 홀유忽悠, 교묘한 말로 포장하기 - 옮긴이 한다고 생각했다. 왜냐면 그들에게는 좋은 부모가 있고 좋은 기회가 있었기 때문이다. 하지만 한편으로는 지금 많은 사람들이 마찬가지로 우리를 싫어하고 자신들이 15년만 일찍 태어나 인터넷이 막 발전하던 시기에 살았다면 성공할 수 있을 것이라고 생각할 것이다.

창업을 할 때 친구들을 스무 명 남짓 집으로 초대해 내가 하려는 인터넷 사업에 대해 설명했다. 그때가 1994년 말이었다. 그때 한 사람만이 찬성했고, 나머지 사람들은 모두 "이거 완전 말도 안 돼", "마윈, 넌 컴퓨터도 모르고 경영도 모르며 돈도 없어. 그건 차치하고 무엇을 가지고 창업을 하려는 거야" 하며 반대했다. 나 역시 지금까지 정확히 설명할 수 없다. 하지만 이 일을 하지 않는다면 안 될 것 같아 한번 해보고 싶었다. 만약 해서 잘 안 된다면 그때 가서 다시 생각해보자는 마음으로 행동에 옮겼다.

하지만 창업을 한다고 해서 모두가 성공하는 것은 아니다. 그렇다면 성공하지 못한 까닭이 무엇인가? 성공은 타고난 자질이 얼마나 뛰어나느냐에 달려 있을 뿐만 아니라 더 중요한 것은 우수한 팀원을 확보해야 하며 스스로 열정을 가지고 좋아하는 일을 해야 하고 꾸준히 해나가야 하며 시간을 투자해야 이룰 수 있다. 손쉽게 성공한 사람은 아무도 없다. 오늘날 중국에서 재미있는 현상은 수많은 사람들이 창업을 하고 수많은 사람들이 혁신을 이루는 등 사회 전체에 큰 변화의 바람이 일고 있다. 이것이 바로 기회다.

우리는 오늘까지 걸어온 것도 정말 행운이었다. "마윈, 과거로 돌아간다면 다시 이 자리로 올 수 있을까요?"라고 묻는다면 분명 여기까지 오지 못했을 것이라고 답하고 싶다. 다시 과거로 돌아간다면 분명 지금처럼 해내지 못했을 것이다. 오늘 내가 다시 창업을 해야만 한다면 반드시 좋은 사장을 찾고 좋은 팀을 찾아 그들과 함께 창업해나갈 것이다. 이것 역시 즐겁게 창업하는 방식 중 하나로, 꼭 내가 직접 사장이 될 필요는 없다. 내가 사장이 되어 스스로 잘해내는 것도 좋지만 우수한 사람을 좇아 해나가는 것도 좋다.

○ 성공의 비결: 낙관주의, 적극성, 꾸준함

지금보다 더 좋은 시대는 없다. 결코 여러분을 기만하는 게 아니니 내가 분석한 내용을 한번 들어보라. 나는 벼락부자가 될 생각을 하지 않는다. 전에 젊었을 때에는 그런 생각을 해봤지만 지금은 절대로 그런 생각을 하지 않는다. 많은 사람이 알리바바가 투자를 어지럽혔고 봐도 뭘 하는지 모르겠다고 말한다. 만약 사람들이 보고 다 이해가 된다면 우리가 할 일이 뭐가 있겠는가. 많은 사람들이 오늘에 집중할 때 여러분은 10년 후를 내다봐야 한다. 사람들 대부분이 10년 후에 주목한다면 당신은 오늘을 바라봐야 한다. 기회는 흐름을 거슬러 오기 때문이다. 오늘날 많은 사람들이 마음이 조급해서 당장 성공을 거머쥐고 싶어 한다. 하지만 '언젠가 반드시 성공할 것이다'라고 생각해야 한다. 다들 미래에 성공할 생각을 할 때 여러분은 오늘을 성실히 살아야 한다. 기회는 상호 균형적이다. 하지만 객관적인 조건이 어떠하든지 기회는 여러분 스스로 잡아야 한다.

　기업은 시장에 의존할 수밖에 없다. 시장市長의 말을 들을 것인가 아니면 시장市場의 말을 들을 것인가? 원칙적으로는 다 들어야 하지만 나라면 시장市場의 말에 더 귀 기울이고 시장市場과 고객의 필요에 더 귀 기울이는 쪽을 선택하겠다. 때로는 시장市長이 하는 말이 반드시 옳은 것만은 아니다. 창업 역시 마찬가지다. 여러분과 여러분의 부모와 생각이 다를 수 있다. 내가 창업을 시작할 때 식구들 모두 반대했다. 대학 교수나 잘하지 뭐 하러 창업을 하려고 하나? 부자가 되고 싶냐? 너를 보니 절대 부자가 될 상은 아니다. 부자가 될 사람은 귀가 큰데 넌 귀도 작으면서 어떻게 부자가 되겠느냐? 나는 창업을 하고 싶었을 뿐, 성공 여부는 중요하지 않았다.

나는, 마윈이 성공할 수 있다면 중국 청년의 80퍼센트도 성공할 수 있다는 사실을 증명하고 싶었다. 우리는 정부 돈이 하나도 없고 은행 돈도 하나도 없으며 우리에게 돈을 빌려주려는 사람은 하나도 없었다. 우리는 명문대 학생이 아닌 평범한 대학생이었다.

사회에 진출해보니 공부를 썩 잘하지 못한 사람들은 기회가 많이 주어지지 않았지만 성공한 사람이 반드시 공부를 잘한 것은 아니었다. 원래 공부를 못하는 사람도 있을 수 있다. 우리 형은 공부를 잘 못했고 나 역시 공부를 잘 못했다. 반면에 공부를 잘하고 한번 본 것은 바로 외워버리는 사람이 있을 수 있다. 이러한 능력은 비교할 필요가 없다. 당신보다 공부를 못했던 사람이 사회에서 일도 당신보다 못하라는 법은 없다. 나중에 여러분의 자녀가 공부를 진짜 못하면 감성지수를 높여주는 데 힘을 쏟아라. 감성지수가 높은 사람은 더 많은 기회를 얻게 된다. 그리고 공동체 의식을 길러주어 감사를 배우고 경외하는 마음을 갖게 하라.

나는 워런 버핏, 빌 게이츠, 조지 소로스 등과 교류할 수 있는 행운을 얻게 되었는데, 그들 모두에게는 우리가 배울 만한 좋은 자질이 있었다. 먼저 그들은 낙관적이었다. 그들이 불평을 늘어놓는 것을 들어본 적이 없다. 그들이 불평을 하지 않는다는 뜻이 아니다. 살면서 누구나 불평을 할 수 있다. 하지만 낙관적이고 적극적으로 미래를 바라봐야 한다는 것이다. 그들은 다른 사람이 불평을 늘어놓을 때 오히려 기회를 찾아냈다. 둘째, 그들은 적극적이며 책임감 있고 용감하게 행동했다. 셋째, 그들은 보통 사람들보다 더 꾸준했다. 어느 날 여러분이 창업을 했거나 창업 팀에 들어갔는데 여러분 각자가 혹은 사장이 앞으로 계속 이 일을 해나가기 힘들다는 생각이 든다면, 집에 가서 한잠 자고 다음 날 아침에 일어나 계속 그 일을 해나가야 한다.

내가 눈물 흘리는 것을 본 사람은 거의 없다. 왜냐면 내게는 눈물 흘릴 시간이 없다. 그저 내 경쟁 상대가 눈물을 흘리게 할 뿐이다. 만약 포기하려고 했다면 15년 전에 우리는 포기할 생각을 적어도 천 번 이상 했다. 하지만 우리는 우리 자신에게 한 번만 더 참으면 고생이 끝날 거라고 말했다. 그러자 진짜 고생에서 벗어날 수 있었다. 그래서 나는 낙관적으로 미래를 바라보고 적극적으로 기회를 찾으며 꾸준함과 책임감을 가지라고 말하고 싶다!

향후 30년 동안 어떤 업계도 두 글자를 소홀히 할 수 없을 것이다. 하나는 '혁革'이고 또 다른 하나는 '신新'이다. 혁신은 미래의 핵심이다. 다른 사람과 다른 일을 할 수 있을지, 어떻게 다르게 할 수 있을지, 누구와 다를지를 반드시 고민해야 한다. 이러한 문제를 명확히 정리해낸다면 성공할 수 있다. 창업의 길이 험난하다고 해서 사람들을 교묘한 말로 속이면서 창업을 한다면, 아무런 의미가 없다. 이 세상에는 창업을 하는 사람이 넘쳐나고 사람들마다 자기만의 선택을 하게 된다. 만약 이 사람이 괜찮다면 주식 한 주를 사는 것처럼 그와 함께 창업을 하고 그가 창업하는 것을 도울 수 있다. 당신 스스로를 주식 한 주로 생각한다면 여러 사람들과 한 마음으로 하나의 이상을 향해 최선을 다하는 것도 좋을 것이다.

2015년 8월 8일 마윈은 베이징연합대학체육관에서 '사해일가·홍콩청년혁신창업교류단' 2,000명을 대상으로 주제 강연을 했다.

30년 후에도
초심을 잊지 않는 것이
성공이다

칭화대학이 중국에서 가장 좋은 대학이기는 하지만 그래도 내 마음 속에서는 항저우사범대학이 최고다. 항저우사범대는 나에게 공부하는 법, 지식을 얻는 법을 가르쳐주었다. 칭화대도 좋은 대학이다. 하지만 아무리 칭화대일지라도 학교에서 가르쳐준 지식은 언제나 한계가 있고 사회에서 배우는 지식이야말로 정말 무궁무진하다. 오늘 많은 칭화대 졸업생들의 얼굴에 환한 미소가 가득한 것을 볼 수 있었다. 하지만 30년이 지난 후에도 초심을 잃지 않는다면 지금의 환한 미소가 계속될 것이며 이것이야말로 성공이라 할 수 있다.

나는 삼수를 해서 대학에 갔다. 고3 때 치른 입시에서 수학 점수가 1점이었다. 진짜 그랬다. 재수할 때는 19점을 받았고 삼수할 때는 89점을 받았다. 하지만 난 한 번도 포기하지 않았다. 나는 여러분에게 한 가지 사실을 일깨워주고 또 한 가지를 건의하고자 한다. 먼저 칭화대를 졸업하더라도, 중국 최고의 명문대학 졸업장이 있더라도, 그건 그저 종이에 불과하며 4년이나 6년 혹은 8년 동안 여러분의 부모가 여러분을 위해 비싼 학비를 지불했음을 증명해줄 뿐이라는 사실을 일깨워주고 싶다. 이는 학비 통지서나 진배없으며, 여러분이 얼마나 많은 학비를 지불했으며 그렇게 오랜 시간을 들여 수많은 시험을 통과했다고 알려주는 것이다. 다음으로 건의하고 싶은 내용은 여러분이 칭화대를 졸업했다 하더라도 항저우사범대 출신 학생들을 좋게 봐주길 바라며, 항저우사범대 학생들 역시 자기 자신을 긍정적으로 바라보길 바란다는 점이다. 이 사회는 계속 변화의 길을 걸어갈 것이며 언제나 기적은 일어나기 때문이다.

회계를 배운 친구가 내게 이런 말을 했다. 지금 얼마만큼 성공했든지 간에 죽을 때 비로소 그 인생이 이겼는지 졌는지 분명해진다는 것이다. 따라서 대학 졸업은 인생에 있어 고작 첫걸음을 내디딘 것에 지나지 않는다. 많은 사람들이 졸업할 때 걱정을 많이 하는 것 같다. 그런데 걱정을 한다고 해서 좋은 사장을 만날 수 있을까? 좋은 회사를 찾을 수 있을까? 아니면 사장이 될 수 있을까? 내가 막 창업을 시작했을 때에, 매일매일 회사가 살아남을 수 있을지 걱정했다. 나중에는 회사가 성장할 수 있을지 걱정했다. 이제는 회사가 커지자 혹시 도산할까 걱정한다. 지금의 걱정이 전보다 훨씬 더 많다. 우리는 순간순간 걱정에 싸여 지낸다. 지난 30년 동안 나는 매일같이 내 노력이 충분하지 않을까 걱정하고 스스로 어려움을 예견하지 못할까 걱정했으며 기회를 놓칠까 걱정하고 걱정했다.

30년 동안 나는 세 가지를 꾸준히 지켜왔는데, 이 세 가지가 여러분에게도 유용한지 한번 생각해보기를 바란다. 첫째, 이상주의를 꾸준히 지켜왔다. 둘째, 책임감을 꾸준히 지켜왔다. 셋째, 낙관적인 긍정 에너지를 꾸준히 지켜왔다.

○ 시대적 양면성이 변혁을 일으킨다

지금은 양면성의 시대다. 지금 시대에는 회의가 가득하고 온갖 종류의 불신이 가득하다. 교사는 학생을 못 믿고 학생은 교사를 못 믿는다. 언론은 대중을 못 믿고 대중은 언론을 못 믿는다. 국민 역시 정부를 못 믿는다. 청년들이라면 못 할 게 없고 무슨 일이든 할 수 있을 것처럼 보인다. 하지만 깊이 생각해보면 청년들이 할 수 있는 게 또 없다. 이 세계는 기회가 전혀 없어 보인다. 하지만 자세히 살펴보면 각종 기회가 있다. 그래서 나는 지금이 양면성의 시대라고 생각한다.

여러분들이 이렇게 대단한 양면성의 시대를 살아가게 된 것을 축하한다! 양면성이 변혁을 일으키기 때문에 우리는 지금 변혁이 급속히 이뤄지는 시대로 진입했다. 알리바바와 마윈이 오늘을 맞이하게 된 데에는 지난 30년 동안 중국에서 일어난 변혁의 힘이 크다.

앞으로 30년 동안 중국은 더 큰 변혁이 일어나고 기회는 더 많아질 것이다. 우리 업계를 보자면 세계는 지금 IT시대에서 DT시대로 나아가고 있다. IT와 DT는 한 글자 차이지만 그 이면에 담긴 사상과 문화 그리고 사회 측면에서 근본적인 차이를 보이고 있다. 절대 다수가 IT의 관점에서 세계를 바라본다. IT시대의 사회학적 특징이 무엇인가? IT는 내가 주가 되고 내가 관리하기 편해야 한다. DT는 다른 사람이 주가 되고 다른 사람을 발전시키고 다른 사람을 지원해주는 사상이 담겨 있다. DT에서는 다른 사람이 성공했을 때 내가 비로소 성공할 수 있다. 이는 엄청난 사상적 전환으로, 이러한 사상의 전환이 기술의 전환을 가져온다.

젊은 세대는 오늘날 알리바바, 텐센트, 바이두가 IT업계를 점령했다며 당혹스러워한다. 과거에 우리가 막 창업을 시작했을 때에도 IBM, 시스코, MS가 기회를 다 가져가버렸다고 생각했다. 하지만 변혁의 시대는 젊은이의 시대임을 확신해야 한다. 30년 후 중국 기업은 분명 지금보다 더 발전할 것이며 분명 내일 더 빠르게 강력하게 발전할 것이다. 30년 후 부자들은 분명 지금보다 더 많아질 것이며 30년 후 문화는 분명 지금보다 훨씬 더 다채로워질 것이고 30년 후 청년들은 분명 지금의 우리들을 뛰어넘을 것이다. 세계는 이렇게 변할 것이다!

앞으로 30년 동안 나는 여러분을 뒤따를 생각이다. 여러분이 앞으로 이 세계를 바꿀 것이기 때문이다. 이 기회를 확실히 잡기 바란다.

○ **기업가에게는 책임의식이 있어야 한다**

나는 미래를 확신하고 나보다 다른 사람을 더 믿는다. 사실 나는 수학을 잘 못하고 경영은 배워본 적이 없으며 회계도 잘 모른다. 지금까지도 난 재무 보고서를 볼 줄 모른다. 사실이다. 하지만 이 점을 부끄럽게 여기지 않는다. 내가 잘 모른다는 사실을 인정하는 것은 부끄러운 일이 아니다. 모르면서 아는 척하는 것이 진짜 부끄러운 일이다. 지금까지 나는 타오바오에서 물건을 사본 적이 없고 알리페이를 이용해본 적이 없다. 어떻게 쓰는지 모른다. 하지만 나는 다른 사람들이 알리페이를 쓰면 좋은지 나쁜지 얘기하는 것에 언제나 귀를 쫑긋 세우고 있다. 일단 많이 쓰게 되면 나는 우리 제품을 옹호하게 될 것이다. 내가 써보지 않으면 나는 그것이 진짜 좋은지 나쁜지 언제나 걱정하게 된다. 걱정을 하다 보면 밤에 잠을 못 자고, 내가 잠을 못 자야 회사의 다른 사람들이 잠을 잘 수 있다.

〈아메리칸 드림 인 차이나中國合伙人〉란 영화를 봤는데 꽤 괜찮았다. 하지만 이 영화는 좀 문제가 있다. 남자 주인공이 늘 운다는 것이다. 창업자는 울지 않고 다른 사람을 울게 한다. 창업자는 언제나 미래를 믿고 청년들을 믿어야 한다. 다른 사람을 믿지 못했다면 알리바바는 프로그램을 작성할 수 없었다. 다른 사람을 믿지 못한다면 전자상거래 시장이 이렇게 커질 수 없었을 것이다.

기업가에게는 책임의식이 있어야 한다. 지금까지 알리페이를 둘러싼 논쟁이 거세다. 사실 2004년에 우리가 알리페이와 앤트파이낸셜을 준비할 때 언젠가 이런 불편한 상황이 올 것을 알았고 나 역시 당혹스러운 적이 있었다. 나중에 다보스포럼에서 수많은 정치가, 기업가 들이 '책임이 무엇인가'에 대해 토론하는 것을 들었다. 사회발전에 도움이 되는 일들을 용감하게 책임져야 한다는 그들의 말이 옳다고 생각한다. 그 회의가 끝나고 나는 다보스에서 회사에 전화를 걸어 말했다. "즉시, 지금, 당장 하시오. 문제가 생기면 내가 해결하겠소." 앤트파이낸셜 내부 회의에서 나는 모든 직원에게 말했다. "만약 우리가 중국 금융개혁에 불씨를 지피고 혁신을 가져온다면, 이 때문에 누군가 대가를 치러야 한다면 내가 먼저 그 책임을 지겠소." 나는 우리가 진짜 사회를 발전시키겠다는 희망을 안고 금융을 촉진하고 실물경제를 위해 이바지하며 혁신을 이끌어낸다면 분명 갈수록 좋아질 것이며 사회가 우리의 역할을 점점 더 각인해 갈 것이라고 확신한다.

모두 문제를 낙관적으로 바라보기를 희망한다. 내가 저지른 실수가 부지기수로 많고 지난 15년 동안 알리바바는 적어도 100여 차례 이상 존폐 위기에 처했지만 잘 극복해왔다. 지금 사람이 그때보다 많고 우리가 지금 지닌 지식과 능력도 그때보다 크지만 다시 그때로 돌아간다면 분명 그 어려움을 극복해내지 못했을 것이다. 우리는 낙관적인 마음으로 스스로를 격려하고 이 세계에서 누군가는 결국 성공할 것을 믿어야 한다. 나는 알리바바를 믿고 타오바바가 해낼 것을 믿으며, 누군가는 분명 해낼 것이라 믿는다. 누군가 더 많은 시간을 들여 이러한 것들을 배우고 있음을 믿는다. 다만 우리의 운이 어디까지인지 살펴볼 뿐이다. 삶은 잔혹하다. 따라서 오늘 노력해야 잔혹한 내일과 마주할 수 있고, 내일 노력해야 모레의 태양을 맞이할 수 있다. 하지만 절대다수의 사람들이 모레 태양이 뜰 것을 보지 못한다. 노력만으로는 부족하고 운이 뒤따라야 하기 때문이다. 운은 어디에서 오는가? 자기가 잘나갈 때 다른 사람을 많이 돌아보고 자기가 힘들 때 스스로를 많이 돌아보는 데에서 운이 있으며, 이렇게 해야 이겨낼 수 있다고 확신한다.

○ 내상이 클지라도 언제나 웃는 얼굴을 잊지 않는다

이 세상에서 가장 강력한 무기는 웃는 얼굴로, 웃는 얼굴은 모든 문제를 해결할 수 있다. 나는 아무리 내상을 크게 입어도 언제나 웃는 얼굴을 짓는 걸 잊지 않는다. 알리바바가 중국이라는 시장 환경에서 태어난 것은 우연이기도 하지만 또 필연이다. 시장 시스템이 막 운영되고 한 무리의 청년들이 나를 믿어준 덕분에 시장에 이런 것을 내놓을 수 있었다.

사람마다 무수히 많은 어려움을 겪게 된다. 많은 사람이 자기에겐 기회가 없고 이겨본 적이 없다고 말한다. 그럼 나는 태어나기 전 수억 개의 정자와 달리기 싸움에서 이겨 이 세상에 온 것이니 당신은 이미 이겨봤고 또 성공한 셈이라고 말한다. 이 세상에 온 후에는 또 수없이 많은 시험을 쳐서 대학에 들어가 대학 졸업장을 따게 된다. 따라서 당신은 이미 좋은 기반을 갖고 있다. 하지만 기반을 잘 닦았다고 해서 반드시 성공하리라는 법은 없다. 오늘 빠르게 달린 사람이 더 멀리 가리라는 법은 없다. 나는 한 번도 항저우사범대학을 졸업한 나 같은 사람이 경영대 고문이 될 수 있을 것이라고 생각해본 적이 없다. 그러니 오늘 최고라고 해서 꼭 내일도 최고일 리 없고, 오늘 별것 아니라고 해도 사회가 수많은 기회를 주었으니 당신이 기회를 잡아 노력만 한다면 이길 수 있을 것이라는 사실을 기억해야 한다.

여러분에게 한 가지 제안을 하고 싶다. 여러분의 경쟁 상대는 여러분 옆에 있지 않고, 여러분 옆에 있는 사람은 비록 정말 싫어하는 사람일지라도 모두 여러분에게 본보기가 된다는 사실을 언제나 믿어라. 수년 전에 "망원경으로 들여다봐도 경쟁 상대를 찾을 수 없다"는 말을 한 적이 있다. 이런 나를 사람들은 정말 교만하다고 할 것이다. 사실 그들은 다음 문장을 듣지 못했기 때문이다. "내가 망원경으로 찾은 것은 경쟁 상대가 아니라 본이 되는 사람이다." 여러분의 경쟁 상대는 이스라엘에 있을 수 있고, 어디 있는지 모를 수도 있고, 여러분보다 더 공부를 잘했을 수 있다. 여러분은 칭화대 졸업장을 딴 이후에 중국에서 제일 잘나가는 대학을 졸업했다고 생각하기 때문에 공부를 안 하고 책을 안 읽는다. 항저우사범대를 졸업한 다른 사람은 계속 공부하고 계속 노력하며 계속 앞으로 나아간다. 한번 생각해보라. 미래가 어떨까? 나 자신을 이긴 사람이 진정한 영웅인 것이다!

2014년 6월 29일, 칭화대 경제관리대학 2014년 졸업식 축사를 통해 마윈이 학생들에게 자신의 경험과 생각을 들려주었다.

여성시대의
경제

중국경제는 발전 과정에서 커다란 변화를 겪었으며 아직도 그 변화의 한가운데 있다. 과거에는 투자, 제조, 부동산이 경제의 주류였다면 앞으로는 소비가 최대 내수가 될 것이다. 그렇다면 누가 소비의 주축이 될 것인가? 바로 여성이다!

○ '여성시대' 경제는 더 재밌다

어떤 청년들이 인생의 행복이 무엇인지 내게 물은 적이 있다. 내 생각에 가장 중요한 것은 행복한 결혼과 가정이다. 이것이 가능하다면 그 인생은 이미 합격점을 받았고 사업상 크고 작은 성공이 있다면 이는 플러스 점수다.

나는 여성들이 자신감을 가져야 한다고 생각한다. 오늘 세계에는 천지개벽의 변화가 일고 있다. 세계 500대 CEO 중에서 여성이 상당수다. 여성은 주방에서 나와 거실로, 다시 정계와 재계로 향하면서 칼에 피 한 방울 묻히지 않고 파죽지세로 승승장구하고 있다.

한 가정에서 여자가 내리는 결정은 남자보다 적지 않다! 메르켈 독일 총리, 이 여인의 어깨에 유럽 대다수의 고민이 매달려 있으니 얼마나 대단한가! 드라마나 영화를 보아도 시대가 바뀌었음을 알 수 있다. 남자들에게 보이려고 여자들이 연기하던 시대에서 이제는 남자들이 '꽃미남'이 되어 여자의 눈길을 끌려고 한다. 여성에게 티켓파워가 있고 여성이 바로 경제다!

세계는 변하고 있다. 이렇게 변하는 과정에서 변화에 적응한 사람이 미래의 승리자가 된다. 그런데 여성이 이 세계를 좌지우지하는 비율이 점점 높아지고 있다. 노자가 일찍이 공자에게 치아와 혀에 관한 이야기를 하면서 부드러움으로 강함을 이기는 이치를 말해 준 바 있다. 이유극강以柔克刚의 도리를 깨달은 사람만이 이 세계에 적응할 수 있고 세계를 바꿀 수 있다.

남자는 계속 밖을 보며 우주를 탐색하지만 여자는 안을 보고 사람의 마음속 탐색하기를 잘한다. 남자가 세계를 이해한다면, 여자는 마음을 이해한다. 하지만 사람의 마음을 움직이면 모든 걸 얻을 수 있다. 오늘날 상업계는 제조업에서 서비스업으로 나아가고 있는데, 고객들이 원하는 것은 두루뭉술한 서비스가 아니라 체험이다. 체험이란 무엇인가? 체험이란 마음을 다해 다른 사람에게 서비스하고 마음을 다해 어떤 일을 하는 것이다. 따라서 여성에게 기회가 열린 것이다!

역사를 돌이켜보면, 거대한 변혁이 한 차례 시작되어 끝나기까지 대략 50년의 시간이 걸린다. 인터넷 혁명이 시작된 지 20년이 지났으니 앞으로 30년 동안 우리는 진정한 인터넷 시대에 진입하게 된다. 하지만 인터넷 시대에 가장 핵심이 되는 것은 타인이 중심이 되는 것으로, 다른 사람이 잘되었을 때 내가 비로소 잘될 수 있다. 남자는 자기 자신 생각을 많이 하지만 여자는 다른 사람 생각을 많이 한다. 여자는 부모를 생각하고, 아이를 생각하며 이 생각 저 생각을 한다. 여자는 일과 가정 사이에서 균형을 가장 잘 잡는다. 절대다수의 여자가 좋은 아내이자, 좋은 엄마면서 동시에 자신이 맡은 일도 잘해내고 있다. 따라서 서비스 시대에 다른 사람을 위해 서비스를 고민하고 일과 생활 속에서 균형을 잡을 수 있는 여성의 능력이 스스로에게 기회를 가져다줄 것이다. 여성이 없다면 알리바바도 없다. 여성이 없다면 타오바오에 고객은 없다.

○ 여성은 스스로 기회를 쟁취한다

회사 내에서 남자든 여자든 모두 자신만의 특징이 있으며 갖가지 기회가 있다. 알리바바는 여자 직원의 비율을 얼마로 규정한 적이 한 번도 없다. 나는 여권주의에 반대하지만 남권주의는 더 반대한다. 지금 우리는 중용의 시대로 천천히 나아가고 있다. 중용은 하나를 둘로 나누는 것이 아니라 가장 적절한 점수를 찾아내는 것이다. 남자와 여자는 구조적으로 많이 다르기는 하지만 남녀 모두 서

로 협력하고 서로 긍정적으로 대하며 서로 존중하는 법을 배워야
한다.

여자는 약하지만 어머니는 위대하다. 어머니는 아이의 교육을 책
임지기 때문에 어떤 의미에서는 어머니가 아이의 미래를 결정한다
고 할 수 있다. 우리는 긍정적인 눈으로 아이를 '다듬어'가야 한다.
중국의 교육을 보면 중국의 교教는 나쁘지 않지만 중국의 육育은 문
제가 있다. '육'은 부모가 아이를 양육하는 것으로 사상, 행동, 도덕,
가치관, 감성을 양육하는 것이다. 아이의 감성은 어머니에게 더 많
은 영향을 받고 지성은 아버지에게 더 많이 영향을 받는데, 양쪽 모
두 높은 아이일 경우 미래가 더 밝다.

여성은 어느 조직에서든 일인자가 될 수 있다. 우리 기업 산하의
앤트파이낸셜의 CEO인 펑레이彭蕾 역시 여성이다. 일인자에게는
반드시 책임이 뒤따른다. 그렇다면 책임이란 무엇인가? 바로 문제
가 생겼을 때 "미안하다, 내가 책임지겠다, 이것은 내 문제다"라고
책임을 지는 것이다. 남녀를 무관하고 모두 이렇게 해야 한다. 지금
시대는 여성에게 충분한 기회를 주지 않는다. 하지만 메르켈이나
다국적 기업 여성 CEO 모두 다른 사람에게서 기회를 받은 것이 아
니라 자기 스스로 기회를 쟁취해냈다.

창업에 있어 서른 살 전까지는 다들 좋은 지도자를 따라야 한다.
서른 살에서 마흔 살 사이에는 우리가 하고 싶은 게 무엇인지 잘 고
민해야 한다. 모든 사람이 창업에 맞는 것은 아니며 창업이 맞는 사
람은 반드시 여러 재난과 좌절 그리고 고통을 겪어야 한다. 마흔 살
이 되면 이상을 품은 팀을 구성해야 한다. 마흔 살에서 쉰 살 사이

에는 자기가 가장 좋아하는 일을 하는 데 시간을 쏟아야 한다. 쉰 살에서 예순 살에는 젊은 세대를 위해 시간을 써야 한다. 그들이 앞으로 당신의 희망이기 때문이다. 예순 살 이후에는 백사장이 펼쳐진 해변에서 아내 그리고 아이들에게 시간을 쏟아야 한다.

여성이 창업을 하면 더 다채로운 타오바오를 만들 수 있다. 아마도 5년 후쯤 '여성시대'에 빚어진 경제가 더욱 의미 있을 것이고 10년 후쯤에 세계는 진정한 여성의 시대를 맞이하게 될 것이다.

주

2015년 5월 20일, 알리바바그룹은 항저우에서 세계여성창업자대회를 개최했는데 여기서 마윈이 연설을 했다.

알리바바의
비밀무기

나는 20년 전에 항저우에서 중국 기업에 인터넷사이트를 구축해주는 차이나 옐로페이지를 창업했다. 그 당시 인터넷을 아는 사람이 극히 드물었기 때문에 사업하기 정말 힘들었다. 나는 항저우에 소재한 한 호텔, 즉 왕후望湖호텔을 설득해 홈페이지를 만들었다. 4개월이 지나 메일 한 통을 받았다. 미국 여성 세 명이 베이징 세계여성대회에 참여하려고 하니 방을 예약해달라고 했다. 나는 "숙녀분들, 우리 호텔에서 베이징까지 1,000킬로미터도 넘게 떨어져 있습니다"라고 말했다. 그녀들은 중국 상황을 잘 몰랐고 이 호텔이 인터넷에서 찾은 유일한 호텔이라고 했다. 회의가 끝나고 몇몇 여자분들이 베이징에서 비행기를 타고 항저우에 와 이틀을 묵었다.

그 여자분들이 지금 어디에 거주하는지 모르지만 가끔 생각이 나고 또 내가 창업을 계속할 수 있도록 믿음과 용기를 준 것에 감사드리고 싶다.

○ 여성과 협력해 함께 나아가면 효율이 배가된다

20년이 흘렀다. 오늘날 세계는 여성에 대한 지원이나 투자가 급증하고 있다. 현재 정부 지도자 중에서 상당수가 우수한 여성인력이며 앞으로는 더 많아질 것이다. 여성의 잠재력은 매우 크다.

하지만 여성을 돕는 것뿐만 아니라 여성이 우리가 할 수 모든 일을 돕도록 해야 한다고 생각한다. 더 중요한 것은 여성을 팀원으로 여기고 협력해 함께 나아가면 효율이 배가될 수 있다는 사실을 깨달아야 한다는 점이다.

사람들은 알리바바가 지난 15년 동안 빠르게 발전할 수 있었던 이유가 무엇이냐고 묻곤 한다. 사람들은 이것이 기적이라고 생각한다. 하지만 나는 알리바바가 빠르게 발전할 수 있었던 비밀무기는 여자 직원이 많았기 때문이라고 말하고 싶다. 알리바바의 창업인 중 35퍼센트가 여성이고 임원 중 34퍼센트가 여성이며 직원의 52퍼센트가 여성이다. 물론 회사에는 남자가 필요하고 우리 회사에서 남자 직원 비중이 48퍼센트를 차지하고 있으니 앞으로 더 많이 노력해야 한다. 주저리주저리 늘어놓은 이야기를 통해, 내가 얼마나 낙관적인지 앞으로 우리가 훨씬 더 잘할 수 있는지 충분히 설명이 될 것으로 본다.

○ 2030년에는 성평 등을 실현할 수 있을 것으로 확신한다

오늘날 세계는 더 이상 근육량으로 그 사람이 강한지 약한지를 판단하지 않고 두뇌가 얼마나 명석한지로 판단한다. 여기에는 IQ, EQ, LQ(언어지수), LQ(사랑지수)가 포함된다.

과학기술이 발달함에 따라 여성들의 능력이 더욱 향상될 것으로 믿는다. 알리바바에는 1,000만 개 넘는 판매자가 있는데 그중 절반 이상이 여성이다. 온라인 여성 기업가의 평균 연령이 오프라인보다 15세 정도 젊다. 남자들은 장사를 하면 숫자와 경쟁을 너무 의식한 나머지 일이 냉혹해진다. 하지만 여자들은 장사를 더 재미있고 여유로우며 인간적이고 감동적으로 만들어 점차 하나의 생활방식이 되도록 한다.

우리가 지금의 꿈과 능력 그리고 자원을 활용하면 2030년에는 성 평등이 실현될 것으로 확신한다. 현재 우리에게 필요한 것은 행동이며, 구체적인 계획과 군건한 신념이 필요하다. 2030년에 우리가 한자리에 모여 성 평등이 이뤄진 세계를 경축하자.

여성에게 권한을 부여하는 것은 사실상 미래에 힘을 실어주는 것이다.

주

2015년 9월 28일, 유엔본부에서 세계여성지도자회의가 개최되었다. 마윈은 여성권한부여 세계기업가지도자회의연합 의장, 세계기업가대표 역할로 회의에서 연설했다.

5장

우리에게는 책임이 있다

빈곤문제를 해결하면 더 많은 기업가가 탄생한다

가격이 아니라 신제품과 혁신으로 승부하라

농촌으로! 농촌으로!

위조상품 척결은 알리바바를 없애는 것보다 어렵다

지적재산권은 반드시 보호받아야 한다

역경을 겪지 않은 기업은 풍랑을 이겨내지 못한다

지구가 병들면 누구도 건강할 수 없다

자선활동은 조용하게, 공익활동은 대대적으로

지금 우리에게 필요한 마음가짐

향촌 교사의 영향력은 상상을 뛰어넘는다

교육은 시스템이다

빈곤문제를 해결하면
더 많은 기업가가 탄생한다

우리 모두가 가난했다. 30여 년 전에는 중국 어디를 가도 가난했다. 중국인들은 가난에 찌든 나머지 밥조차 못 먹을 정도로 가난했기 때문에 '밥 먹었냐?'는 질문을 하는 게 습관이 되었다. 하지만 인류 역사상 중국처럼 30여 년 만에 6억 6,000명이 빈곤에서 벗어난 나라는 없다! 이것은 위대한 업적이자 정말 대단한 시도다.

○ 반부패와 빈곤탈출

오늘 중국 정부가 2020년까지 빈곤인구 7,000여 만 명을 전부 빈곤에서 벗어나게 하겠다는 대단한 시도에 나선 것을 확인했다. 이는 정말 대단한 결심이라는 생각이 든다.

　18대 당 대회가 끝나고 중앙정부가 내놓은 모든 주요 정책들을 계속 살펴보았다. 그중 두 가지는 엄청난 용기와 결심을 필요로 한다. 첫째는 반부패이고, 둘째는 전면적인 빈곤탈출이다.

우리 회사 직원이 수만 명인데 우리 회사는 부패가 하나도 없다고 감히 말할 수 없다. 한 국가가 이렇게 많은 힘을 들이고 이렇게 많은 노력을 해서 부패와 전면전을 벌이고 기강을 바로잡으려고 한다면 국가가 감당해야 할 고통이 분명 정말 클 것이다. 하지만 부패를 없애고 청렴함을 세워나간다면 앞으로 이 나라의 시장체제가 더욱 개선될 것이며 국가 지배 역시 더욱 투명해져 이 나라는 더 멀리, 더 건강하게 발전할 수 있을 것이다. 이렇게 아름다운 미래를 맞이하기 위해 우리는 반드시 일정 대가를 지불해야 한다. 정부기관이나 관료들이 같이 노력해야 함은 물론, 모든 기업이 적극적으로 참여해야 한다. 절상총회에서 '절상은 절대로 뇌물을 제공하지 않는다'라고 발표했는데, 모두가 국가의 반부패 청렴사회 구축을 위해 공헌할 수 있기를 희망한다.

2020년까지 7,000만 명을 빈곤에서 탈출시키겠다는 목표는 나를 고무시켰다! 우선 부유해진 사람들로서 우리는 30여 년 동안 개혁개방의 혜택을 누려왔다. 앞으로 이 위대하고도 힘겨운 싸움에 참여하는 것은 우리에게 영광이자 행운이 될 것이다. 인생에서 이보다 더 좋은 일이 어디 있겠는가?

○ 쉰 살이 되기 전에 돈을 벌고 쉰 살이 되면 돈을 써라

한 기업가가 전에 쉰 살이 되기 전에 돈을 벌고 쉰 살이 되면 돈을 쓰라는 말을 한 적이 있다. 돈을 어떻게 써야 더 많은 사람을 돕고 일자리를 더 많이 만들 수 있을까?

내 생각에 나는 운이 좋은 것 같다. 쉰 살이 넘었는데도 전 세계를 누비며 다른 사람의 이야기를 듣고 배우며 생각하고 교육, 의료, 환경에 좋다고 생각하는 일들을 해나갈 수 있으니 말이다. 나는 우리 팀에 감사드린다. 그분들이 열심히 일해준 덕분에 내가 쉰 살이 넘어서도 여전히 공익을 위한 일들을 추진할 기회를 얻을 수 있었다.

어떤 기업이든 가장 귀한 자원은 돈이나 기계 그리고 기술이 아니라 창업자와 CEO의 시간이다. 지금 내가 시간을 내서 공익사업을 벌일 수 있다는 게 개인적으로 매우 행복한 일이라고 생각한다. 나는 모든 청년, 기업가가 쉰 살이 되기 전까지 열심히 일하며 돈을 벌고 쉰 살이 되면 어떻게 돈을 잘 쓸지 배울 수 있으면 좋겠다. 하지만 그전에 여러분에게 한 가지 충고를 해주고 싶다. 그것은 바로 여러분의 기업이 반드시 잘 살아남아 발전해나가야 한다는 사실이다. 만약 여러분의 기업이 살아남지 못한다면 여러분은 다른 사람의 도움을 받아 가난을 이겨내고 가난에서 벗어나야 할 것이다.

7,000만 명의 빈곤문제를 해결한다는 것은 절대로 쉬운 일이 아니며 새로운 접근으로 이례적인 루트를 발굴해야 함은 의심할 바 없는 사실이다. 내가 생각하는 빈민구제나 빈곤해소는 아마 다른

사람들이 생각하는 것과 완전히 다를 수 있다. 전에 우리가 빈민구제를 얘기하면 바로 다른 사람에게 돈을 주거나, 물질을 주는 것을 떠올렸다. 하지만 빈곤해소는 지속적인 과정임을 다들 잊고 있다. 빈민구제에서 빈곤해소, 다시 부유해지기까지에는 세 가지 다른 단계가 있다. 빈민구제는 물고기를 줘서 일시적 문제를 해결하는 것이다. 빈곤해소는 물고기를 주고 물고기 잡는 법도 알려줘 장기적 문제를 해결하는 것이다. 부유해지는 것은 양어장을 만들어 물고기를 기를 수 있는 생태환경을 조성하는 것이다.

우리는 그들이 양어장을 만들어 물고기를 양식할 수 있도록 가르쳐야 한다. 이것이야말로 우리 기업가들이 지금 시급히 해야 하는 일이라고 생각한다. 기업가는 세 가지를 아주 잘할 수 있다. 첫째, 기업가는 일을 할 때 반드시 결과가 있어야 하며, 결과가 없는 기업은 내일을 기대할 수 없고 미래도 없다. 둘째, 기업가는 일을 할 때 효율을 중시한다. 다른 사람이 어떤 일을 할 때 10위안이 필요한데 당신은 20위안이 들고, 다른 사람은 3일이면 되는데 당신은 5일이 걸린다면 기본적으로 기회를 얻을 수 없다. 셋째, 기업가는 회사를 운영하면서 공정함을 추구한다. 근본적으로 기업은 다른 사람은 기업에게 이렇게 해라 저렇게 해라 강요할 수 없으며, 공정해야만 거래가 성사될 수 있다. 7,000만 명이 빈곤에서 벗어나기 위해서 우리는 남다른 길을 걸어야 하며 어제의 방식에서 벗어나야 한다.

빈민구제 사업은 돈을 주면 되는 것이니 사실 어렵지 않다. 하지만 어떻게 그 돈을 가지고 부를 창출할지, 어떻게 그 돈이 지속적인 부를 창출할 수 있을지는 엄청난 도전이다. 우리는 많은 일을 할 수 있지만 모두가 반드시 같은 일을 해야 한다고 말하는 것은 아니다. 우리는 각기 다른 각도에서 빈민구제 사업에 참여할 수 있다.

○ 아이가 공부를 못한다고 반드시 미래가 없는 것은 아니다

빈곤해소 문제를 얘기하다 보면 교육이 가장 중요하다는 생각이 든다. 농촌 빈곤지역의 교육에 대한 투자를 늘렸을 때에야 국가는 비로소 장기적으로 빈곤문제를 해소하고 잘살게 만들 수 있다.

한 국가의 운명을 결정하는 데 있어 엘리트 계층이나 좋은 교육을 받은 사람들도 중요하지만 더 중요한 것은 밑바닥에서 살아가는 서민들의 소양이다. 만약 서민들의 소양이 떨어진다면 이 국가는 더 이상 나아질 수 없다. 따라서 빈민구제에 있어 기본은 사람을 세우는 것으로, 사람이 독립적으로 생존할 수 있고 미래를 이해할 수 있으며 이상으로 가득 차야 한다.

모두가 입시 위주의 교육방식을 싫어할 것이라고 확신한다. 지금의 아이들을 보면 책가방은 갈수록 무거워지고 시험은 갈수록 많아져 거의 모든 아이들이 입시교육의 포로가 되어 있다. 나는 아이에게 반드시 공부만이 길이 아니며, 아이가 공부를 못한다 해도 미래가 없는 것은 아니라고 생각한다. 나는 공부를 못했던 사람이다. 공부를 못해도 상관없다. 하지만 반드시 놀 줄 알아야 한다. 운동을 잘하거나 음악을 잘하거나 미술을 잘하면 사람이 자신감을 갖게 된다.

가난한 지역을 가보면 남겨진 아이들이 많다. 부모들은 중국 사회 발전 과정에 참여하러 도시로 갔고 아이들은 조부모와 농촌에 남거나 기숙학교에 남겨졌다. 교육시설이 충분하지 않고 교육이념 역시 문제가 많다. 20년이나 30년 후에 교육을 제대로 받지 못한 아이들이 중국 사회 발전에 어떤 영향을 가져올지 한번 생각해 보라.

10여 명의 총장, 수십 명의 교사들과 교류하는 과정에서 나는 엄청난 기회를 발견했다. 우리 기업가들이나 사회 각계 인사들이 중국교육을 위해 일을 하고 한 학교, 한 학급 아니면 적어도 한 명의 학생을 도울 수 있을 것이라고 생각한다. 농촌교육은 중국교육에서 가장 중요한 돌파구가 되어야 한다. 현재 농촌교육 시스템에서 가장 취약한 부분이 '예체능' 교사가 부재하다는 점이다. 우리가 그 지역의 음악 교사, 체육 교사를 도울 수 있다면 농촌지역의 아이들이 전혀 다른 미래를 맞이할 수 있을 것이다.

공익을 실천하고 자선사업을 벌이며 빈민을 구제한다고 해서 대형 프로젝트를 하나하나 해나가야 한다는 의미가 아니다. 작은 사업을 해도 역시나 큰 효과를 기대할 수 있다. 공익사업을 한다는 것은, 다른 사람에게 돈을 얼마 주라는 것이 아니다. 일정 시간을 들여 다른 사람에게 좋은 영향을 주고 다른 사람의 양심을 일깨우라는 것이다.

○ 빈곤문제를 해결에 엄청난 기회가 있다

중국이 전자상거래가 오늘처럼 발전하고 알리바바가 오늘까지 발전할 수 있었던 이유는, 우리들이 똑똑해서도 아니고 우리들이 많이 노력했기 때문도 아니다. 세계에는 우리보다 똑똑하고 우리보다 더 노력하는 사람들이 많이 있으며 전체 상업 인프라가 중국보다 좋은 나라가 많이 있지만 우리는 많은 사람들을 뛰어넘었다.

미국의 상업 인프라는 중국보다 훨씬 더 좋다. 만약 미국에서 전자상거래를 했다면 월마트와 어떻게 경쟁할지를 가장 먼저 고민해야 한다. 하지만 중국은 그렇지 않다. 우리는 전통적인 소매업과 어떻게 경쟁할지를 고민해야 한다. 그들이 과거에 걸어온 길은 현재 적합하지 않다. 따라서 빈곤지역에 엄청난 기회가 있다고 생각한다.

중국은 30여 년 동안 발전해오면서 6억 6,000만 명의 빈곤문제를 해결했고 우리와 같은 기업가들을 탄생시켰다. 이는 빈곤해소를 통해 만들어진 부의 기회다. 6억 6000만 명의 빈민을 구제하지 않았다면 중국경제가 비상하지 못했고 우리 같은 기업가들은 탄생하지 못했을 것이다. 기회라고는 찾아볼 수 없고 경제는 갈수록 어려워진다고 한탄하는 사람들이 많다. 만약 우리가 남은 7,000만 명의 빈곤문제를 해결할 수 있다면 중국에 새로운 기업들이 탄생하고 대단한 기업가들이 출현하게 되리라는 것을 여러분에게 말해주고 싶다.

기회란 무엇인가? 기회는 불편을 해소하는 것이다. 불평이 있는 곳에 기회가 있다. 이러한 어려움을 해결하고 불평을 해결하면 기회가 있기 마련이다. 따라서 우리 같은 기업가들에게 있어 7,000만 명의 빈곤해소는 스트레스일 뿐만 아니라, 책임일 뿐만 아니라, 부담일 뿐만 아니라 더 나아가 기회가 된다. 우리가 어떻게 해야 할지를 잘 생각해봐야 한다.

주

2016년 8월 5일, '동서협력을 강화해 빈민구제라는 난제해결의 새로운 길을 돕는다'라는 주제의 포럼이 쿤밍에서 개최되었다. 절상총회 회장으로 마윈은 수백 명의 절상을 이끌고 포럼에 참석해 연설했다.

가격이 아니라
신제품과 혁신으로 승부하라

2014년 티몰은 티몰 글로벌을 출시했다. 이는 금년에 처음으로 시도한 것으로 3~5년 후 전면적인 글로벌화를 위한 준비 단계로 생각하고 있다. 우리는 현재 미래를 준비하기 위해 국제화와 플랫폼화 그리고 무선화를 추진하고 있다. 무선화는 중국 농민에게 도시 생활을 누릴 기회를 제공하는 데 목적이 있으며, 국제화는 전 세계 소기업이 인터넷에서 세계 소비자들을 대상으로 매매가 이뤄지도록 하는 데 목적이 있다. 이 두 가지 목표를 지금 추진해가고 있다. 플랫폼화의 핵심 아이디어는 온라인과 오프라인 업체를 통틀어 모든 생태 시스템을 '광군절'에 참여하게 만드는 것이다. 내 생각에 앞으로 3~5년의 시간이 흘러 '광군절'이 10주년을 맞이하게 되면 세계는 젊은 세대의 창조력에 경탄을 금치 못할 것이다. 올해가 6주년이니 앞으로 4년 동안 더 준비해간다면 국제화는 저절로 이뤄질 것으로 보인다.

○ 상장 이후 어떤 길을 가야 하나

사실대로 말하자면 알리바바는 돈을 위해 상장하지 않았다. 알리바바의 현금 흐름은 건강하다. 상장을 선택한 주된 이유는 기업의 지배구조를 더 투명하게 만들고 전 세계 주주와 고객이 우리 기업을 감독하면서 기업 발전에 함께 참여하도록 하기 위해서다.

　여러 가지 원인 때문에 알리바바는 중국 A 주식시장에 상장할 수 없었다. 앞으로 알리페이나 앤트파이낸셜이 A 주식시장에 상장해 참여한 사람들에게 더 많은 혜택이 돌아갈 수 있기를 희망한다. 나는 이렇게 될 가능성이 크다고 생각한다. 내 생각에 세계가 함께 앤트파이낸셜을 감독한다면 앞으로 더 투명해지고 더 개방될 수 있을 것이다.

　나는 주가에 만족할까, 만족하지 않을까? 주가를 올릴 수 있는 호재로 무엇이 있을까? 이런 문제를 놓고 고민하지 않는다. 사실 나에겐 주가를 평가할 만한 능력이 없을뿐더러 그렇게 할 생각도 없다. 알리바바는 어떤 호재를 가지고 주가를 부풀릴 필요가 없다고 생각한다. 한 기업의 진짜 주가는 실제 성과, 장기 전략, 전략을 그대로 시행하는 것에 좌우되어야 한다.

　나는 요즘 아주 긴장하며 살고 있다. 그 이유가 무엇일까? 전에 사람들은 알리바바가 이렇게 하면 안 되고 저렇게 하면 안 된다고 말했다. 하지만 나는 알리바바가 사실 사람들이 생각하는 것보다 더 괜찮고 사람들이 말하는 것처럼 그렇게 심각한 상태가 아님을 알고 있었다. 그리고 이제 사람들은 우리에게 지나친 기대를 걸고 있는데, 나는 사실 우리가 그렇게 좋은 상태가 아니라는 사실을 알고 있다. 우리는 이제 15년 된 회사로 아직 젊고 하는 일 역시 전에 없던 아주 새로운 영역이고 직원들 역시 모두 젊은 세대다. 사람들은 막 상장한 우리 회사에 대해 큰 기대를 하고 있다. 솔직히 말해 내게는 굉장한 스트레스다.

우리는 앞으로 수많은 도전과 어려움에 처하게 될 것이다. 주식이 오르면 주주들은 신날 것이다. 하지만 나를 포함해 알리바바 경영진과 직원들은 우리 자신이 누구인지 분명히 알고 견실하게 우리에게 주어진 일들을 성실히 해나가면서, 5년, 10년 계획을 열심히 추진해가야 한다. 앞으로 우리에게 87년의 시간이 있으니 우리는 그저 오늘을 성실히 살아가면 된다. 오늘 성실할수록 앞으로 알리바바는 더 멀리 나아갈 수 있다.

○ **저렴한 가격이 아닌 신제품과 혁신으로 승부하다**

알리바바는 전체 중국 경제를 위해 공헌할 수 있기를 희망한다. 우리는 수출은 문제가 되지 않고 내수가 돌파구가 된다고 생각한다. 때마침 이런 방법을 발견해 내수시장을 발굴해낼 수 있었으니 우리는 참 운이 좋다. 우리는 도시화 건설에 참여해 농촌의 내수시장을 발굴해낼 수 있기를 더 희망한다. 또 우리는 전 세계 소기업, 전 세계 소비자, 더 많은 중국 여성들이 앞으로 3~5년 내에 세계 더 많은 지역에서 좋은 물건을 살 수 있도록 우리의 기술, 전자상거래 플랫폼이 도움을 줄 수 있기를 희망한다.

올해 '광군절' 때 티몰은 더 이상 저렴한 가격에 기대지 않고 신제품이나 서비스 혁신으로 소비자의 눈길을 사로잡았다. 할인이나 저가로 소비자의 눈길을 끄는 방식은 영속적일 수 없기 때문에 변화가 필요하다. 가능하다면 매년 찾아주시고, 또 '광군절'이 10주년을 맞이할 때 우리가 어디까지, 어떤 모습으로 발전할 수 있을지 지켜봐주시길 정말 희망한다. 우리는 아직 젊고, 우리의 상상을 뛰어넘는 것들이 언제나 존재한다.

주

'광군절', 즉 매년 11월 11일은 전자상거래로 대표되는, 중국 전역에서 벌어지는 대규모 쇼핑의 날로, 중국 최대 규모의 소비 시즌으로 자리 잡고 있다. 2014년 티몰은 '광군절' 단 하루 매출이 571억 위안을 기록했다. 2014년 11월 11일 저녁 마윈은 알리바바 본사 '광군절' 브리핑 장에서 앞으로 알리바바의 첫 번째 목표는 세계화라고 발표했다.

농촌으로!
농촌으로!

'니엔훠제年貨節'는 우리가 농민들을 위해 만든 절기이자 알리바바가 '광군절', '쌍십이절'의 뒤를 이어 만든 세 번째 행사일이다. 니엔훠제는 옌안延安에서 시작되었는데, 옌안의 사과와 대추에서 니엔훠제의 영감을 얻었다.

우리가 니엔훠제를 시작한 이유는 아주 간단하다. 즉, 1년 동안 수고한 농민들이 연말에 좋은 소득을 올리고 도시 사람들은 고향에서 생산한 지역 특산품을 구매해 향수를 달래며 택배 직원들도 주머니가 두둑해져서 집에 돌아가 설을 쇠도록 하기 위해서다. 도시에는 가족 간의 정이 두터워지고, 산베이陝北의 쌀과 대추, 옌타이烟台의 사과, 구이저우의 납육 등 특산품을 인터넷에서 팔아 도시 사람들이 소비하게 만드는 것이다.

몇 년 사이에 사람들의 생활은 풍족해졌지만 설을 쇠는 기분은 예전 같지 않다. 모두들 설맞이 용품들이 다 어디로 갔느냐고 묻는다. 전통을 중시하는 중화민족은 제대로 된 설맞이 용품이 없으면 설을 쇠는 기분이 나지 않는다. 광고에서는 '이번 설에는 선물을 받지 않는다'라고 말하지만 우리는 이렇게 말해야 한다. '금년 설에는 선물을 받습니다. 선물은 농가 물품만 받습니다.' 중국은 예의지국으로 작은 선물에 깊은 정을 담는다. 설을 쇠면서 친지와 친구에게 선물을 보내는 것은 중국인의 풍습이다.

어릴 때 교과서에서 중국이 '땅이 넓고 생산물이 풍부하다'고 배웠을 것이다. 하지만 그저 이러한 사실을 아는 데에서 그치지 말고 도시 소비자들이 농촌에 대단한 제품이 있음을 알아야 한다. 이런 물건들을 사는 것 자체가 고향의 발전을 지원하고 농촌의 발전을 지원하는 것이다. 농민들은 사는 게 정말 힘들고 마음도 힘들다. 내 고향인 저장에서는 귤농사가 풍작을 이루면 농민들이 눈물을 흘리고 흉작이어도 눈물을 흘렸다. 만약 어느 해에 귤 판매가 좋으면 다들 우르르 몰려가 귤 경작지를 늘렸고 다음 해에 또 다 못 팔아 고통을 겪는 식이었다.

농민이 부지런하지 못해 가난한 것이 아니라 농업문명과 상업문명이 함께 발전하지 못하고 농업문명이 상업문명의 발전을 따라가지 못해 가난한 것이다. 빈곤한 현이나 촌이 노력하지 않아 빈곤한 것이 아니라 발전 모델을 좇지 못했기 때문이다.

○ 농민공에서 농민상까지

중국은 2020년까지 빈곤인구를 원래 계획대로 줄이겠다는 목표를 이미 발표했다. 이는 중국의 지난 수천 년 역사 동안에 한 번도 도달해보지 못한 목표이자 많은 사람들이 생각조차 해본 적이 없는 목표다. 반부패와 전면적인 빈곤해소는 이번 정부가 내놓은 최고 난이도의 목표다. 일단 목표를 제시했으니 전 국민이 함께 노력하고 우리 알리바바도 인터넷 기업으로 함께 참여해 창조적이고 혁신적인 방법으로 이 목표를 실현시켜나가면 더욱 영광스러운 일이 될 것이다.

다행히 우리 세대에서 전면적인 빈곤해소가 가능할 것으로 보인다. 기술이 발전해 농촌의 핸드폰 보급률이 80퍼센트를 넘어섰다. 외딴 오지에서도 여러분은 핸드폰을 통해 세계와 만날 수 있다. 과거에는 부유해지려면 일단 도로를 닦을修 생각을 했다. 지금은 부유해지려면 먼저 '전자상거래'를 닦아야修 한다. 여기서 '닦는다修'는 단어는 '수련修練하다'에서의 '수修'를 의미한다.

30여 년 전, 가족 단위 농업생산 책임제는 토지 소출이 누구에게 속하느냐는 문제를 해결했다. 이제 농촌의 전자상거래는 생산물을 누구에게 파느냐의 문제를 해결해줄 것이다. 농민은 농산품을 누구에게 파느냐가 농업 현대화를 위한 첫 걸음임을 알고 있다.

계획경제와 시장경제 모두 농민의 판로문제를 완전히 해결하지 못한다. 빅데이터는 새롭게 시장을 세분화시키고 데이터를 분석해 사전에 예약판매를 할 수 있으니 농민들이 수요를 예측하고 생산을 할 수 있고 자원을 계획적으로 배치할 수 있게 된다. 여기에 스마트 물류, 인터넷 금융의 지원을 받게 되어야 농촌의 산업화와 농업의 현대화가 진짜 실현될 수 있다.

'공익의 마음가짐, 상업적 수단'이야말로 농촌의 빈민구제를 위해 가장 효과적인 길임을 확신한다.

이는 농촌 전자상거래와 신농촌 현대화를 실현시킬 것이다. 8억의 농민이 소비를 하고 농업 현대화가 시작되면 중국의 산업 업그레이드는 또 다른 방향으로 폭발적인 성장이 가능해진다. 내가 볼 때, 앞으로 10~20년 동안 농업 기계화, 농업 현대화, 농업 정보화가 중국경제 발전의 중요한 포인트가 될 것이다. 농업 현대화는 앞으로 중국경제 발전에 있어 중요한 축이 될 것이다.

이는 다음 세대 농민에게 기회가 된다. 전 세대의 농민들을 보면 많은 사람들이 부득이하게 고향을 등지고 떠나 '농민공'이 되었다. 이제 농민들은 땅을 버릴 필요가 없고 '농민상'이 될 수 있다. 이는 한 글자 차이일 뿐만 아니라 신세대 농민들은 지금 빅데이터나 인터넷을 통해 내년에 무엇을 심고, 어떻게 심으며, 누구에게 팔지를 결정하고 창의적 발상과 혁신적이며 창조적인 방법으로 운명을 개척해나가고 있다.

○ **우리 몸속에는 모두 농민의 피가 흐른다**

니엔훠제가 끝나고 1년 동안 외지에서 일하는 농민 중 적어도

100만 명이 집으로 돌아가 창업을 했을 것이라고 확신한다. 사실 지금 이미 많은 농민이 농촌으로 돌아가 모바일인터넷을 통해 갖가지 농산품을 팔기 시작했다.

지금 중국에서는 수많은 젊은이들이 건설 현장을 떠나 택배업에 뛰어 들었다. 머지않은 미래에 신농촌 현대화 발전으로 토지의 부가가치가 높아지고 수많은 젊은이들이 농촌으로 돌아가 신농민, 창업농민, 산업농민이 될 것이며, 앞으로 신농촌의 창조자가 될 것으로 확신한다.

나는 벼 1묘畝당 수확량 1,000근으로 늘린 위안룽핑袁隆平 선생님을 매우 존경한다. 우리는 인터넷이라는 수단을 가지고, 우리 세대의 노력을 통해 부의 생산성을 1,000달러까지 늘려 농민에게 토지가 진짜 부의 근원이 되기를 희망한다.

많은 사람이 농촌에서 자랐고 많은 친척이 농촌에 살고 있다. 사실 모든 사람의 고향은 농촌에 있고 모든 사람의 마음속에는 무릉도원이 있다.

우리 몸속에는 농민의 피가 흐르고 우리의 마음은 농촌에 뿌리박혀 있다. 언젠가 농촌은 청산녹수青山綠水 본연의 모습으로 돌아갈 것이다. 푸르른 산과 맑은 물, 푸른 하늘과 흰 구름을 보며 살려면 산업화시대의 도시화가 아니라 지금과 같은 현대화가 필요하고 새로운 시대의 시골화가 필요하다. 즉, 언제든 우리 마음에 순박한 고향의 맛, 고향의 정을 줄 수 있는 것이다. 농촌의 전자상거래를 통해 우리는 분명 조만간 현대 농촌의 '무릉도원'을 경험할 수 있을 것이다!

'광군절'이 네티즌을 위한 절기라면 '니엔훠제'는 농민을 위한 절기라고 말하고 싶다. 농민이 부유해진다면 농민 8억여 명의 생활문제가 해결되고 부유해지게 되며, 상업적인 수단으로 사회를 발전시키고 상업적인 수단으로 빈곤문제를 해결해야만 기회가 더 늘어나고 희망이 더 늘어나며 미래가 더 밝아질 것이다.

주

2013년 9월, 알리바바는 전국의 각 현과 촌에서 타오바오 파트너를 모집하는 '천현만촌千县万村' 농촌 타오바오 계획을 추진하겠다고 발표했다. 2014년 티몰 '광군절' 쇼핑데이에서 농촌 타오바오는 1년 프로젝트를 내놓았다. 즉 170여 개 현, 8,000개 이상의 촌에서 8,000명 이상의 파트너를 모집한다는 것이다. 농촌 타오바오의 '광군절' 하루 거래액은 3억 위안을 넘었다. 2013년 12월 23일, 알리바바는 옌안에서 1차 알리바바 니엔훠제를 시작한다고 선언했다.

위조상품 척결은
알리바바를 없애는 것보다 어렵다

지난 몇 년 동안, 우리는 많은 대가를 치르기도 했지만 적잖은 성과를 올렸다. 2015년 우리는 솽다반_{전국 지적재산권침해 및 위조상품 제조판매 척결업무 지도팀 사무실 – 옮긴이}에 몇천 건의 위조상품 판매 단체에 대한 단서를 제공했고 경찰이 700여 명을 체포하는 데 협력했다. 10여 명으로 구성된 팀이 빅데이터 기술을 이용해 수만 명의 경찰이 사건을 처리하는 데 도움을 제공했으며 해결된 위조상품 사건의 거래 규모가 30억 위안이 넘었으니 정말 대단한 일이었다!

1999년 회사 설립 때부터 나는 그룹 차원에서 행해지는 위조상품 단속 및 지적재산권 관련 회의에 불참해본 적이 없었으며 앞으로도 계속 그럴 것이다. 그룹 내 다른 회의는 빠질 때도 있지만 위조상품 단속회의만은 반드시 참여한다. 위조상품 단속을 위해서라면 우리는 어떠한 대가도 기꺼이 치를 것이며 얼마의 비용이 들더라도 그 일을 해낼 것이다. 알리바바는 미래 상업의 인프라가 되어야 하는데, 위조상품 판매를 바로잡고 지적재산권 침해를 척결하는 것이 인프라의 기본이며 네트워크 상업 생태계의 근간이다.

우리는 위조상품 판매를 척결하고 지적재산권을 보호하는 데 있어 투자의 상한선을 정해놓지 않았음을 밝히고자 한다. 위조상품 단속팀과 지적재산권 보호팀을 특화시키고 300명을 더 충원했다. 이것만으로도 부족하다면 더 충원할 것이다.

○ 왜 위조상품을 척결해야 하는가

왜 위조상품을 척결해야 하는지에 대해 생각해본 적이 있는가? 알리바바를 위해 위조상품을 척결해야 할 뿐만 아니마 우리의 후대를 위해서도 위조상품을 척결해야 한다. 다들 알다시피 지금의 위조상품 문제는 단순히 전자상거래 분야에만 있는 것이 아니다. 사회 전반에 거짓말, 학위 위조, 경기 조작, 거짓뉴스, 립싱크가 판을 친다면 자연히 위조상품이 생겨날 수밖에 없다.

위조상품은 사회 전반에 해를 끼친다. 위조상품을 하나라도 생산해서는 안 되며, 위조상품을 하나라도 진열할 생각을 해서도 안 된다. 전에 알리바바가 위조상품을 철저히 척결하자 광둥의 위조상품 판매자들이 홍콩시 대광장에서 나 마윈을 위해 4일 동안 빈소를 차린 적이 있다!

알리바바를 없애는 건 쉽지만 위조상품을 척결하기란 어렵다. 만약 티몰이나 타오바오 문을 닫는 날부터 중국에 위조상품이 없어진다면 우리는 바로 문을 닫을 수 있다. 문제는 문을 닫는다고 본질적인 문제가 해결되지 않는다는 점이다. 곰보 할매가 거울을 보고 거울을 깨뜨려도 곰보 자국은 여전히 얼굴에 있다. 인터넷은 중국 사회의 거울이며, 타오바오는 '메이드 인 차이나'의 거울이다.

절대로 다음 세대가, 신용 없고 다른 사람을 표절하고 다른 사람의 것을 도용하는 사람도 부자가 될 수 있다고 생각하게 만들어서는 안 된다. 옳지 않은 일이며, 후대에 해를 끼치는 것이다! 지적재산권이 있고 특허가 있으며 혁신적인 아이디어를 가진 사람이 성공하지 못한다면 좀도둑이나 강도도 벼락부자가 될 수 있다. 우리 사회가 표절 행위를 아무렇지 않게 생각하고 사람들 모두 위조품을 사용한다면 사회가 어떻게 진보할 수 있고 국가는 어떻게 부강해지며 우리가 어떻게 성공할 수 있겠는가? 다른 사람이 여러분의 아이디어를 도용해도 사회에 이를 관리감독하고 조정하며 징계하는 제도가 없다면 계속 혁신해가고 혁신을 위해 노력할 수 있겠는가?

위조상품을 척결하는 것은 단지 알리바바만의 일이 아니라 우리후대와 관련이 되는 일이며 사회 전체의 생태 발전과 직결되는 일이다. 위조상품의 가장 큰 문제는 결국 신의가 없는 사람이 신의를 지키는 사람보다 더 많이 얻고 혁신의 가치가 사라지게 만든다는 점이다. 이는 국가나 민족 모두에게 더없이 큰 손해다!

○ 기술을 이용해 위조상품 척결을 책임진다

전에 왕하이王海라는 사람이 위조상품 척결에서 매우 큰 파란을 일으켰다. 알리바바의 3만 5,000명 직원이 단결해 우리의 기술을 이용하고 우리의 지혜와 혁신능력을 사용한다면 분명히 잘할 수 있을 것이라 믿는다.

위조상품 척결팀, 지적재산권 보호팀이 직면한 문제는 법원의 지적재산권 재판을 담당한 판사가 직면한 문제와 비슷하다. 판사는 쉽게 판단을 내릴 수 없다. 만약 전문성이 없고 투자를 하지 않으며 공평하고 정의로운 입장에서 문제를 보지 못한다면 자격미달이다. 알리바바팀에도 지적재산권 전담판사 같은 전문적 인재가 필요하다. 앞으로 지적재산권 포럼에서는 지적재산권 관련 사안에서 알리바바와 관련된 입지적 사례가 나와야 한다.

어떤 시기든 문제가 클수록 책임이 커지고 기회도 커진다. 오늘 우리가 하는 일을 절대로 경시해서는 안 된다. 알리바바가 부패척결 업무, 지적재산권보호 업무가 전 세계의 인정을 받는다면 우리 팀은 노벨상을 받을 자격이 있는 것이다. 한 시대, 한 사회, 한 국가의 발전을 가로막았던 커다란 장애물을 제거했기 때문이다.

하지만 그렇다고 무조건 낙관적이지만은 않다. 우리 세대에 위조상품을 완전히 척결할 방법이 없을 수도 있다. 하지만 우리가 결심하지 않는다면, 열심히 하지 않는다면, 투자를 하지 않는다면, 위조상품 척결을 위한 전문가를 키우지 않는다면 우리에게 다시 기회는 오지 않을 것이다.

누구 책임인지 따지는 건 중요하지 않다. 위조상품이라면 바로 진상을 밝히고 끝까지 추적해야 한다. 우리에게는 불평할 만한 이유도, 억울하다고 할 수 있는 이유도 많이 있다. 예를 들어 실명인증이 된 은행카드는 은행에서 사온 것이고 오프라인 공장은 공상국 관리 아래 있으며 다른 플랫폼은 담합을 했고 타오바오에서는 배송비를 지원해 거래를 완성시킨 것이다. 우리의 책임이 아닌 것 같아 보이지만, 우리는 이 책임을 져야 한다.

○ 위조상품 척결을 위한 국가팀을 운영하자

수년 동안 전통적인 수단과 시스템 그리고 조치를 통해 위조상품을 척결해왔지만 완전히 근절하지 못했으며, 오히려 그렇게 할수록 더 많아진다는 평가를 받았다. 인터넷 기업들에 시도해보도록 하고, 인터넷을 활용하고 빅데이터의 기술을 가지고 문제를 해결해보도록 해야 할 때다.

알리바바의 전자상거래가 중국 시장의 60퍼센트 이상을 차지하고 있으므로 우리는 반드시 이 책임을 져야 한다. 전체 중국에서 가장 전문적인 위조상품 척결팀을 운영해 알리바바 사이트에 나타난 위조상품을 척결할 뿐만 아니라 오프라인의 위조상품을 척결하고 나아가 다른 플랫폼의 위조상품까지도 척결해야 한다. 우리 척결팀 수백 명이 해야 할 일이자 그룹 내 모든 사람이 이 일에 뛰어들어야 하며 또 사회 전체 역량을 결집해 함께해야 할 일이다.

위조상품이 우리 플랫폼에 진열되었기 때문에 우리가 책임을 다해야 한다고 생각하지 마라. 과거에 우리는 모든 수단을 동원해 위조상품을 척결하고자 했지만 그것으로 과연 충분했는가? 우리는 위조상품이 다른 지역에서도 계속 살아남고 또 더 은밀히 살아남을 거라는 걸 알고 있다. 위조상품을 단순히 알리바바에서 내쫓는 것만으로는 소비자에게 책임을 다한 것이 아니다. 위조상품이 다른 비슷한 플랫폼으로 옮겨갈 생각조차 못하게 만드는 것이 바로 진짜 사회적 책임을 다하는 것이다. 우리는 위조상품의 판매 루트 자체를 봉쇄하고 생산 자체를 못 하게 만들고 누군가는 언제나 그들을 주시하고 있게 만들고자 한다.

경제 전체는 하나의 생태 시스템이다. 예를 들어 스모그를 해결하려면 전체 구도에서 문제를 봐야지, 현 하나, 도시 하나만 해결해서는 안 된다. 위조상품 척결 역시 마찬가지다. 수년 동안 단속을 해도 근절시키지 못했을 뿐만 아니라 '갈수록 많아졌으니' 이는 구태의연한 방법은 더 이상 먹히지 않음을 의미한다. 쥐가 이렇게 많으니 때려잡은들 다 잡을 수 없다. 쥐의 생존환경을 없애야만 완전히 근절시킬 수 있다. 모두가 열심히 고민하고 전략을 세우며 사명감을 가지고 구체적으로 전술을 수립해야 한다. 지혜가 있어야 하며 용기가 필요하고 책임감을 가져야 한다!

우리가 위조상품 척결을 위해 알리바바팀만을 운영한다면 결국 성공하기 힘들 것이다. 우리는 중국 전체를 대상으로 단속을 벌여야 하고 전체를 조망하며 문제를 고민해야 비로소 성공할 수 있다.

알리바바 설립 당시 "지금이 아니면 언제? 내가 아니면 누가?"라고 말했다. 나는 알리바바팀이 중국 나아가 세계에서 가장 뛰어난 위조상품 척결팀이자 지적재산권 보호팀이 되기를 희망한다.

○ 사람 본성의 어두운 면과 투쟁한다

위조상품은 공기 중에 존재하는 병균과 같고 위조상품과의 투쟁은 사람 본성의 어두운 면과 투쟁하는 것 같아 끝없는 전쟁이라 할 수 있다. 병균이 무섭다고 공기를 피할 수 없고 또 이 때문에 병균과의 싸움에서 이기려는 노력을 포기할 수 없다.

위조상품과의 투쟁은 사실 인간 본성과의 투쟁이다. 위조상품은 탐욕이라는 본성의 산물로, 인류는 이 전쟁에서 영원히 벗어날 수 없다. 어떤 사람들은 늘 빨리 돈을 벌기를 바라고 또 어떤 사람들은 대가를 지불하지 않고 돈을 벌 수 있기를 바란다. 인간 본성 자체에 이러한 어두운 면이 존재한다. 우리는 모두 이렇게 신의를 지키지 않고, 다른 사람을 표절하며, 위조상품을 취급하고, 신용을 부풀리는 사람들을 깨끗이 정리해 법의 심판을 받게 해야 한다.

위조상품을 만들고 파는 사람들의 절대다수가 평생 그렇게 살고 싶지는 않을 것이라고 확신한다. 그들은 과거의 상업 모델, 상업환경과 탐욕 때문에 이런 잘못된 길을 선택했다. 우리는 신의를 지키는 사람들이 행동하도록 이끌어야 하며 노력하는 사람이 성공하도록 도와야 한다. 알리바바는 신용을 지키는 사람들이 먼저 부유해

지도록 도왔고, 알리페이가 신용을 부와 동일시하였기 때문에 오늘을 맞이할 수 있었다.

우리가 사람들을 도와 '신뢰는 부와 같고 혁신은 부와 같다'는 가치관을 키워나가고 신용을 지키는 사람, 혁신적인 사람이 성공하도록 한다면 지금 우리의 척결대상인 사람들 절대다수가 정도로 돌아오기를 원할 것이라고 확신한다.

주

알리바바 전자상거래 플랫폼은 구매자 4억 2,300만 명, 판매자 수천만 명, 판매물품 10억 단위의 상품을 보유하고 있다. 이 때문에 알리바바는 전 세계 위조상품 거래 척결에 있어 매우 중요한 위치에 있다. 위조상품 척결을 강화하기 위해 2015년 12월 알리바바는 정쥔팡鄭俊芳 수석 플랫폼 관리자가 이끄는 알리바바 플랫폼 관리부를 신설했고, 2주 후 알리바바 부사장 겸 전 세계 지적재산권 책임자로 애플의 전 법률고문 매슈 배시어Matthew Bassiur를 영입했다. 2016년 3월 8일 알리바바 플랫폼 관리부는 궐기대회를 열었고 마윈이 강연을 했다.

지적재산권은
반드시 보호받아야 한다

알리바바가 2014년 상장했을 당시, 나는 고객이나 직원 그리고 투자자들에게 우리가 모집한 것은 돈이 아니라 신뢰로, 고개의 신뢰, 시대의 신뢰, 투자자의 신뢰를 모집한 것이라고 말했다. 우리가 신뢰와 약속을 잘 지키고 있는지 매일 세계가 지켜보고 있다. 그래서 모두가 이 신뢰를 지켜가기를, 우리 스스로 마음속에서 첫날 꾸었던 꿈을 지켜가기를 바란다.

세계가 주목하는 공공기업으로 각계각층의 질의에 성실히 응답하는 것은 우리의 책임이다. 하지만 지금 언론에서 우리에 대해 하는 말들을 보면 일부만 인용하거나 진실에서 벗어난 보도가 많다. 나는 진실을 분명히 밝혀야 하며 이것이 바로 모든 사람들에게 책임 있는 태도라고 생각한다.

투자자들과 우리가 관찰해온 발전 방향을 함께 나누고 싶다. 브랜드 기업과 외주 업체 그리고 브랜드 기업과 기존 고객 간의 관계는 변하고 있다.

먼저 서구권 국가의 수요가 줄고 수출이 감소했기 때문에 중국의 수많은 수출가공기업이 주문량이 반으로 줄어 존폐 위기에 몰려 고군분투한다는 소식을 매일같이 접하고 있다. 그들은 사업을 벌여 가진 모든 재산을 공장설비, 원자재 그리고 인력에 대거 투자했다. 그들은 반드시 살길을 다시 찾아야 한다.

또 전자상거래가 빠르게 발전하면서 이들 제조업체가 국내 시장에 판매할 수 있는 엄청난 기회를 얻게 되었다. 대부분의 가공제조업체가 인터넷을 이용해 자신만의 브랜드를 개발하고 우수한 디자이너를 고용해 인터넷에서 브랜드 업체와 소비자가 직접 소통하는 전자상거래 루트를 개발하고 있다.

나는 이 생각을 진짜 말하고 싶었고 또 사람들에게 나누고 알려주고 싶었다. 인터넷을 기반으로 성공한 새로운 기업들은 지금 전통적이고 성숙한 소매업 위주의 브랜드 업체에 큰 충격을 가져다주었다. 이것이 현실이다.

알리바바는 위조상품을 절대 눈감아주지 않고 이에 단호한 태도를 취해 브랜드 업체와 지적재산권이 보호될 수 있도록 했다. 알리바바의 사명은 자체 브랜드를 혁신하고 투자해 생산하는 업체를 지원하는 것이다. 우리는 타인의 지적재산권을 침해하는 행위를 조금도 용인하지 않는다. 우리는 브랜드와 지적재산권이 반드시 보호받아야 한다고 굳게 믿는다. 오리지널 디자인이나 기술 그리고 상표를 보호할 수 없는 것은 표절을 지원하는 것과 다름없다. 이는 브랜드에 해를 끼치는 것뿐만 아니라 거래가 이뤄지는 플랫폼의 신뢰도에 크나큰 위해를 가하는 것이다. 우리는 지금도 그리고 앞으로도 영원히 표절 행위를 용인하거나 방관하지 않을 것이다.

객관적으로 보았을 때, 알리바바는 이미 오늘날 위조상품과의 전 세계적인 전쟁을 이끌고 있다. 우리는 전례없이 많은 기술과 자금 그리고 인력을 동원해 위조상품 척결에 나서고 있다. 온라인에서 위조상품과의 전쟁을 벌일 뿐만 아니라 역량을 모두 동원하고 연계해 오프라인에서 위조상품을 생산하고 유통하는 루트를 막고자 노력하고 있다. 알리바바의 엄청난 데이터 처리 및 분석 시스템을 통해 우리는 1,000만 건이 넘는 신규 등록상품을 실시간으로 검사하고 각 상품의 속성, 예를 들면 상품의 상표, 가격, 지리적 위치, 소비자의 소비습관, 소비자의 반응을 확실히 파악하고 있다. 사실 판매업체가 한 상품을 내려달라고 요구하면 우리 시스템에서는 이미 자체적으로 8개를 내려놓았다.

하지만 이 싸움은 인간 본성인 탐욕과의 투쟁이므로 장기전이 될 것이며, 쉽게 갈 지름길이 없다는 것을 잊어서는 안 된다. 이 문제를 회피하기보다는 오히려 허심탄회하게 얘기하고 싶다.

알리바바는 세계에서 유례없는 인터넷 상업 플랫폼을 구축했고 지금 이 플랫폼은 놀라운 속도로 발전하고 있다. 우리는 플랫폼에서 브랜드 업체와 판매업체가 직접 접촉해 거래하고 선순환 관계를 만들어갈 수 있도록 이끌고 있다. 수많은 소비자들이 갈수록 우리 플랫폼을 인정하고 좋아해주고 있다. 그 결과 무수히 많은 작지만 강한 업체와 수많은 세계적 브랜드가 적극적으로 우리 플랫폼을 찾게 되었다. 이는 고객이 알리바바에 보여주는 신뢰이며 우리 플랫폼을 더 투명하고 공평하며 효율성을 높여 플랫폼에 참여하는 모든 참여자가 이익을 보호받을 수 있도록 해야 하는 책임이 우리에게 있다. 우리는 위조상품의 위협으로부터 소비자를 보호하기 위해 매일 노력하고, 브랜드 업체와 감독기관 그리고 다른 업계 협력 파트너와 우리의 기술, 노하우를 공유하고자 힘쓰며, 지적재산권을 보호하기 위해 애쓰고 있다.

지금까지 이 문제에 대한 나의 입장을 말했다. 알리바바는 브랜드 업체의 지적재산권을 보호하는 일에 조금도 머뭇거리지 않을 것이다. 왜냐하면 브랜드 업체가 수년 동안 혁신에 힘쓰고 투자해온 결과물이기 때문이다. 동시에 비즈니스 파트너에게 이 세계에 놀랄 만한 변화가 일고 있지만 우리에게는 거대한 변화에 적응하고 재빨리 새로운 흐름을 이끌어갈 기회가 있음을 알려줄 책임이 나에게 있다.

알리바바가 해온 모든 일은 우리 기업이 102년간 발전해나간다는 장기적 목표를 실현하기 위해서다. 또, 이 목표를 실현하기 위해서는 반드시 진실되고 신뢰할 만한 원칙이 수립돼야 한다. 알리바바의 사명은 천하에 어려운 장사가 없게 하는 것이다. 사람들이 미래를 내다보는 데 도움이 되고 흐름과 변화를 읽어낼 수 있다면, 우리는 분명하고 단호하게 말하면서 사람들과 공유할 수 있을 것이다.

주

2016년 6월 23일, 마윈은 〈월스트리트 저널〉에 기고문을 발표해 알리바바가 위조상품 척결에 단호한 태도를 보이고 있음을 밝혔다.

역경을 겪지 않은 기업은
풍랑을 이겨내지 못한다

나는 전문 경영인이 회사를 장악하는 것에 강력 반대한다. 7년 전 파트너 체제를 수립하고 사람들을 설득하기 위해 이런 예를 들었다. 전문 경영인이 기업가와 다른 점은 사람들이 모두 산에 가서 멧돼지를 잡는 것과 비교할 수 있다. 전문 경영인이 총을 쐈는데 멧돼지가 죽지 않고 달려들면 그는 총을 내던지고 도망간다. 하지만 기업가는 멧돼지를 쏴죽이지 못해 멧돼지가 달려오는 것을 보면 칼을 뽑아 달려들 것이다. 진정한 기업가는 아무것도 두려워하지 않는다. 그들은 기업가로 훈련된 것이 아니라 시장이라는 비즈니스의 바다를 헤쳐 나온 사람들이다.

"봄 강물 따뜻함을 오리가 먼저 안다." 경제 상황이 어떠한지 기업가는 직관적으로 안다. 지금 경제 상황이 확실히 좋지 않기 때문에 기업가에게는 내공을 기를 수 있는 시기가 된다.

전해줘야 할 나쁜 소식이 있는데, 그것은 바로 지금 경제 상황이 매우 좋지 않고 아마 앞으로도 지속적으로 좋지 않을 것이라는 점이다. 하지만 전해줘야 할 좋은 소식도 있는데 그것은 바로 모두가 좋지 않다는 점이다. 사실 긴장할 필요가 전혀 없다. 모두가 상황이 비슷하며 경제 상황이 좋다고 해도 여러분과 별 상관이 없다. 마찬가지로 경제 상황이 좋지 않다고 해도 여러분과 별 상관이 없다. 상황이 좋으면 부패한 기업이 많아지고 상황이 나빠지면 좋은 기업이 많아지기 때문이다. 중국에서 대다수의 좋은 기업은 경제 상황이 좋을 때 나오지 않았다. 나는 기술을 모르고 경영도 모르며 재무도 모르지만 한 기업이 성장하는 과정에서 어떤 어려움을 반드시 겪게 되는지에 대해 전문적으로 연구했다.

나는 기업의 실패 사례에 대해 큰 관심을 갖고 있다. 경제가 좋지 않은 상황에서 우수한 기업의 80~90퍼센트가 아주 심각한 실패를 서너 차례나 혹독하게 치르는 것을 볼 수 있다. 역경의 시기를 겪지 않고 내분, 외부에서의 분투, 고통 등을 겪지 않은 기업은 없다. 만약 겪지 않았다면 그 기업은 풍랑을 이겨낼 수가 없다.

따라서 주식시장이 호황일 때 돈을 번 수천만 명은 자신을 투자자라고 불러서는 안 된다. 그것은 투기행위다. 주식시장이 불황일 때 여전히 돈을 벌어야 투자자로 부를 수 있다. 길거리 할머니도 주식시장에서 돈을 벌 수 있다면 여러분 자신을 투자자로 부르는 것이 맞지 않다.

그렇다면 경제 상황이 왜 이렇게 좋지 않을까? 최근 상황을 보면 미국에서 금리를 인상했는데 앞으로 또 인상할 것으로 보여 자금 유출이 아주 심각하다. 위안화는 평가절하되고 주식시장은 출렁이며 수출은 마이너스 성장을 하고 투자가 약화되며 생산능력 과잉 문제가 대두되고 실물경제가 위축되며 벌크스톡 가격이 폭락하고 기업가의 신뢰가 부족하며 이머징마켓 경제성장이 둔화되고 환경 용량이 한계치에 달했다……. 자신이 잘살고 있다고 생각하는 사람은 아마 아무도 없는 것 같다.

하지만 개혁은 호황에 이뤄지는 것이 아니며 개혁은 상황에 밀려 이뤄지고 혁신 역시 상황에 밀려 이뤄지는 것임을 기억해야 한다. 지금 경기가 불황인 상황에서 개혁은 필수불가결하다. 하지만 개혁은 중앙정부가 문건을 하달해 시작되어서는 안 된다.

자화자찬은 아니지만, 알리바바는 중앙정부에서 전자상거래를 얼른 시작하라는 내용의 문건을 하달 받아 만들어진 게 아니라 우리 스스로 시작했다. 중국의 수많은 좋은 기업들은 어떤 문건이 내려와 만들어진 회사라 말할 수 없다. 사실 중앙정부가 어떤 산업을 발전시키라는 내용의 문건을 하달해도 그 시장에 들어가 죽을 확률이 90퍼센트 정도 된다. 천군만마가 외나무다리를 건널 때 여러분이 죽을 수 있기 때문에 기업가의 안목과 판단이 매우 중요하다.

경기가 불황일 때 침착해야 함을 명심하라. 나는 종종 사람들에게 이 이야기를 하곤 한다. 폭우가 내리는데 세 사람이 같은 곳에 가려고 한다. 첫 번째 사람에게는 좋은 우산이 있고 두 번째 사람에게는 좋은 비옷이 있으며 세 번째 사람에게는 아무것도 없다. 폭풍우가 몰아치자 우산이 있는 사람과 비옷이 있는 사람은 아무 걱정 없이 출발했다. 하지만 목적지에 도착하기 전에 한 사람은 넘어져 다리를 다쳤고 한 사람은 넘어져 허리를 다쳤다. 그런데 우산도 비옷도 없던 나머지 한 사람은 두 시간 동안 비를 피해 기다리면서 체력을 보강한 후 비가 그치자 달리기 시작했다. 놀랍게도 그가 안전하게 그리고 가장 먼저 목적지에 도착했다. 우리는 이성과 감정을 함께 써야 한다. 사람들 모두 이 사실을 잘 알지만 실천하기란 정말 어렵다.

개혁 개방 전까지 중국의 GDP는 아프리카의 가장 가난한 국가와 큰 차이가 없었다. 중국이 국유기업을 개혁하기 전까지 국유기업의 85퍼센트가 적자였다. 중국이 금융제도를 개혁하기 전까지 4대 은행이 기본적으로 마이너스 자산이었다. 지금 세계에서 가장 큰 은행은 중국에 있다. 중국이 이번에 공급 측 개혁에 나선 이유는 생산과잉 문제가 너무 심각해 개혁하지 않으면 안 되는 상황이었기 때문이다. 그렇다면 인터넷 산업은 어떠한가? 우리 역시 살얼음판을 걷는 기분이다.

혁신에 대해 이야기하자면, 모두들 혁신 중이며 앞으로 일정 기간 동안 경제성장 속도 둔화는 계속될 것으로 보인다. 앞으로 5~15년 내 중국이 5퍼센트대 성장을 유지하는 것만으로도 충분히 대단한 일이다. 우리는 지금 세계 제2위의 경제대국으로 3~5퍼센트만 성장해도 일부 업계는 두 자릿수 성장이 가능하고 심지어 20~30퍼센트의 성장을 보일 것이다. 물론 어떤 업계에서는 마이너스 성장이 나타날 수 있다. 사실 이러한 상황에서 일부 업종의 마이너스 성장은 나쁜 일이 아니다. 알리바바에는 다른 기업과 다른 중요한 심사지표가 있다. 어떤 부서의 경우는 성장률로 심사하고 어떤 부서는 금년에 5,000명이 한 일을 내년에 3,000명이 해낸다면 이를 격려하는 것으로, 성장했는지 여부는 신경을 쓰지 않는다. 인원과 기구를 간소화시키는 것은 중요하다. 사실 어떤 부서는 실제로 필요하지 않기 때문에 부서 자체를 없애는 것 역시 장려할 만한 일이다. 회사 내부에서 어떤 업무를 따내야 할지, 어떤 모델을 개선해야 할지, 어떤 부서를 없애야 할지 분명히 해야 한다. 고통을 참아야만 할 수 있는 수술도 있기 때문이다. 따라서 앞으로 5~15년 내에 중국경제가 갈수록 좋아질 것으로 예상된다. 왜일까? 이는 오늘날 중국이 하는 개혁과 관련이 있다. 첫째, 반부패는 시장경제를 더 투명하게 하고 더 규범화시킬 것이다. 둘째, 빈민구제가 엄청난 기회가 된다.

경제에 대한 정부의 영향력은 앞으로 5~15년 내에 갈수록 약화될 것이다. 이는 무엇을 의미하는가? 바로 시장의 힘이 갈수록 커지고 기업의 힘이 갈수록 커진다는 뜻이다. 여러분의 기업이 가치를 창출해낼 능력이 있고 지속적으로 가치를 만들어내기만 한다면 시장경제에서 살아남을 수 있다.

오늘날 많은 기업이 힘들어하고 있다. 한편으로는 세계경기 하락에 따른 결과이며 또 다른 한편으로는 앞으로 10~15년 동안 기업이 시장제도에 더 접근해갈수록 기업제도가 적응을 못 하고 기업문화가 적응을 못 하며 기업 인재가 적응을 못 하고 기업조직이 적응을 못 하면 참혹하게 무너질 수밖에 없다.

발치를 하면 아픈 게 당연하듯 체제 전환에는 반드시 대가가 따른다. 하지만 이 병을 치료하지 않는다면 매일 아플 수 있지만 그렇다고 사람이 죽을 정도는 아니다. 그래도 너무 아픈 나머지 살고 싶은 생각이 들지 않을 수 있다. 개혁에 따른 진통을 예상하고 받아들일 마음의 준비를 하고 이를 견뎌나가야 한다. 벌크상품 가격은 분명 하락할 것이며 낙후된 산업은 폐쇄, 중지, 합병, 전환의 길을 걷게 될 것이다. 과거에 팔리던 물건이 지금은 안 팔릴 수 있고 이러한 압박은 실제로 존재한다.

순탄하게 성장한 기업은 오랜 시간에 걸친 시험을 이겨낼 수 없다. 오랫동안 시험을 이겨내고자 한다면 자기 자신을 가다듬어야지 시장을 힘들게 해서는 안 된다. 강할 때 시장을 다듬고 상황이 좋지 않을 때에는 자기 자신을 가다듬어야 한다.

○ 기업에 위기가 발생하면 시험 대상은 CEO와 기업문화다

먼저 CEO를 시험하고 다음으로 기업이 기존에 만들어온 문화가 견딜 수 있는지를 시험해야 한다. CEO는 주로 두 가지 일을 한다. 상황이 아주 좋을 때 무엇이 좋지 않고 어떤 위기를 반드시 넘겨야 하는지 잘 판단해야 한다. 상황이 좋지 않을 때, 직원과 시장이 모두 힘들어할 때 CEO는 좋은 기회가 어디에 있는지 찾아내 직원들을 안심시켜야 한다. 이것이 CEO의 첫 번째 직무로, 지도자가 이런 일들을 했을 때 전문 경영인은 이런 문제를 고민할 필요가 없다.

기업의 CEO는 안목과 넓은 마음이 있어야 하며 또 실력도 있어야 한다.

첫 번째는 안목으로, 문제를 보는 관점, 깊이 그리고 넓이를 뜻한다. 경제가 어려울 때 기업이 어려움에 처했을 때 CEO는 마음을 차분히 하고 문제의 해답을 찾아야 한다. 처음 왜 이 회사를 시작했는가? 처음에 괜찮다고 생각했던 물건이 지금도 있는가? 지금 괜찮다고 생각하는 건 무엇인가? 무엇을 믿는가? 다른 사람이 좋다고 말하거나, 경쟁 상대가 하는 것이나 정부가 장려하는 것을 하라고 말하는 것이 아니다. 당신이 정말 하고 싶은 것인지, 죽더라도 그 일을 해보고 죽겠다는 일이 무엇인지 명확하게 생각한 것이 있는지 묻는 것이다. 이 문제에 대한 답을 정확히 찾고, 좋아하는 일을 하고, 신뢰하는 일을 하며, 여러분을 신뢰하는 사람과 여러분이 하려는 일을 신뢰하는 사람이 한데 모였을 때 비로소 기회가 있고 역량을 갖추게 된다.

두 번째는 넓은 마음이다. 변혁 과정에서 청년들이 중요한 힘이 되어주지만 젊은 사람들의 생각과 여러분의 생각이 다를 수 있다. 따라서 우리는 젊은 사람들의 이야기를 경청하는 법을 배워야 한다. 물론 젊은 사람들이 반드시 옳은 것은 아니며 그들이 하는 이야기가 우리가 말하는 것과 다를 수 있지만 여러분에게 이는 사고를 확장하는 기회가 된다. 따라서 넓은 마음을 갖는 것은 중요하다.

세 번째는 저항력과 공격력이다. 맹목적으로 낙관해서는 안 되며 맹목적으로 비관해서도 안 된다. 10년 동안 우리는 연말이나 연초마다 '힘들다'는 소리를 해왔고 알리바바 직원들은 이미 습관이 되었다. 2003년에는 2004년에 더 어려워지니 다들 준비를 잘하라고 말했다. 2004년에는 2005년에 갈수록 어려워지니 다들 준비를 잘하라고 말했다……. 확실히 가장 힘든 것을 보게 되면 객관적이고 냉정한 태도를 유지하게 되는데, 이것이 옳다. 앞으로 어떤 어려움이 닥칠지 모르고 희희낙락한다면 맹목적인 낙관주의다. 기업가는 이 업계에서 무엇 때문에 죽을 수 있을지 명확하게 알아야 한다.

알리바바와 다른 회사의 차이점은 무엇일까? 우리는 오랜 시간에 걸쳐 기업 내부를 어떻게 개혁해 미래에 적응할지 고민했다.

2012년 알리바바는 예산을 세울 때 2013년의 모든 지표와 이윤 그리고 수익을 2배로 잡았다. 2012년 타오바오와 티몰은 전성기를 맞이했다. 나는 우리가 2배로 성장해야 한다고 말했다. 사실 나는 내가 굳이 말을 하지 않아도 2배로 성장할 줄 마음속으로 짐작하고 있었다. 그렇다면 2배가 될 수 있는 기반이 무엇인가? 당시 나는 사람들에게 2배가 되면 몇 명을 채용해야 할지 '사람'을 예측하라고 했다. 당시 알리바바의 전체 직원 수가 2만 명이 넘었는데, 계산에 따르면 2배가 되려면 8,700명이 더 늘어야 했다. 나는 받아들일 수 없다고, 안 된다고 말했다 다시 제시된 안은 7,800명이었는데, 나는 계속 받아들일 수 없다고 했다. 마지막으로 5,000명까지로 줄였는데, 나는 여전히 안 된다며 200명만이 가능하다고 했다! 200명이 넘게 되면 경영진을 포함해, 나를 포함해 모든 직원 전체가 상여금을 못 받고 연말 보너스도 없게 된다. 결국 어떻게 되었는가? 모든 지표가 2배 이상 올라도 신규 모집한 인원은 300명가량 되었다. 이는 어쩔 수 없이 개혁이 이뤄졌음을 말해준다.

방법은 스스로 생각해내야 한다. 당신이 문을 틀어막으면 직원들은 어떤 방법을 동원해서라도 기술을 발전시키고 제품을 발전시키며 제도상의 혁신을 이룰 것이다. 그렇지 않다면 사람을 추가로 넣

거나 원자재를 가공하는 등 아주 단순한 일을 하게 되어 아주 엉망
진창이 될 것이다.

○ 개혁은 바로 자기 자신을 개혁하는 것이다

정확한 때에 바른 일을 해야 하는데, 지금은 기회가 아주 많다.

첫 번째는 소비 진작이다. 중국의 소비시장은 세계에서 비할 바
없이 높은 위치를 차지한다. 모두가 중국의 소비시장을 다시 자세
히 살펴보기를 바란다. 중국시장과 시장의 법칙을 이해했을 때 할
수 있는 일이 생긴다. 예를 들어 미국에서 잘 사용하는 물건이 중국
에 와서 별 쓸모가 없을 수 있다. 미국인은 내일의 돈을 쓰고 다른
사람의 돈을 쓰지만, 중국인은 어제의 돈을 쓰고 자기 자신의 돈을
쓴다. 두 시장은 전혀 다른 성격을 띤다.

예를 들어 많은 기업, 특히 다국적 기업은 고위 경영진의 월급
을 자꾸 올려주지만 중국 기업은 평사원의 월급을 올려주어야 한
다. 완전히 반대다. 고위 경영진의 월급을 올려줄 때 한 달에 5만
위안 혹은 10만 위안을 올려줘도 사실 '나는 어쨌든 200만 위안을
버니까'라고 생각해서 별 느낌이 없을 것이다. 하지만 평사원에게
3,000위안, 5,000위안을 주면 그는 아주 고마워하며 사기가 충천해
질 것이고 이는 기업의 전투력 상승으로 이어진다.

또 중요한 사실이 있다. 중국인은 아침부터 밤까지 미국을 연구
하는데 우리에게 더 필요한 것은 자기 자신을 연구하는 것이며 중

국이라는 독특한 시장을 연구하고 중국시장의 법칙을 연구하는 것이다. 중국인의 인성을 이해하고 중국시장을 이해해야 기회를 찾을 수 있다고 생각한다.

어떤 사람이 인터넷 경제를 불평하지만 사실 불평할 필요가 없다. 불평해도 인터넷 경제가 그대로 있고 불평 안 해도 그대로 있는 데다 갈수록 빠르게 발전한다. 사람들은 실물 경제가 좋지 않다고 말하지만 '광군절'에 참여한 업체 중에서 75퍼센트가 새로운 실물 경제로, 이들 기업은 100퍼센트 소비자의 수요에 맞춰 생산을 한다. 특히 청년들과 새로운 그룹의 소비 수요, 이러한 신세대는 지금까지 듣도 보도 못 한 수요를 만들어낸다. 따라서 새로운 실물경제, 새로운 소비가 지금 탄생하는 것은 실물경제가 힘들어서가 아니라 여러분 자신이 힘들어서이며, 소매판매가 힘들어서가 아니라 여러분 회사의 소매판매가 힘들기 때문이다.

두 번째는 개혁의 통풍구다. 현재 중국의 개혁은 천재일우의 좋은 기회를 맞았다. 특히 반부패 그리고 전면적 빈곤해소는 우리에게 엄청난 기회가 된다. 지난 1,000년 동안 중국의 GDP는 800년은 선두를 달렸지만 200년은 뒤처졌다. 개혁개방 덕분에 30년 만에 세계 2위 자리를 되찾았다. 시장에 몰아닥친 개혁 압박은 얻기 힘든 기회이지만 개혁되기를 기다리지만 말고 개혁을 만들어가야 한다고 생각한다. 개혁을 해나갈 때는 내 회사부터 개혁해나가는 것이 중요하다. 내 회사부터 개혁해야지, 기다리고 있어서는 안 된다.

세 번째는 과학기술의 통풍구다. 지난 20년 동안 인터넷 기업은 영광의 시간을 보냈지만 20년 가지고는 어떤 문제도 설명할 수 없다. 1차 기술혁명은 증기기관을 발명하고 발전시키는 데 50년의 시간이 소요되었다. 전반기 20년은 기술혁명이 이뤄졌고 후반기 30년은 기술응용이 이뤄졌다. 에너지가 이끄는 2차 기술혁명 역시 그랬다. 어떤 기술혁명이든 뒤이은 30년 동안 진짜 힘을 발휘했다.

지금 인터넷 기업은 20년을 지나 막 21년차가 되었고 앞으로 30년 동안 '+인터넷'이든 '인터넷+'이든 반드시 변혁이 이뤄지고 모두의 상상을 훨씬 뛰어넘을 것임을 모두에게 말해주고 싶다.

앞으로 30년의 상업 모델은 어떠할까? 국경을 뛰어 넘고, 조직규모를 줄이고, 문화혁신에 박차를 가하는 등…… 조직의 틀에서 큰 변혁이 일어나고 있다.

하지만 크게 걱정할 필요가 없다. 여기에 자리한 절상기업 대부분이 10~15의 역사를 지녔기 때문이다. 만약 100년이나 80년 된 기업이라면 개혁하기 매우 힘들 것이다.

지금 DT시대에 모든 기업이 투명하고 서로 공유해야 하며, 모든 기업이 혁신을 이루고 자신만의 색깔을 지녀야 하는 이유가 무엇일까? 여러분이 투명해지기를 소비자가 원하고 여러분이 공유하기를 소비자가 요구하며 혁신을 이루고 자신만의 색깔을 지니는 것을 소비자가 좋아하기 때문이다. 만약 여러분이 소비자가 이끄는, 고객이 이끄는 기업이 아니라면 기본적으로 죽게 된다.

모든 것이 고객 중심으로, 소비자 중심으로 돌아가야만 21세기에 기회를 얻을 수 있다. 개혁이라는 것은 자기 자신을 개혁하고 미래에 적응하며 소비자에게 적응하고 수요에 적응하는 것이다.

또 한 가지, 앞으로 세계는 경제 규모나 돈, 권력, 힘을 기반으로 세워지는 게 아니라 지식이나 지혜 그리고 혁신 위에 세워질 것이다. 또한 모든 문제가 발전 과정에서 해결될 것이다. 교통수단을 예로 들어보자. 사람들이 마차를 이용했던 과거에는 길에 말똥이 많아서 어떻게 이 말똥을 해결할지 논의하면서 사람을 시켜 치우게 했다. 자동차가 출현한 후 말똥이 감소하기 시작했다. 사람들 대부분이 아직도 말똥에 주의를 쏟고 있는 동안 소수의 사람들만이 자동차로 주의를 돌렸다. 자동차 생태계를 둘러싼 산업이 점차 성장했다……. 많은 기업은 미래가 어떠할지 고민해볼 필요가 있다. 어떤 물건이든 전향적으로 생각하고, 미래를 위해 오늘을 개혁해야만 의미가 있다.

10년 전에 어떤 일을 했어야 지금이 달라질지 다들 한번 생각해보라. 같은 논리로 10년 후를 내다보며 현재를 고민해야 한다. 우리 회사가 어떤 일을 해야 10년 후에 기회가 있을까? 내년을 어떻게 보내야 할지 분명하지 않을수록 더욱더 5년 이후 혹은 10년 이후를 고민해야 한다.

21세기에 기업은 반드시 조직개혁에 큰 관심을 가져야 한다. 경기가 불황일 때 조직, 인재, 변화에 관심을 쏟아 내공을 길러야 한다. 과거 마오쩌둥은 옌안에서 세 가지 중요한 일을 했다. 첫째는 항일군정대학을 설립해 간부를 양성한 것이요, 둘째는 옌안에서 정풍운동을 일으켜 하나로 통일된 가치관과 사명감으로 이상주의를 세워 나간 것이요, 셋째는 난니완南泥灣을 개간해 우선 잘살게 만들었다. 지금 경기가 좋지 않은 상황에서 기업은 다음 몇 가지 문제를 고민해야 한다.

먼저, 이상주의를 바탕으로 미래에 대한 낙관적 태도를 계속 유지하라. 그리고 남이 하지 않고 할 수 없는 어떤 일을 해야 할지 기업은 분명히 알아야 한다. 다음으로 경영진과 직원을 다시 교육해야 한다. 경기가 좋을 때에는 모두 시장과 경영에 의지한다. 경기가 나쁠 때에는 냉정하게 경영을 배우고 불필요한 사람을 정리하고 필요한 사람을 영입하는 등 인력풀을 조정해야 한다. 이때 생각이 분명한 사람만이 회사에 들어올 수 있다.

다음으로 황무지를 개간해야 한다. 어려울 때 자신의 땅을 지키고 생산량을 늘리도록 노력해야 한다!

기업은 언제나 포성이 들리는 최전선에 자원을 배치해야 한다. 최일선에서 일하는 직원들이 빠르게 혁신해 혁신 비용을 줄여나갈수록 이길 가능성이 높아진다.

○ 우리는 절대로 뇌물을 상납하지 않는다

내 생각에 절상은 정말 대단한 것 같다! 어려움이 닥쳤을 때 다들 모여 어떻게 처리하고 어떻게 할지 단결해 함께 고민한다.

나는 앞으로 NGO 단체가, 예를 들면 비정부 상업조직이 더 발전할 것이라고 생각한다. 하지만 기업은 자체적인 규율이 있어 스스로를 관리하고 자신만의 생태 시스템을 갖추고 업계의 흐름을 읽을 수 있어야 한다. 과거에는 정부가 규칙을 만들고 우리는 따라가면 되었다. 하지만 앞으로는 우리 스스로 규칙을 만들어 정부에 추천하고 우리 업계만의 체계를 세워나가야 한다.

나는 절상총회에서 스스로 마지노선을 정하고 목표가 있으며 이상을 꿈꾸는 사람들이 단결할 수 있기를 바란다. 사실 우리가 기업연합회지만 경험이 너무 없기 때문에 다른 지역의 기업연합회에서 배울 필요가 있다. 우리가 단결해 일하고 업계와 기업에 대해 잘 판단을 내려야 한다. 동시에 절상총회에 가입한 기업이 '4不'을 잘 지키기를 바란다. '4不'의 기본 규율이 우리의 마지노선이다.

첫 번째는 뇌물을 상납하지 않고, 둘째는 탈세하지 않으며, 셋째는 임금을 체불하지 않고, 넷째는 권리를 침해하지 않는 것이다.

절상 내 응급 시스템을 구축할 것을 제안한다. 지금 경제 상황이 좋지 않아 문제가 발생하면 모든 기업이 휘청거릴 수 있다. 일단 절상총회의 어떤 기업에서 문제가 발생하면 바로 응급 시스템을 가동한다. 총회에서 사람을 파견해 정책을 결정하는 데 도움을 주고 필요한 도움, 즉 자금이나 정책, 법률, 관리통제 등 모든 방면에서 지원을 해주는 것이다. 이를 위해서는 제도가 확립되어야 하고 기업연합회를 우수한 조직으로 점차 만들어가야 한다. 앞으로 갈 길이 멀지만 나는 초대 회장으로 공동의 목표 아래 모두가 함께할 수 있기를 희망한다.

우리가 정부에 열심히 좋은 제안을 할 때 중국 특색의 기업연합회가 비로소 탄생할 수 있다. 일본, 한국에는 우수한 기업연합회가 많이 있다. 그런데 기업연합회는 반드시 국가경제, 세계경제와 운명을 같이하며 비즈니스만 생각해야 한다.

마지막으로 절상은 많이 공부하고 많이 고민하며 많이 해외로 진출하고 자기 자신에게 투자하며 자기 직원들에게 투자해야 한다는 말을 하고 싶다.

내 생각에 나를 포함해 중국의 기업가는 비교적 촌스럽고 수준이 낮은 편이며 어떤 면에서는 통속적이다. 세계 곳곳을 다니면서 수많은 기업가를 만나보니 사장의 품격이 얼마나 높으냐에 따라 직원의 품격이 달라지고, 또 직원의 품격이 얼마나 높으냐에 따라 제품 서비스의 품질이 달라지는 것을 깨달았다. 다들 밖으로 많이 나가 둘러보길 바란다. 나는 알리바바 직원들을 대거 이끌고 다보스 포럼에 참석해 그들이 세계를 보고 글로벌 기업가들이 무슨 이야기를 나누는지 보며 다른 사람의 안목이나 경지가 우리 자신과 얼마나 다른지를 보도록 했다. 지금 당장 장사거리가 되지 않을 수 있지만 앞으로 경영하고 정책을 결정하는 데 분명히 도움이 될 것이다. 미래에는 현지 기업은 소수에 불과하고 원하든 원하지 않든 지구는 하나의 마을이 될 것이다. 앞으로 사회문제를 잘 해결하고 책임을 지는 기업일수록 성공 확률이 커진다.

2016년 1월 10일, 마윈은 절상총회 회장으로 절상총회 '2016 절상경제 상황분석 심포지엄'에서 연설했다.

지구가 병들면
누구도 건강할 수 없다

내가 기후변화회의에 참석한다고 하니, 한 친구가 할 일이 그렇게 많은데 그걸 다 포기하고 파리까지 가서 그런 회의에 참석하느냐고 나보고 미쳤다고 했다. 나에게 불만이 있거나 내가 미쳤다고 생각하는 사람들은 나를 '외계인'이라고 한다.

요즘 베이징은 스모그가 매우 심각하다. 최근 몇 년간 내 친척이나 친구들 중에서도 암에 걸려 고통을 겪는 사람이 있다. 어떤 사람은 이게 모두 환경 때문이라고 한다. 이런 생각을 할 때면 내가 진짜 외계인이어서 나의 별로 도망가면 좋겠다는 생각이 든다. 하지만 안타깝게도 인류에게는 지구 하나뿐이며 달리 갈 곳이 없다.

○ 환경문제는 인위적인 것으로 우리가 나서야 한다

환경문제는 정치가가 논의해야 할 문제일 뿐만 아니라 우리 모두의 책임이다. 오늘 우리에게는 그 밖의 선택지가 없다.

열세 살 때, 나는 호수에서 수영을 배웠는데 물이 깊어 빠져 죽을 뻔했다. 5년 전 다시 그곳에 가보니 호수물이 거의 말라버렸다. 중국인이 SNS에서 가장 많이 공유하는 사진이 무엇인지 아는가? 바로 파란 하늘이다. 파란 하늘을 보면 기분이 너무 좋아진다. 나는 50년 후에 우리 아이들이 산호초가 뭐냐고, 코끼리가 뭐냐고, 호랑이가 뭐냐고 물을까 봐 걱정된다. 어느 날 이런 것들이 공룡처럼 사라질 수 있다. 우리 후손들은 표본이나 동영상으로만 그것들을 볼 날이 올 수 있다.

존 케네디John F. Kennedy는 "우리의 문제는 인위적인 것으로 사람이 나서서 해결할 수 있다"고 했다. 나는 환경문제는 인위적인 것으로 우리 스스로 나서서 해결해야 한다고 말하고 싶다. 우리 세대는 자연 에너지에서 엄청난 혜택을 받았고 지금 그로 인해 고통을 받고 있다. 따라서 우리 세대가 보완해야 할 점 역시 가장 많다.

하지만 환경을 위해 경제발전을 포기해야 하는가라는 질문이 나올 수 있다. 불평이 가장 많은 곳에 상업적 기회가 생기기 마련이다. 어제 기후변화를 우리 앞에 직면한 어려움으로 인식했다면 오늘부터 우리는 이 모든 것을 기회로 삼아야 한다.

혁신은 상황에 밀려 이뤄진다. 조만간 우리 스스로를 바꿔 변화에 적응하려고 한다면, 왜 앞서 바꿔나가고 변화를 공유하며 표준을 세워나가지 않는 것일까?

10년 전 알리바바의 청년들이 이런 계산을 해보았다. 10건의 전자상거래가 이뤄지는 데 소모되는 에너지로 계란 4개를 삶을 수 있다. 지금 그들은 이 에너지 소모량을 계란 1개 분량까지 낮추었다. 그들은 많은 혁신을 이루었다. 예를 들어 심층지하수를 사용해 자연스럽게 온도를 낮춰 서버의 에너지 소모를 60퍼센트 절감할 수 있었다. 오늘날 알리바바는 기술혁신을 통해 이러한 경쟁력을 확보했다.

지구를 발전시키는 것과 보호하는 것은 모순된 일이라고 생각하는 사람도 있다. 바른 일을 하는 것과 일을 바르게 하는 것은 서로 모순되지 않는다. 이것은 나의 문제나 여러분의 문제가 아니고 나의 책임이나 여러분의 책임이 아니라 우리 모두의 책임이다. 정부와 기업가 그리고 과학자가 함께 협력해나가야 한다.

오늘 우리는 누가 잘했고 누가 잘못했는지, 누가 더 많은 책임을 져야 하는지를 놓고 더 이상 논쟁을 벌여서는 안 된다! 오늘 우리가 논의해야 할 점은 누가 더 좋은 방법을 내놓을 수 있느냐다. 만약 지구가 병들면 건강할 사람은 아무도 없다. 오늘 해야 할 임무는 모두가 공감대를 형성하는 협의안을 만드는 것이며, 지구에 해를 끼치지 않고 우리 후손에게 해를 주지 않는다는 전제 아래 인류가 계속해서 번영하고 발전할 수 있는 길을 찾는 것이다.

○ 이번 전쟁에서 패배한다면 인류는 앞으로 승자가 될 수 없다

나는 TNCThe Nature Conservancy, 생태환경 보호를 위해 일하는 국제민간단체, 세계
적으로 생태가치가 큰 육지나 수역을 보호하는 데 힘쓰고 있음 - 옮긴이에서 많은 걸 배
웠다. 중국에서 40여 개 기업가가 '도화원 생태보호기금'을 설립했
고, 쓰촨에 땅을 사서 삼림을 보호해 판다가 생존할 수 있도록 도왔
다. 기금은 현지 농민들이 나무를 더 이상 베어내지 않도록 권고했
다. 농민들은 자신들도 생활을 해야 하는데 나무를 베지 않고 어떻
게 살아갈 수 있냐고 항변했다. 우리가 보니 그 지역에는 꿀벌이 많
아서 그들에게 양봉하는 법을 가르치고 인터넷에 팔게 하는 등 새
로운 방식으로 생존해나갈 수 있도록 했다.

기업가는 마음을 다하기만 한다면 언제나 방법을 찾을 수 있다.
하지만 지구를 대가로 내어주고 장사를 할 수는 없다. 기후변화에
대응하는 것은 인류가 반드시 싸워 이겨야 할 전쟁으로, 만약 이 전
쟁에서 패배하면 승자가 아무도 없음을 뜻한다. 만약 진짜 실패하
게 되면 인류도 없다.

인류가 석유라는 에너지를 사용하기 전까지는 달을 밟을 생각은
해본 적이 없다. 앞으로 30년 동안 우리는 반드시 기존의 방식을 바
꾸어나가야 한다. 장차 우리에게는 두 가지 선택이 있다. 하나는 환
경이 계속 악화됨에 따라 우리 후손들이 그 고통을 고스란히 받도
록 하는 것이며, 다른 하나는 지구의 지속 가능한 발전을 위해 환경
을 조성하는 것이다.

과거 200년 동안 지식과 에너지를 통해 인류는 외부세계를 탐

색할 수 있는 능력을 갖추고 인류의 욕망을 끊임없이 만족시켰다. 인류가 지금까지 해온 모든 일들이 생활을 바꾸어놓았다. 앞으로 30년 동안 데이터와 신에너지를 통해 우리 자신을 탐색하는 것이 가능해졌고, 자신의 내면세계를 관찰할 수 있게 되었다.

과거 200년 동안 인류에게는 지식이 곧 역량이었으며, 인류는 지식의 힘을 빌려 발견하고 발전해왔다. 지식을 통해 사람은 똑똑해지고 자기가 원하는 것이 무엇인지, 어떻게 해야 얻을 수 있는지 알게 되었다. 사람은 지혜 덕분에 무엇을 포기해야 하는지 알게 되었다. 인류는 수천 년 동안 발전해오면서 무엇을 포기해야 할지 배울 수 있었다.

우리가 직면하고 있는 것은 인류가 자기 자신의 약점과 싸워 이기는 전쟁으로, 나는 이것을 '3차 세계대전'이라고 부른다. 우리는 인류가 함께 난제를 해결할 수 있도록 역량을 모아야 한다.

나와 우리 젊은 직원들은 이러한 '3차 세계대전'에 참전할 수 있는 것을 큰 영광으로 여긴다. 우리는 우리의 지식과 지혜를 사용해 빈곤과의 전쟁을 선포하고 질병과의 전쟁을 선포하며 기후변화와의 전쟁을 선포한다. 우리가 이 전쟁에서 패배한다면 인류에게 앞으로 승리는 없을 것이다!

주

제21차 유엔기후변화회의가 2015년 11월 30일에서 12월 11일까지 프랑스 파리에서 개최되어 195개국 대표와 2,000명에 가까운 NGO 대표가 참석했다. 주최 측의 요청에 따라 마윈은 12월 6일 기조연설했다.

자선활동은 조용하게,
공익활동은 대대적으로

주식시장이 불황이고 경기가 침체된 상황에서, 기업가는 엄청난 스트레스를 받는다. 현재 나의 목표는 20년 동안 돈을 벌고 다음 30년 동안은 돈을 쓰는 것이다. 빌 게이츠는 MS의 CEO로 있을 때에는 마음이 가벼웠지만 공익사업을 이삼 년 하고 나서는 머리가 하얗게 셌다. 그것만 봐도 공익사업이 회사 경영보다 훨씬 더 힘든 것 같다. 우리 모두는 평범한 사람들로 공익사업을 하는 것은 자기 자신의 인성을 가다듬기 위해서다.

여러분에게 우선 전 재산 기부에 관한 이야기를 하고 싶다. 빌 게이츠가 중국 베이징에 와서 중국의 돈 있는 사람을 많이 초대해 저녁만찬을 연 후, 전 재산을 기부하라고 호소했다. 나는 갈까 말까 한참을 망설였다. 오늘날의 중국은 전체를 놓고 보면 경제발전이 불균형하다. 베이징, 상하이, 선전, 광저우가 중국의 경제 상황을 대표하지 않는다. 개혁개방 30여 년 동안 중국 기업가의 자원은 제한

적이었으며 투자하는 데 돈을 써야 했다. 사회를 위해 일자리를 더 많이 만들고 부를 더 많이 창출하는 것은 기업가의 첫 번째 책임이다.

미국에서는 돈을 빌 게이츠에게 줄 수 있지만, 우리는 누구에게 줘야 하는가? 중국은 공익사업을 위한 인프라가 부재하고 공익사업을 위한 법적 제도가 미비하며 공익사업을 위한 인재개발 시스템이 부재하고 빌 게이츠 같은 인재가 없다.

기업가의 돈은 기업가의 것이 아니라고 생각한다. 마윈이 지금은 중국에서 제일가는 부자首富이지만 나는 '제일가는 부자'를 가리키는 'Fu'가 '책임지다' 할 때 '負'중국어로 富와 負의 발음이 Fu로 동일하다 - 옮긴이가 되어야 한다고 생각한다. 만약 여러분이 이 돈을 자기 것으로 여기고 먹고 마시고 주색에 빠져 방탕하게 살았다면, 분명 감옥에서 생활하게 될 것이다. 돈이 일이백만 위안 있으면, 당신은 행복하다. 이 돈은 당신 것이고 마음대로 쓸 수 있기 때문이다. 하지만 일이천만 위안 있을 때에는 복잡해진다. 위안화가 평가절하되는 것을 신경 써야 하고 수익을 고민해야 하기 때문이다. 십억 위안 혹은 몇십 억 위안 가지고 있을 때에는 더 이상 당신의 돈이 아니다. 이것은 사회가 여러분을 믿는다는 뜻이며 이 돈을 관리해달라고 여러분에게 위탁한 것이다.

두 번째 이야기는 일본대지진과 관련된 것이다. 2011년 일본에서 대지진이 발생했을 때 윈난에서도 지진이 발생했고 우리 회사에서는 자발적으로 성금을 모금했다. 회사 내에서 의견이 두 개로 갈렸는데, 한쪽에서는 일본에 성금을 보내자고 했고 한쪽에서는 일본에 보내서는 안 된다고 했다. 최종적으로 우리는 일본에 300만 위안을 기부했고 원난에는 그보다 적은 금액을 기부했다. 결국 인터넷에 비난하는 글이 쇄도하고 한바탕 난리가 났다. 나중에 나는 사람들에게 편지를 썼다. 기부를 하는 것은 옳은 일이지만 기부를 하지 않는다고 반드시 틀린 것은 아니다. 하지만 자신이 기부를 하지 않는다고 다른 사람도 하지 말라고 하는 것은 잘못된 것이라고 했다. 또 여러분이 기부를 했다고 재난지역이 바뀌는 것은 아니다. 어느 국가든 사람들이 모금한 돈만 가지고 재난 문제를 해결할 수 없다. 기부로 바뀌는 것은 재난지역이 아니라 여러분 자신이다. 여러분 내면에서 나온 행동 하나, 조치 하나가 여러분 자신을 바꾸고 세계는 이로 인해 저절로 달라진다.

세 번째는 내가 공익기관에 참여했을 때의 일이다. 이 기관의 사무총장은 아주 일을 잘하는 능력 있는 사람이었다. 그와 두 차례 회의를 했는데 매번 늦게 왔다. 내가 이유를 묻자 그는 이렇게 답했다. "나는 무보수로 일하는 사람입니다." 나는 바로 그에게 월급을 지급했다. 월급이 없으면 프로 의식이 없게 된다. 공익활동을 하는 인재일수록 프로 의식을 갖춰야 한다.

자선단체의 돈은 사람들이 십시일반 모은 돈이다. 공익활동을 하는 사람은 선한 마음 외에도 선한 능력과 선한 역량을 갖춰야 한다. 전문성과 철저한 직업의식은 매우 중요하다. 여러분이 반드시 어떤 영역의 전문가가 될 수는 없더라도, 어떻게 해야 자선사업을 잘할 수 있을지, 기부금을 어디에 사용해야 할지 잘 알아야 한다. 여러분은 착한 사람이어야 하고 모든 공익 시스템에서 여러분의 선한 뜻이 계속 펼쳐질 수 있어야 한다. 이 세계에서 가장 힘든 일이 착한 사람이 되는 것이며 평생 착하게 사는 것이라고 생각한다.

○ 세상에는 나를 감동시키는 세 종류의 사람이 있다

나는 지금 TNC 중국지부 의장 겸 세계 이사를 맡고 있다. 이 단체에 막 들어갔을 때 이곳이 어떤 곳인지 정확히 알지 못했다. 활동에 참여하면서 나는 세계에서 가장 부자라는 기업가들이 바쁜 일정에도 불구하고 3일 동안 회의를 열고 팀을 짜서 브라질, 페루, 말레이시아에 발생한 생태환경보호 문제를 논의했다는 사실에 정말 감동을 받았다. 회의 첫날은 이해가 잘 되지 않았다. 둘째 날 감동받았다. 셋째 날 나 역시 적극적으로 참여하기 시작했다. 가장 감동적인 사실은 이 공익기관이 자신과 하등의 상관도 없는 일에 관심을 쏟는다는 점이다. 우리는 이 일을 사랑하기 때문에 아주 열심이다.

세계에는 나를 감동시키는 세 종류의 사람, 다시 말해 기업가, 과학자, 언론인이 있다. 기업가에게는 어떤 책임이 있는가? 바로 효율이다. 가장 적은 돈으로 가장 큰 일을 하고 동시에 성과를 거두어야 한다. 성과를 거두지 못하는 기업은 파산하기 때문이다. 언론인에게는 어떤 책임이 있는가? 사회와 소통하는 것이다. 또 과학자가 있다. 과학자는 어떻게 해야 잘하는 것이며 환경은 어떻게 보호해야 하는지 말해준다.

중국의 자선사업은 이미 상당히 발전했지만 다른 나라와 비교했을 때 아직도 뒤처져 있다. 사람과 사람 사이에 거리가 있는 것을 두려워 말고 거리가 있음을 모르는 것을 두려워해라. 유럽과 미국의 좋은 제도나 시스템을 많이 배우고 어떻게 해야 바른 방향을 선택할 수 있을지 그리고 어떻게 해야 일을 바르게 처리하는지 많이 배울 수 있지 않을까?

땅값이 금싸라기처럼 비싼 뉴욕에는 대규모 면적의 센트럴파크가 있는데 몇 대에 걸쳐 부동산 개발을 하지 못하게 금했다. 중국에 이런 땅이 있는가? 있든 없든 간에 이러한 관념과 생각은 우리가 배우고 본보기로 삼을 만하다.

나는 극단적인 환경보호자의 방식에 동의하지 않으며 바른 방법으로 바른 일을 해야 한다. 중국의 스모그는 왜 생겨난 것인가? 어떤 면에서 스모그는 우리가 일을 처리하는 마음가짐에서 발생한 것이라고 할 수 있다. 내가 이해한 바에 따르면, 우리 마음가짐이 생태계에 영향을 주고 생태계는 다시 우리의 마음가짐에 영향을 준다. 원망을 해도 소용이 없으니 원망을 하지 말고 기왕 이렇게 된 거 문제를 처리해보자. 어떻게 처리할 수 있을까? 자선이란 주는 것이며 자선은 참여하는 것이고 자선은 작은 행동을 하는 것이며 자선은 인성을 일깨우고 양심을 일깨우는 것이다.

사람들이 공익활동에 참여하기를 장려하고 자선을 베풀 능력이 있다면 그것도 참 좋은 일이다. 자선활동은 조용히 해야 하고 공익활동은 대대적으로 해야 한다. 사실 1위안을 기부하나 1억 위안을 기부하나 별 차이가 없다. 공익활동을 벌이는 것은 마라톤을 뛰는 것과 같아서 얼마나 빨리 뛰는지는 중요하지 않고 결승점까지 계속 달릴 수 있는지가 중요하다. 결론부터 말하자면 우리는 인간의 본성에서 가장 약한 부분을 가지고 문제를 삼는 것이다. 중국 사회가 발전하는 데에서는 정책만으로는 안 되며, 우리 인성의 깨달음, 평온한 마음, 공익에 대한 자각이 있어야 가능하다. 따라서 선한 마음, 선한 의도, 선한 능력을 기르도록 해야 한다. 동시에 우리 모두는 선한 마음, 선한 의도를 저버리지 말고 이를 잘 모아 제대로 구체화시키며 실질적인 행동으로 나타날 수 있도록 해야 한다.

주

2015년 9월 15일, 마윈은 베이징대학 제1차 사회공익관리 석사과정 개학식에서 연설했다.

지금 우리에게 필요한 마음가짐

우리가 공익사업하는 것을 보고 많은 사람이 돈 버는 데 시간을 써야 한다고 말했다. 나 역시 한 사람이 시간을 어디에 써야 가장 옳은지를 생각해봤다.

7년 전, 알리바바는 첸탕 강 북쪽에서 남쪽으로 이전을 하며 한 가지 활동을 벌였다. 수영할 줄 아는 직원들이 있어 그들이 릴레이 방식으로 첸탕 강을 건너게 했다. 마지막 주자가 강가에 다다르자 직원들 몸에 오색찬란한 비닐봉지와 각종 쓰레기가 휘감겨 있었다. 그날 우리 직원 모두가 경악을 금치 못했다. 우리가 이런 환경에서 살고 있고 매일 마시는 물이 이렇게 더러우리라고는 상상조차 못 했다.

그날부터 알리바바 직원 모두 세계가 잘살지 못하는 상황에서 내가 잘산다 해도 의미 없는 것 아니냐는 문제를 고민하기 시작했다. 그래서 그날부터 알리바바는 매년 거래액의 3퍼센트를 공익기금으로 떼어 도시나 국가 건설, 세계 환경보호에 사용하기로 했다.

본래 그렇게만 해도 충분했다. 하지만 공익활동에는 돈이 필요하지만 단지 돈만으로는 절대 부족하다는 사실을 금세 깨달았다. 공익활동과 자선은 조금 다르기 때문이다. 자선은 주는 것이지만 공익은 참여하는 것으로, 십시일반의 행동들이 모여졌을 때 가능하다. 자선은 돈을 주는 것이 주가 되지만 공익은 시간, 열정, 지혜 나아가 꺼내 보여줄 수 없는 모든 것을 내놓아야 한다. 여러분은 자선을 베풀 만한 여력이 안 될 수 있지만 우리 각자는 모두 공익활동을 펼치고 공익활동에 참여할 수 있고 또 그렇게 해야 한다.

○ 공익활동을 하고 자선을 베푸는 것은 인생에서 가장 큰 행복이다

7년 동안 공익활동을 하면서 뜻을 같이하는 많은 사람들이 계속 탐구하고 노력하면서 생활을 바꾸고 이 세계를 바꿔나가고 있음을 알게 됐다. 따라서 우리 같은 사람에게 플랫폼이 필요하고 우리의 경험이나 생각을 나눌 기회가 필요하다는 생각이 들었다.

공익활동을 하는 사람이 존중을 받는 이유는 세상에서 자신의 이익 범주를 벗어난 일을 하고 거기에 시간과 마음을 쓰기 때문이다. 공익과 자선은 다르다. 자선은 자신의 선한 마음을 주는 것이지만 공익은 더 많은 사람들의 선한 마음을 일깨워주는 것이다. 자선은 개인의 행동이자 선한 마음이다. 그 이면을 보면 얼마의 돈을 기부하는 것으로 개인의 사생활의 영역이다. 자선활동을 아주 대중적인 public 활동으로 만들면 다른 활동이 된다. 공익은 집단의 행동이 주가 되는 것으로 반드시 대중적인public 활동이 되어야 하며, 공익을 지나치게 사적인private 활동으로 만들면 영향력이 사라진다. 공익은 얼마의 돈을 썼는지가 아니라 얼마나 많은 사람들의 관심과 사랑을 일깨웠는지가 중요하다.

인간 본성이 착한지 아니면 악한지 질문 받을 때가 많다. 태극철학의 관점에서, 나는 사람은 50퍼센트의 선함과 50퍼센트의 악함을 함께 가지고 태어나지만 교육, 문화, 신앙을 통해 선을 키워나가 악보다 크게 된다고 본다. 그러나 세상을 살다 보면 이런저런 이유로 악한 것, 나쁜 것이 종종 우리의 선한 마음을 가릴 때가 있다. 그래서 우리는 자신의 양심을 씻고 선한 마음을 씻어야 하며 씻어낼 가장 좋은 방법을 찾아내야 하는데, 그것이 바로 십시일반으로 공익활동에 참여하는 것이다.

이 세상의 가난한 사람들을 모두 구제하지는 못한다. 이 세상의 아픈 사람들을 모두 낫게 해줄 수는 없다. 한데 이 세상을 살아가는 사람들 모두의 선한 의도와 마음을 일깨워줄 수 있다. 이 초심을 안고 우리는 매년 곳곳에서 열리는 갖가지 공익활동에 참여한다.

공익과 자선은 다르다. 자선을 베풀려면 선한 마음이 필요하지만 공익은 선한 마음 외에도 선한 능력이 있어야 한다. 능력이 있어야만 일을 더 잘해낼 수 있다. 우리는 '공익적 마음가짐, 상업적 수단'이 공익활동의 최선의 방책이라고 계속 믿어왔다. 정부는 어떻게 해야 일을 더 공평하게 할 수 있을까 고민하고, 과학자는 어떻게 해야 일을 더 정확하게 할 수 있을까 고민하지만 기업가는 어떻게 해야 일을 더 효율적으로 할 수 있을까 고민한다.

오늘날의 공익사업에는 정부와 전문가 그리고 기업가가 모두 참여해야 한다. 함께했을 때 엄청난 선한 능력이 만들어지기 때문이다. 우리가 함께 노력하고 함께 행동해야만 성과를 거두고 효율적으로 일할 수 있다.

마음가짐과 생활태도 그리고 생태계는 서로 연동된다. 사람의 마음가짐이 좋냐 나쁘냐에 따라 생활태도가 달라지고, 생활태도가 좋냐 나쁘냐에 따라 우리 사회의 생태계가 달라진다.

오늘날 스모그는 단지 환경문제만은 아니며, 우리 사회의 마음가짐의 문제다. 마음가짐에 문제가 생기면 생태계에도 자연히 문제가 생긴다. 중국 옛말에 인정승천人定勝天, 즉 사람의 힘으로 운명을 극복할 수 있다는 말이 있다. '인정승천'에서 '천'은 천재와 인재를 뜻하고 '정'은 사람의 마음가짐이 확고함을 뜻한다. 마음가짐이 확고해야만 천재든 인재든 싸워 이길 수 있다.

유교·도교·불교 사상에는 지금 우리에게 필요한 마음가짐이 들어 있으며, 이는 우리 각자에게 필요한 종교다. 다시 말해 감사하고 경외하며 소중히 여기는 마음이다. 우리는 어제에 깊이 감사하고 내일을 깊이 경외하며 오늘을 소중히 여겨야 한다. 개개인이 변하기 시작하고 소소한 행동이 모였을 때, 우리 사회가 더 좋아지고 세계도 더 좋아질 수 있다.

주

2016년 7월 9일, 마윈은 제1차 세계공익대회에서 연설을 하면서 공익활동에 대한 자신의 생각을 발표했다.

향촌 교사의 영향력은
상상을 뛰어넘는다

교육은 우리에게 희망을 주기 때문에 교사의 영향력은 실로 대단하다.

우리가 향촌 교사 프로젝트를 시작했던 것은 향촌학교 교사에 대한 사회적 관심을 불러일으키기 위해서다. 사회 전체가 향촌 교사를 존중했을 때 더 많은 젊은이들이 향촌학교 교육에 눈을 돌려 거기에 참여할 수 있게 된다. 아마 시골 교사에게는 수업에 필요한 좋은 시설이나 설비가 없을 수 있다. 하지만 그들은 시골에서 가장 따뜻한 햇살이기에, 그들이 변하고 투자하며 굳건히 이어가고 끈질기게 해나가며 투철한 직업의식을 가지고 최선을 다해 아이들과 사회 전체에 울림을 주고 있다.

○ 우리는 왜 교사가 되어야 하는가

나는 항저우사범대학을 졸업하고 6년이라는 짧은 시간 동안 교사로 일했다. 중국에는 300여만 명의 향촌학교 교사가 있는데, 4,000여만 명의 시골 아이들을 교육해야 한다는 사명이 그들의 어깨에 달려 있다. '마윈 향촌 교사 프로젝트'에 매년 1,000만 위안을 투자할 계획이다. 이 금액은 사실 아주 미미한 수준이며, 시골교육의 근본적 문제를 해결할 수 없다. 하지만 나는 남은 평생 동안 향촌학교 교사 대변인으로서 사회 전체, 모든 민족, 국가 전체가 향촌 교사에 관심을 갖고 그들을 중요하게 여기도록 일하고자 한다.

나는 영어에 아주 관심이 많다. 내 영어 선생님은 내가 영어에 대한 흥미를 키워가는 데 큰 역할을 했다. 영어 선생님은 아침에 교사 연수반에서 영어를 배우고 오후에 와서 나를 가르쳤다. 그의 영어 실력에는 한계가 있었지만 나를 어떻게 가르쳐야 할지 잘 알았다. 그는 언제나 나를 격려했다. "마윈, 너 발음이 좋구나." 가벼운 칭찬은 영어에 대한 관심이 불타오르게 했고 그때부터 시작된 영어 공부는 계속되었다. 그리고 나는 초등학교 선생님, 중고등학교 선생님 수준을 뛰어넘어 대학에 진학해 더 깊이 연구에 매진하게 되었다.

수년 전에 농촌에 갈 일이 있었다. 새벽 5시쯤 길에서 한 여자아이를 만났다. 일고여덟 살쯤 된 여자아이는 손에 가방을 들고 등에도 커다란 책가방을 멘 채 캄캄한 길을 걷고 있었다. 차를 멈추고 꼬마 아가씨 어디 가냐고 물으니, 학교 간다고 했다. 5시밖에 안 된

이른 시간에 10여 리를 걸어 학교에 가야 하는 것이었다. 그때 나는 언젠가 내게 기회가 주어진다면 농촌 아이들이나 교사들을 위해 무엇이든 해야겠다고 생각했다.

나는 자선이 사적인 것이며 개인적인 일이라면, 공익활동의 주 목적은 무엇보다도 사람들의 양심을 일깨워 활동에 참여시키는 것이라고 줄곧 생각해왔다. 그래도 자선보다 공익을 높이 평가했다.

○ 향촌 교사 프로젝트

오늘 나는 스스로 중국 향촌 교사의 대변인을 떠맡았다. 30년 전 나는 사범대학에 들어갔다. 어떻게 하면 졸업 후에 교사 노릇을 안 할 수 있을까 대학 4년 내내 매일같이 고민했다. 왜냐하면 당시 내 눈에 교사는 별것 아니게 보였기 때문이다. 결국 6년 동안 교사 생활을 하고 나서야 나 자신이 바뀐 것을 느꼈다. 교사라는 직업이 가장 의미 있고 가장 따뜻한 직업임을 느끼기 시작한 것이다. 모든 교사가 자기 학생이 전도유망하길 바라고 자기 학생이 현장縣長이나 과학자가 되길 바라며 자기 학생이 잘나가는 기업가가 되길 바라기 때문이다. 물론 나는 나중에 교사직을 떠났지만 떠났다고 해서 완전히 버린 것은 아니다. 나는 여전히 나의 경험과 생각을 더 많은 사람들과 나눌 수 있다.

한 사람에 미치는 교사의 영향력은 실로 커서 우리의 상상을 뛰어넘는다. 대학 3학년 때 시골에 가서 한 달가량 대신 수업을 한 적이 있다. 그곳 환경과 학생들의 자질에 정말 깜짝 놀라고 또 흥분했다. 6~7년 후 내가 가르쳤던 스무 명가량의 학생 중에서 3명이 대학에 진학했고 몇 명은 중등 전문학교에 들어갔다. 그들은 내게 편지를 써서 두 달가량 일하면서 자신들을 격려해준 것에 대해 감사를 표했다.

따라서 교사라는 직업은 우리의 마음이 얼마나 강한지, 얼마나 따뜻한지, 얼마나 밝은지 그리고 그 마음을 가지고 다른 사람을 변화시키고, 다른 사람에게 영향을 줄 수 있는지 시험해볼 수 있다. 그중에서도 아이들은 가장 쉽게 영향을 받는다.

향촌학교는 교육 수준이나 설비가 도시만큼 좋지 않지만 아이들의 체육이나 심미교육에 더 많은 시간을 들일 수 있다. 향촌학교 학생의 학습능력은 체험활동이나 집단활동을 통해 길러진다고 확신한다. 집단 협력은 스포츠 정신에서 나온 것으로 함께 농구를 하거나 축구를 하는 과정에서 아이들은 팀의 중요성을 인식하게 된다. 음악을 알면 아름다움, 선함, 우정을 느끼게 되고 외로움과 고통 속에서 영감을 얻게 된다. 미술을 이해하면 시야를 넓히고 상상력을 펼칠 수 있다.

사람에게 학습능력만 있으면 지식을 획득하는 것은 시간문제다. 따라서 향촌 교사가 '육肓'에 더 많은 공을 들일 수 있기를 희망한다.

이제 첫 발을 내디뎠고 앞으로 해야 할 일이 많다. 모바일인터넷을 통해, 핸드폰을 통해, 컴퓨터를 통해, 텔레비전을 통해 더 많은 향촌 교사를 도울 수 있기를 희망한다. 나에게는 향촌 교사를 대변

해야 하는 책임이 있는데, 이는 내게 더할 나위 없이 영광스러운 일
이며 내 인생 최대의 행복이다. 우리 공익기금이 참여한 첫 번째 프
로젝트가 바로 향촌 교사 프로젝트다!

주

2015년 9월 16일, 베이징사범대학 학생활동센터에서 '저장 마윈 공익기금
회' 발기인인 마윈과 150여 명의 향촌 교사가 '마윈 향촌 교사 프로젝트 및
1회 마윈 향촌 교사상' 프로젝트를 시작했다. 공익기금회에서 1,000만 위
안을 출자해 '마윈 향촌 교사상'을 제정하는데, 쓰촨, 산시, 간쑤, 윈난, 닝샤,
구이저우 등 6개 성에서 100명의 우수한 향촌 교사를 선발하여 각각 10만
위안의 상금을 수여한다. 9만 위안은 현금으로 지급하고 1만 위안은 전공발
전 지원금으로 3년에 걸쳐 지급된다. 앞으로 이 활동은 매년 1회 시행된다.

교육은
시스템이다

인간의 본성은 원래 선할까 아니면 악할까? 내가 살아보니 반은 좋고 반은 나쁜 것 같다. 하지만 교육의 힘으로 사람의 좋은 면을 계속 일깨우고 계속 키워나가고 나쁜 면은 억제시킨다. 사람의 선한 의지와 지혜를 일깨우는 것은 교사가 할 일이다. 우리 인생에서 가장 영향력이 큰 사람은 부모님을 제외하면 교사가 될 것이다.

○ 모든 교사에게는 다른 사람의 마음에 등불을 켤 기회가 있다

교사에게는 스타를 발견하고 키울 수 있는 기회가 있다. 학교에 다닐 적에, 나는 좋은 학생이라고는 볼 수 없었지만 그렇다고 나쁜 학생도 아니었다. 내가 다녔던 초등학교는 항저우 시 중베이얼 초등학교로 중점학교가 아니었고 학교의 교육목표는 초등학생들을 순

조롭게 중학교에 진학시키는 것이었다. 내가 좋은 학생이었다고는 생각하지 않는다. 당시 선생님들 역시 마윈이라고 불리던 학생이 어느 날 지금의 이런 모습이 될 것이라고 상상조차 하지 않았을 것이라고 확신한다.

교사의 중요한 업무는 무엇인가? 바로 아이들에게 자신감을 길러주고 아이가 사람 구실하는 법을 배우도록 하는 것이다. 우수한 교사는 아이에게서 우수한 자질을 발견할 수 있다. 교사가 아이의 잠재력을 일깨워준다면 그 아이가 앞으로 세상을 살아가는 동안 아이에게 계속 힘이 되어줄 것이다.

국어 교사인 순 선생님이 내게 지대한 영향을 준 기억이 아직도 생생하다. 나는 초등학교 다닐 때 걸핏하면 사고를 쳐서 가족이나 친구들에게 욕을 먹었다. 하지만 순 선생님만이 어떤 게 옳고 어떤 게 그른지 알려주었다. 대학에 막 입학했을 때 나는 내 영어 회화 실력이 괜찮고 심지어 선생님보다 낫다고 생각했다. 그런데 생각지도 않게 그해 회화시험에서 불합격했다. 내가 가장 자신만만했던 과목 점수가 59점밖에 되지 않은 것이다! 나는 너무 화가 나서 학과 주임을 찾아가 재평가를 요청했다. 10여 년이 지나서야 비로소 나는 순 선생님이 마음을 써주었다는 사실을 알게 되었다. 당시 나는 너무 자만해서 이렇게 호되게 당하지 않았더라면 뛰는 놈 위에 나는 놈이 있다는 걸 몰랐을 것이고 지금의 마윈도 없었을 것이다. 선생님은 내게 어떤 일을 하든지 정도를 지켜야 한다는 사실을 일깨워주고 싶었던 것이다.

내가 중국의 많은 기업가들과 다른 중요한 것 중 하나가, 바로 교사 출신이라는 것이다. 교사에게는 다른 직종이 가질 수 없는 중요한 자질이 있는데, 그것은 바로 학생이 자신보다 낫기를 언제나 바란다는 점이다.

○ 음악·체육·미술에서 인간됨의 도리를 배우다

교육문제는 복잡해 두 가지 측면에서 관찰하고 생각해야 한다. 중국의 '교敎'는 상당히 좋지만 중국의 '육育'은 아직 부족하고 초·중·고등학교에서는 '육'에 큰 가치를 부여하지 않는다. 사실 학생 때가 인생에서 가장 기억력이 좋은 때이며, 음악, 미술, 체육에서 인간됨의 도리를 배울 수 있다. 지식은 전수가 가능하며, 열심히 공부하면 많은 지식을 얻을 수 있다. 하지만 문화는 종종 놀이에서 나오며 노는 과정에서 습득된다. 지금 아이들은 노는 시간이 너무 적고 교사도 노는 시간이 적다. 중국의 교육 시스템을 새로 만들라고 한다면 유치원 아이들이 음악을 이해하고 음악을 즐기는 법을 배우게 할 것이다. 음악을 통해 많은 지혜를 깨닫게 되기 때문이다. 서양에서 음악은 교회에서 가장 먼저 전해졌다. 사람에게 음악은 실로 중요하다.

미술은 왜 중요할까? 미술은 아이들의 상상력을 계발시키기 때문에 중요하다. 아이들이 상상력이 없을까 봐 두렵다. 교사가 아이들에게 처음 비행기 탔을 때의 느낌을 얘기해주고 바다가 무엇인지 하늘이 무엇인지 얘기해주는 게 좋다. 교사에게 상상력이 없다면 아이들이 어떻게 상상력을 키울 수 있겠는가? 그림을 그리는 것은 상상력을 키우는 좋은 방법이다. 어떤 선생님은 내가 그림을 못 그린다고 했지만 상관없다. 아이들에게 생각나는 대로 그림을 그리도록 해주면 된다. 그림을 잘 그리는 사람만이 그림 그리기를 가르칠 수 있는 것은 아니다. 그림 그리기 자체가 상상력을 키우는 일이기 때문이다.

체육 역시 중요하다. 언젠가 베이징의 한 호텔에서 식사를 하고 있을 때 일이다. 창문으로 한 학교의 운동장이 보였는데, 체육수업 중인 듯했다. 나는 화가 났다. 왜냐고? 내가 밥을 먹는 20분 동안 남학생은 이쪽에, 여학생은 저쪽에 세워놓고 체육 교사는 20분 내내 훈화를 했다. 그러고 나서 여학생은 운동장을 세 바퀴 돌게 했고 남학생은 팔굽혀펴기를 몇 차례 시켰다. 이렇게 체육수업이 끝났다. 사람들은 내게 왜 이렇게 축구에 관심이 많으냐고 물었다. 나는 축구 자체에는 관심이 없지만, 축구가 중국의 미래에 아주 중요한 것을 가져다줄 것이라고 생각한다. 지금 중국의 많은 가정은 아이가 하나뿐이다. 이 아이들은 사람들과 협력하는 법을 배울 기회가 드물었기 때문에 단체 활동에서 협력하는 법을 모른다. 중국은 스포츠 중에서 탁구나 배드민턴처럼 일 대 일로 경기하는 것은 매우 탁월하지만 부딪치는 스포츠는 못한다. 많은 스포츠가 몸을 부딪친다. 서로 부딪치고 부대끼는 과정에서 문제를 해결해야 한다. 운동을 못하는 민족은 건강할 수 없고 몸이 건강하지 못하다면 마음 역시 건강할 수 없다.

수학은 중요하고 국어도 중요하지만 공부만으로는 불충분하다.

한 아이가 진짜 한 사람으로 성장한다는 것은 공부하는 기계가 되는 것을 의미하지 않는다. 아이가 감정을 풍부하게 만들고 잘 표현하게 만들어주는 음악이나 체육 그리고 미술을 잘 배울 수 있도록 해줘야 한다.

○ **아이를 완성시키는 것은 교사의 미덕이다**

나는 특히 아이들이 잘 노는 아이가 되게끔 격려한다. 진짜 똑똑한 아이는 놀 줄도 알고 공부도 잘한다. 다음으로 똑똑한 아이는 놀 줄 알지만 꼭 공부를 잘하지는 않는다. 공부는 잘하지만 놀 줄 모르는 아이는 문제다. 우리 회사에서는 몇만 명의 청년을 모집한다. 전체적으로 보면 재밌는 현상을 발견할 수 있다. 이 청년들 중에서 눈에 띄는 사람들은 대부분 어릴 때 정말 잘 놀았거나 아주 개구쟁이였다. 개구쟁이 아이는 쉽게 성공한다. 하지만 개구쟁이 아이가 교사한테 예쁨을 받지 못하고 '얘는 왜 이렇게 장난이 심해!' 하며 야단만 맞다 보면 그 아이가 타고난 천성이 말살될 수 있다.

'교'와 '육'은 두 가지 개념이다. 현대 사회는 교사와 학생에게 큰 기대를 걸고 있다. '교'의 주체는 교사이자 학교다. '육'의 주체는 가정이고 다음은 학교이기 때문에 '육'에서 학부모의 역할에 주목해야 한다. 아이가 잘못하면 아버지가 탁자를 치는가? 아이가 배우지 못한 것은 부모의 잘못이다. 부모는 중요하다. 부모든 교사든 아이를 긍정적으로 대해야 한다. 학부모인 우리는 스스로에게 물어야 한다. 아이를 학교에 보낼 때 교사에게 첫 번째로 바라는 것이 무엇인가? 물론 아이를 사랑하고 아이를 존중해주고 아이의 장점을 발견해줘야 한다.

내가 처음 회사를 경영하면서 고전했던 주된 이유는 머릿속으로는 장사하는 사람들을 무시하면서 돈을 벌 생각만 하고 다른 것에는 전혀 관심이 없었기 때문이다. 결국 초기 5년 동안 성공하지 못했다. 나중에 장사해서 번 돈 역시, 일종의 자원이며 다른 방법을 통해 사회 전체를 발전시키고 더 많은 일자리를 만들고 다른 사람이 더 즐거워할 수 있게 만들 수 있는 자원이라는 생각이 들었다. 여러분은 여러분의 학생들을 긍정적으로 바라보고, 여러분이 만든 제품을 긍정적으로 바라보며, 여러분이 한 일을 사랑해야지, 다른 사람이 자신을 어떻게 볼까 신경 쓸 필요가 없다.

교사가 사람들의 존경을 받는 까닭은 물론 이 직업이 중요하기 때문이지만, 더 중요한 이유는 교사가 사회에 가치를 창조하기 때문이다. 아이들이 인생의 첫 발을 내딛는 단계에서 교사의 몇 마디 말은 아이들의 평생을 바꿀 수 있다.

교사는 자신을 불태워 다른 사람을 발견할 수 있다. 회사에 있다 보면 문제가 많은 직원에 대한 얘기를 듣게 된다. 그가 우리 회사에 들어올 수 있었던 것은 분명 어떤 부분에서 뛰어났기 때문이며 단지 우리가 그걸 알아차리지 못했기 때문이라는 생각이 든다. 좋은 아이는 칭찬에서 나오고 좋은 직원 역시 때로는 칭찬에서 나온다. 물론 불합격을 줘야 할 때에는 반드시 불합격을 시켜야 한다.

교과서에서 가르치는 내용은 인간됨의 도리이며, 인간됨의 도리를 통해 지식을 전수한다. 아이들이 초등학교에 다닐 때에는 지식에 대한 욕구가 강하기 때문에 놀면서 지식을 배울 수 있도록 이끌어야 한다. 중학교에 다닐 때에는 아이의 기억력이 최상이기 때문에 가능한 한 많이 기억하도록 해야 한다. 고등학교에 다닐 때에는 자신만의 흥미를 찾아 기르도록 하고 청년은 미래 발전을 위해 자신이 무엇에 관심이 있는지를 반드시 발견해야 한다. 금세 발견하지 못한 경우라도 "괜찮다, 언젠가는 반드시 찾을 수 있다"라고 격려해줘야 한다. 대학에 가면 지식의 구조와 체계를 배우게 되고, 석사가 되면 방향을 연구하게 되며, 박사가 되면 철학적 사고를 배우게 된다……. 이 모든 것이 전체 교육 시스템에 하나로 일관되게 통해야 한다.

주

2016년 1월 18일, '마윈 향촌 교사 프로젝트' 제1회 향촌 교사상 수상식이 산야에서 거행되었다. 마윈은 교실로 다시 돌아와 100명의 향촌 교사들과 친밀히 교류하며 교육 이념에 대해 토론했다.

6장

세계와의 대화,
미래 지식과 지혜를 나누다

버락 오바마 미국 대통령

쥐스탱 트뤼도 캐나다 총리

존 키 뉴질랜드 총리

마크 저커버그

실리콘밸리 엘리트

재계 엘리트

찰리 로즈

버락 오바마
미국 대통령

배경　　제23차 APEC 지도자 비공식회의가 2015년 11월 18일에서 19일까지 필리핀 마닐라에서 열렸다. 경제지도자회의 대담 코너에서 오바마 미 대통령과 마윈 그리고 필리핀 창업자들은 기후변화 문제를 놓고 열띤 토론을 벌였다. 그때 오바마와 마윈은 정부와 기업이 어떻게 기후온난화와 환경문제에 대응해야 할지에 대해 토론을 했고, 이는 상호교류 시간 중 가장 주목을 받았다.

○ 열정적으로 기후보호에 나서야 하는 이유

오바마: 마윈 회장님, 당신은 왜 열정적으로 기후보호에 나섰나요? 환경변화 문제에 기업이 어떤 역할을 해야 한다고 생각하나요?

마윈: 열정이 아니라 너무 걱정이 돼서 환경이나 기후변화에 힘을 쏟게 됩니다. 나는 열세 살 때 호수에서 수영을 하다 죽을 뻔했습니다. 내가 생각했던 것보다 그 호수가 훨씬 깊었기 때문이죠. 5년 전에 다시 그곳에 가보니 호수 전체가 말라 거의 바닥이 드러났더군요.

여러분 지인 중에도 젊은 나이에 암에 걸려 죽은 사람이 있을 것입니다. 20년 전만 해도 암이라는 단어를 들어본 적이 없었죠. 지금 우리 주변에 많은 친척이나 친구 그리고 가족이 암에 걸려 고통에 시달리고 있습니다.

환경이 건강해지지 않으면, 돈을 얼마 벌든지 간에 환경 악화라는 재난을 맞게 될 것입니다. 우리는 이 점을 걱정합니다. 6년 전부터 알리바바는 매년 수입의 3퍼센트를 기부해 젊은 사람들이 혁신적인 방법으로 환경문제를 해결해가는 것을 지원하고 돕고 있습니다. 우리 모두 이 문제와 마주해야 합니다.

물론 늘 그렇듯 돈만으로는 불충분합니다. 하지만 돈을 가지고 사람들의 의식을 일깨우고 사람들이 기후에 문제가 생기고 식품안전에 문제가 생기며 수질에 문제가 생겼음을 인식하고 이 문제를 해결하기 위해 노력하도록 할 수 있습니다. 이것이 바로 우리의 생각입니다.

앞으로 기회는 어디에 있을까요? 알리바바는 기회는 언제나 가장 문제가 되는 곳, 가장 걱정이 되는 곳에 있다고 늘 확신합니다. 얼마나 많은 문제를 해결할 수 있는지에 따라 얼마나 많은 기회를 얻을 수 있는지 결정됩니다.

15년 전 우리 회사는 작은 회사였습니다. 지금 규모가 이렇게 커졌지만 많은 다른 기업과는 아주 다릅니다. 하지만 어떤 회사든, 회사의 규모가 크든 작든, 환경이나 식품 그리고 물에 관심을 갖지 않는다면 앞으로 살아남기 힘들 것입니다.

○ **정부와 대기업은 좋은 환경을 만들기 위해 어떻게 해야 하는가**

오바마: 우리는 수많은 국가의 젊은 창업자들이 첨단기술을 사용해 비약적으로 발전하는 것을 보았습니다. 마찬가지로 아시아와 아프리카의 많은 지역에서, 심지어 전화선조차 깔려 있지 않은 지역에서 사람들은 중간 단계를 뛰어넘어 바로 모바일 설비를 사용하게 되었으며 또 매일 알리바바에서 물건을 구매합니다. 여기서 한 가지 질문을 하고 싶습니다. 우리는 어떻게 젊은 창업자들을 지원해야 할까요? 마윈 회장님, 당신은 맨손으로 창업해 이제 성공한 기업가가 되기까지 두 단계를 거쳤습니다. 당신이 생각할 때, 정부와 대기업은 젊은 창업자들에게 좋은 환경을 만들어주기 위해 어떻게 해야 할까요?

마윈: 정부가 할 일은 간단합니다. 세금을 감면해주면 됩니다. 젊은 창업가에게 세금을 거두어서는 안 됩니다.

오바마: CEO 동료들의 환호성이 들리는군요.

마윈: 창업자들의 이야기를 듣고 매우 감동받았습니다. 창업자에게 회사는 그들의 '아이'나 마찬가지입니다. 나에게는 다섯 명의 '아이'가 있으니, 경험이 많은 아버지라고 할 수 있습니다. 알리바바, 타오바오, 알리페이 등은 모두 내 '아이'입니다. 창업자들을 도와줄 사람은 아무도 없고 그저 자기 스스로 해나갈 뿐입니다. 투자자, 협력 파트너, 정부는 삼촌이나 이모고 여러분이 부모니, 여러분의 아이들을 포기해서는 안 됩니다.

우리는 플랫폼을 만들고 있습니다. 우리의 임무는 권한을 위임하는 것입니다. 2015년 '광군절'에 우리 플랫폼에서 145억 달러가 거래되었고, 2015년을 통틀어 약 5,000억 달러의 거래가 이뤄질 것으로 전망됩니다. 우리가 직접 물건을 파는 것이 아니라 다른 사람이 물건을 팔도록 돕고 있습니다. 우리의 임무는 다른 기업이 그들의 꿈을 실현하도록 돕는 것입니다.

우리 플랫폼에는 트럭을 추적할 수 있는 애플리케이션이 있습니다. 트럭 물류는 일반적으로 물건을 이 도시에서 저 도시로 운송하고 돌아올 때는 빈 차로 오게 됩니다. 이 애플리케이션은 이 문제를 해결해 트럭 기사가 빈 차로 돌아오는 일을 줄였습니다. 우리는 과학기술과 플랫폼을 가지고 이 기업을 돕고 있습니다. 1년이라는 짧은 시간 동안 이 기업은 연료비를 15억 달러 절감할 수 있었습니다. 이것은 바로 혁신적인 방법으로 과학기술을 사용하는 예입니다.

대기업이 혁신을 지속하기란 어렵지만 중소기업은 언제나 가장 혁신적입니다. 이런 기업을 볼 때면 감동을 받습니다. 우리는 그들에게 자금을 지원할 수 있고 과학기술을 지원해줄 수 있습니다.

환경 친화적인 기업이라면 우리 플랫폼에서 홍보를 할 수도 있습니다.

○ 기업가는 환경 변화에 주목해야 한다

오바마: 사람들이 갈수록 환경에 관심을 쏟고 있습니다. 당신 동료들도 이런 변화에 주목하고 있다고 보십니까?

마윈: 중국을 예로 들면 스모그 때문에 정부나 기업 모두가 정말 많이 바뀌었습니다. 나는 도화원생태보호기금회를 조직하고 중국의 재계 지도자 45명에게 자금을 투자하도록 요청했습니다. 기금회는 정부, 기업, 과학자, 사회학자 그리고 자선가들이 모두 함께 참여하는 기구입니다. 기업이 적극적이고 자발적으로 나서서 해야 할 일들이 많이 있습니다. 지금 누구의 잘잘못을 탓하는 것은 이미 너무 늦었고 우리가 함께 문제를 해결해야 합니다. 어떻게 해야 함께 연합해 더 효율적으로 일을 해나갈 수 있을까요? 공익사업을 펼치려면 동정심이 바탕이 되어야 하고 상업적인 방법으로 실천해야 합니다. 그래야 가장 효율적이기 때문입니다. 과학자들은 어떻게 해야 바르게 일을 처리할 수 있는지 고민하고, 기업가는 어떻게 해야 효율적으로 일을 할 수 있는지 고민하며, 정부는 좋은 환경과 기반을 만들어줘야 합니다. 아태 지역에서, 특히 중국에서 우리는 수많은 좋은 조치들을 시행해왔지만, 더 효과적인 방법을 모색해야 합

니다. 내가 미국 뉴욕의 브랜던에 삼림으로 뒤덮인 땅을 산 것은 삼림이 목적이 아니라 경험을 사기 위해서였죠. 미국인이 지난 세기에 환경문제를 어떻게 해결했는지 알기 위해서입니다. 우리는 이런 기술과 노하우를 중국에 가지고 오고 지구 반대편으로 가져왔습니다. 이것이 바로 기회입니다. 지금 걱정만 하는 것은 너무 늦었습니다. 이제 행동하고 함께 노력해야 합니다.

쥐스탱 트뤼도
캐나다 총리

배경   2016년 8월 30일, G20 항저우 정상회담이 열리기 전날 쥐스탱 트뤼도 캐나다 총리가 중국에 도착해 중국 기업가클럽에서 개최한 중국 기업가와의 대화에 참석했다. 중국 기업가클럽 마윈 회장은 환영사에서, 중국과 캐나다 양국은 생활방식이 아주 다르기 때문에 양국 간에 서로 협력할 여지가 매우 크다고 말했다.

○ 다르기 때문에 오히려 기회가 있다

마윈: 중국과 캐나다의 기업가가 한자리에 모일 수 있었던 오늘, 먼저 한 사람에게 감사를 표하고 싶습니다. 이 사람은 우리 대부분이 아직 태어나지 않았던 지난 세기에 중국에 두 차례나 방문했고, 세계가 중국을 이해하지 못했을 때 자신의 눈으로 중국을 관찰하기로

했습니다. 이 사람은 수많은 서방국가가 중국과 수교를 거절했던 1970년에 캐나다와 중국이 외교관계를 수립하도록 이끌었습니다. 2년 후에야 미국이 동일한 결정을 내렸지요. 우리가 감사해야 할 이 사람은, 총리의 부친인 피에르 트뤼도Pierre Elliott Trudeau입니다.

따라서 오늘 우리의 임무는 우정과 신뢰를 구축하는 것은 아닙니다. 우정과 신뢰는 총리의 부친 시대부터 이미 쌓아왔기 때문이죠. 지금 우리에게 주어진 임무는, 그 우정과 신뢰를 바탕으로 서로 간의 협력을 심화시켜 중국 기업가와 캐나다 기업가가 모두 이익을 얻고, 중국인과 캐나다인이 모두 수혜를 얻게 하는 것입니다.

캐나다에는 중국이 부러워하고 배우며 본보기로 삼을 만한 부분이 참 많습니다. 예를 들어 캐나다의 인구밀도는 1평방킬로미터당 3.5명인 데 반해 중국은 135명입니다. 중국은 이 점을 부러워합니다. 적어도 나는 이 점이 부럽습니다. 하지만 캐나다 사람은 중국에 13억 인구의 큰 시장이 있으니 중국이 부럽다고 말할 수 있겠죠. 우리 두 나라가 이렇게 다르기 때문에 두 나라의 기업가들에게 협력할 수 있는 여지와 기회가 많이 있습니다.

캐나다에는 우수한 품질의 건강한 농산품과 상품이 많이 있는데, 이는 중국시장에 꼭 필요한 것들입니다. 제품뿐만 아니라 캐나다의 첨단기술, 선진교육, 문화예술, 환경보호기술 모두는 중국에 필요한 것들입니다. 지금 중국의 중산층은 약 3억 명으로 캐나다 인구의 10배이며 이 숫자는 계속 증가하고 있습니다.

오늘 중국에서 가장 뛰어난 기업가들이 총리의 연설을 경청하고 이어 총리와 중국과 캐나다가 경제무역협력을 강화할 수 있는 방안을 함께 논의하는 영광을 누리게 되었습니다.

오늘 이 자리에 오신 분은 캐나다 역사상 아주 젊은 총리로 단기간에 자신의 정당을 이끌며 기적을 창조했다는 사실을 기억하기 바랍니다. 우리는 그에게서 캐나다의 생기와 활력 그리고 캐나다의 내일과 신념을 볼 수 있을 것입니다!

쥐스탱 트뤼도: 베이징에 오게 되어 아주 기쁩니다. 총리가 되고 10개월 동안 이렇게 다른 장소에서 세계 각지의 우수한 기업가들과 한자리에 모여 이야기할 기회가 있었습니다. 그렇지만 마윈처럼 처음 만났지만 옛 친구를 만난 것과 같은 느낌을 주는 사람은 드물었습니다. 마윈은 정말 대단한 꿈을 꾸고 있습니다. 그것은 바로 개인 소비가 비약적으로 발전해 중소기업에 기회를 열어주고 더 아름다운 인생을 살아가도록 해주는 것입니다. 이 꿈은 실로 대단합니다! 나를 환영해주시고 이렇게 걸출한 인물들과 자리를 함께할 수 있게 된 점에 감사드립니다.

이번이 네 번째 중국 방문이며 총리가 된 이후 첫 번째 공식 방문입니다. 처음 중국에 왔을 때 나는 어린 소년이었고 아버지께서 총리셨습니다. 그리고 지금 나는 총리가 되어 중국을 처음으로 방문하면서 특별히 딸아이를 데리고 왔습니다. 아마 딸도 그 당시 내가 아버지를 따라 중국을 방문했을 때처럼 귀국을 이해할 수 있을 것입니다. 아버지는 일찍이 중국에 대해 우호적이고 개방적인 태도를 가져야 한다고 가르치셨습니다. 이 이념이 내 아이 그리고 캐나다의 다음 세대에게 계속 전해질 수 있기를 바랍니다.

세계 제2위의 경제대국인 중국은 세계경제 성장을 추진하는 과정에서 매우 중요한 역할을 담당하고 있습니다. 중국의 경제정책을 경시하거나 중국과의 관계를 가장 중요하게 여기지 않는 정책은 모두 무책임한 정책입니다. 중국과의 교류를 강화하고 심화시킬 때, 캐나다는 자국의 목적을 실현하고 일자리를 창출하며 중산층이 두터워지고 양국 관계가 다시 견고해질 수 있습니다. 중국의 기업가는 캐나다가 얼마나 투자환경이 좋은지 알아야 합니다. 우리는 여러분과 손을 합쳐 협력하고 중국 기업이 한 걸음 더 성장하도록 지원할 수 있기를 진심으로 희망합니다.

물론 양국이 양자 관계를 강화함으로써 얻어지는 좋은 점은 단지 경제 차원에 머무르지 않으며, 문화에서 얻어지는 좋은 점이 훨씬 많습니다. 앞으로 더 많은 캐나다인이 중국을 방문할 것이며 더 많은 중국인이 캐나다에 가서 여행을 하면서 문화적으로 더 깊이 연계될 것입니다. 환경 분야에서도 우리는 서로 도울 것입니다. 기후변화는 세계가 직면한 도전으로 전 세계가 함께 해결하고 손을 잡고 협력해야 서로 배울 수 있습니다.

존 키
뉴질랜드 총리

2016년 4월 18일, 베이징에서 열린 중국 기업가클럽 포럼 오찬에서 존 키 뉴질랜드 총리와 마윈이 번갈아 기조연설을 했다. 이 자리에서 존 키 총리와 선궈쥔沈國軍, 왕차오융汪潮涌, 샤화夏華 등 중국 기업가들은 깊이 있는 대화를 나누었다.

존 키: 뉴질랜드 총리가 된 후 중국을 여섯 번째로 방문했습니다. 이번에 뉴질랜드 각 분야의 재계 인사들을 대거 동원했는데요. 대표단의 규모가 이렇게 크다는 점은 뉴질랜드와 중국이 2008년 FTA를 체결한 후 양국 간의 비즈니스 관계가 장족의 발전을 거두었음을 말해줍니다. 지금 우리는 중국에 식품과 식품을 기반으로 한 제품을 더 많이 수출하고 있으며, 서비스 분야에서의 협력이 더욱더 확대되고 있습니다.

뉴질랜드와 중국은 지난 몇 년 동안 경제 분야에서의 협력뿐만 아니라 더 많은 분야에서 동반자로서 관계를 발전시켰습니다. 특히 아태 지역에서 협력하고 안보리에서 협력하고 있습니다. 우리는 기후변화와 같은 국제적 사안에 대해서도 비슷한 입장을 취하고 있습니다. 동시에 자유무역 촉진을 위해 모두 힘쓰고 있습니다. 중국은 FTA를 체결할 때, 가장 먼저 뉴질랜드를 선택했습니다. 우리는 아시아투자은행을 설립하자고 호소했고, 창설 당시 계속 지지해주었습니다. 시 주석이 뉴질랜드를 방문했을 때 역시 이런 입장을 밝혔습니다. 양국 관계는 계속 강화되고 있습니다.

인구가 10억이 넘는 중국은 안전하고 예측 가능하며 만족할 만한 상품을 필요로 합니다. 우리 뉴질랜드는 과학기술이 발전했고 특히 식품안전 관련 기술을 보유하고 있습니다. 따라서 우리는 호혜협력할 수 있습니다.

○ 뉴질랜드의 환경보호 기술과 의식 그리고 이념

마윈: 총리께서 대단하신 뉴질랜드 기업가 여러분들을 이렇게 많이 대동해 중국에 와주신 것에 특별히 감사 말씀 드립니다. 지구가 참 재미있다는 생각이 듭니다. 지구는 동과 서 그리고 남과 북 이렇게 나뉘어 있습니다. 만약 저에게 선택권을 준다면, 남반구 사람들과 장사를 더 해보고 싶습니다. 왜냐하면 그렇게 되면 매년 두 번의 여름과 두 번의 겨울을 만날 수 있기 때문입니다. 장사를 하는 사람의 입장에서 시간은 모든 것을 의미하고 계절은 모든 것을 의미합

니다. 중국의 제조업이나 뉴질랜드에서 생산한 상품 모두 1년에 두 번의 계절을 맞이하면서 두 번의 기회를 얻게 됩니다. 남반구의 지리적 위치 덕분에 비키니를 생산하는 기업이든 스키 장비를 생산하는 기업이든 모두 1년 사계절 내내 계속 생산할 수 있습니다. 우리 회사의 이 플랫폼에서는 세계적으로 구매하기도 좋고 세계적으로 판매하기도 좋습니다. 남반구와 북반구의 지리적 위치가 다르기 때문에 상품이 1년 내내 계절 변화로 인해 품절되는 사태가 발생하지 않을 것입니다. 따라서 남반구와 북반구의 경제협력에 큰 기회가 있다고 확신합니다.

우리는 심신의 건강에 대해 자주 얘기합니다. 뉴질랜드에 가면 몸과 마음이 건강해질 것입니다. 뉴질랜드는 확실히 사람들이 행복을 많이 느끼는 국가입니다. 나는 지금까지 북유럽의 연어가 가장 좋다고 알고 있었습니다. 그런데 뉴질랜드에 갔을 때 한자리에서 연어를 몇 접시나 먹어치웠는지 모릅니다. 뉴질랜드 설산에서 잡은 연어가 세계에서 가장 좋습니다. 연어가 뉴질랜드보다 더 좋은 국가를 아직 나는 발견하지 못했습니다.

이렇게 건강한 환경 속에서 뉴질랜드는 아주 아름답고 독특한 곳으로 변모했습니다. 〈반지의 제왕〉이라는 영화를 본 적이 있을 겁니다. 뉴질랜드는 영화 속 배경이 되었던 곳입니다. 세계에 이렇게 독특하고 매력 넘치는 지역이 있으니 다들 가보고 싶어 합니다. 전 세계인이 모두 뉴질랜드를 좋아합니다. 뉴질랜드는 인구가 450만 밖에 되지 않지만 매년 뉴질랜드에 가서 관광을 즐기는 사람은 300여만 명으로, 조만간 뉴질랜드 전체 인구를 넘어설 것입니다.

뉴질랜드는 관광하기 좋을 뿐만 아니라 제품은 더더욱 좋습니다. 중국 소비자는 뉴질랜드에서 생산한 분유, 꿀, 해산물을 좋아합니다. 작년에 우리는 하루 만에 뉴질랜드 꿀 27톤을 구입하였습니다. 언젠가 우리가 인터넷을 통해 뉴질랜드의 대기, 물, 흙을 사고 뉴질랜드의 건강을 살 수 있기를 정말 소망합니다.

뉴질랜드는 중국과 처음으로 FTA를 체결한 국가로, 2019년 중국에 수입되는 뉴질랜드 상품의 96퍼센트가 면세됩니다. 이는 중국 소비자에게 아주 좋은 소식이 아닐 수 없습니다. 나는 무역이 자유로워야 하며 무역이 정부 간 협상의 무기가 되어서는 안 된다고 줄곧 생각해왔습니다. 무역은 평화롭게 이뤄져야 합니다. 무역이 잘될수록 세계가 더 평화로워질 수 있기 때문입니다. 앞으로 우리에게 핸드폰 하나, 자동차 한 대만 있다면, 세계 어느 지역에 사는 사람에게도 장사를 할 수 있다고 확신합니다. 또 이 바람이 중국과 뉴질랜드에서 가장 먼저 이뤄질 수 있다고 확신합니다.

중국은 지금 뉴질랜드의 식품을 구매하는 것에서 시작했지만, 우리가 진짜 구매해야 할 것은 뉴질랜드의 환경보호 기술, 환경보호 의식, 환경보호 이념입니다. 뉴질랜드는 환경보호 이념과 환경보호 기술에 힘입어 언제나 햇빛이 찬란하고 언제나 건강하며 혁신이 계속되는 국가로 변모했습니다. 이 점에 대해 진심으로 경의를 표합니다. 오늘날 지구상에 뉴질랜드 같은 청정지역이 존재해서 다행이고 뉴질랜드에서 오염되지 않은 신선한 해산물을 살 수 있어 다행입니다. 우리는 앞으로 더 푸른 하늘을 보호하고 바다를 보호해야 합니다. 하늘과 바다는 우리의 생명과 밀접한 관계가 있기 때문입니다.

그렇다면 수산자원과 해양환경을 어떻게 보호하고 대기환경을 보호할 수 있을까요? 뉴질랜드는 환경을 보호하기 위해 엄청난 대가를 지불했습니다. 정부뿐만 아니라 현지 기업, 주민 모두 상상하기 힘들 정도의 노력을 들였습니다. 꼭 장사가 목적이 아니라 장사를 하는 이념 그리고 환경보호 기술을 서로 이해하고 서로 배우는 게 더 중요합니다. 환경보호는 먼저 탐욕을 버리는 데에서 출발해야 하며, 인류는 자연에게 무제한적으로 달라고 해서는 안 됩니다. 중국경제는 현재 체제 전환을 하고 있습니다. 우리는 중국경제의 고속발전이 지속가능할 수 없으며, 계속 달라고 요구만 해서는 지속가능한 발전을 이룰 수 없고 중국의 환경이 중국경제의 전통적 발전 모델을 더 이상 지탱해줄 수 없음을 인식하게 되었습니다. 중국은 앞으로 10~15년 내에 분명히 더 좋아질 것입니다. 왜냐하면 더 많은 국가를 보고 배우며 따라할 수 있기 때문입니다.

　따라서 우리는 전통적인 해외무역투자와 소비 위주의 경제성장에서 서비스와 소비 그리고 첨단기술로 전환해가고 있습니다. 전환 과정은 매우 힘들지만 필수불가결합니다. 나는 여러분 모두가 뉴질랜드라는 나라에서 환경보호에 따른 이점이 어떤 것인지 볼 수 있기를 바랍니다. 이들에게는 우수한 품질의 식품, 물, 토지, 공기가 있을 뿐만 아니라 더 나은 삶을 누리고 있습니다. 이렇게 전환해가기 위해서 아무리 힘들지라도 중국인은 이를 감수할 것이며 엄청난 노력을 기울일 의사가 있습니다.

　한 명의 중국 소비자로서, 나는 뉴질랜드에서 이렇게 우수한 품질의 안전한 식품을 생산해준 데 감사를 표하고 싶습니다. 새로운 무역 질서의 발기인이자 추진자로서 나는 총리께서 뉴질랜드와 중국 간의 자유로운 무역 교류를 이끌어주신 데 감사를 표합니다. 지구촌에 살아가는 사람으로서 나는 뉴질랜드가 지구를 위해 이렇게 아름다운 땅을 지켜주신 데 감사드립니다.

○ **국가 간의 기술과 노하우 공유에 대하여**

제이드 그레이[*]: 요즘 중국은 자원을 매우 많이 필요로 하고 있으며 자원 소모 속도도 매우 빠릅니다. 뉴질랜드와 같은 자원 소국의 입장에서 우리가 어떻게 해야 중국의 수요를 만족시키며 환경을 보호할 수 있을까요?

존 키: 먼저 우리가 우수한 기술을 많이 보유해 자원을 효과적으로 이용할 수 있음에 자부심을 느낍니다. 우리는 해산물이나 해양생물 보호관리에 매우 선진화된 기술을 갖고 있습니다. 물론 우리는 육지자원도 보호하고 있습니다. 또 온실가스 배출규정 등 규정을 많이 제정했습니다. 최근 몇 년 동안 우리는 고품질의 제품만 수출해 왔습니다. 소비 측면이나 식품안전의 관점에서 보자면 이는 흠잡을 데가 없고 또 중국의 목표와 일맥상통합니다. 뉴질랜드가 모든 제품을 생산할 수는 없습니다. 우리는 세계 최대 유제품 생산국과는

• 겅호피자GUNG HO! PIZZA(중국어로 叫板比萨) CEO.

거리가 멀지만 우리 역시 많은 양을 수출하고 있습니다. 다른 국가와 우리의 기술을 공유하고 우리의 경험을 공유해 세계 다른 지역, 예를 들면 중국이 이런 제품을 생산할 때 우리 기술을 사용하는 식으로 현지의 소비 수요를 만족시킬 수 있습니다. 따라서 우리는 기술 연구개발에 공동으로 참여해야 합니다.

마윈: 중국경제는 현재 하락하고 있는 것이 아니라 체제를 전환해가는 중이며, 기술과 서비스가 아주 빠르게 발전하고 있습니다. 예를 들어 작년 거래액은 5,000억 달러로 몇 년 내 1조 달러까지 성장할 것입니다. 작년에 우리는 하루 동안 뉴질랜드산 생굴을 5만 개 판매한 적이 있습니다. 중국 이외의 지역에서도 계속 매입활동을 벌이고 있습니다. 하지만 조만간 중국 인구는 14억이 될 것입니다. 이렇게 많은 사람들이 계속 먹는다면 모든 국가에서 생산한 식품을 모조리 먹어치울 것입니다. 그래서 수입을 할 뿐만 아니라 기술을 발전시켜 환경파괴를 막아야 합니다. 이러한 기술이 매우 중요하다고 생각합니다. 무역을 통해 상품 수입만이 아닌 이념, 지식, 기술을 배우고 인류 공통의 신앙을 배워야 합니다. 앞으로 5년 내에 중국은 이렇게 해야 합니다. 나는 뉴질랜드를 높이 평가하고 또 존경합니다. 뉴질랜드 제품이 아주 좋아서이기도 하지만, 뉴질랜드가 환경을 아주 잘 보호하고 또 뉴질랜드인들이 중국에 우호적이기 때문입니다. 앞으로 20년 동안 중국 역시 건강하고 환경친화적인 제품과 기술을 전 세계에 판매해 녹색소비 운동을 조만간 전개할 수 있기를 희망합니다. 환경친화적인 기업과 제조업체에 경의를 표합니다.

○ 뉴질랜드에 투자하는 기업가들에 대한 제안

마윈: 총리님, 해외에서 사업을 하는 중국 기업가들이 예전에는 많지 않았습니다. 아마도 우리가 처한 환경이 서로 다르기 때문인 것 같습니다. 그래서 이런 일들은 해서는 안 되고 조심하고 신중해야 한다, 이러한 조언을 해주시겠습니까?

존 키: 상대국의 문화를 이해하는 것은 매우 중요한 것 같습니다. 우리는 투자자들의 관련 요구를 매우 존중해줘야 합니다. 예를 들어 상하이의 한 기업이 뉴질랜드에서 농장을 많이 사들였는데, 결과적으로 이 농장이 곧 도산하게 되었습니다. 사실 그들은 동물복지, 농장발전 그리고 어떻게 농장을 운영할지 등에 대해 많은 약속을 했고, 이것은 그들이 신청한 내용의 일부분이었습니다. 약속을 하면 그것을 반드시 이행할 수 있도록 해야 합니다. 뉴질랜드에 와서 투자를 한 이상, 우리에게 진실되게 행동해야 결국 무언가를 할 수 있을 것입니다. 만약 당신이 우리를 존중해준다면 우리 역시 마찬가지로 당신을 존중해줄 것입니다. 우리는 이런 파트너십을 구축하기를 바랍니다. 만약 어떤 사람들이 뉴질랜드에 와서 투자하면서 엄숙하게 약속을 했습니다. 그런데 자신이 한 약속을 존중하지 않고 말한 것에 책임을 지지 않는다면 정말 걱정스러운 일입니다.

마윈: 조언 감사드립니다. 우리 클럽이 해야 될 일이라는 생각이 듭니다. 우리는 중국에서 좋은 일을 해야 할 뿐만 아니라 해외에서도

그렇게 해야 합니다. 중국이 앞으로 10년, 20년 동안 계속 해외진출을 할 텐데 어떻게 해야 건강한 세계인이 될 것인가가 관건이 되겠습니다.

○ 지속가능한 연계 시스템 마련 방안

멜라니 랜드': 마윈 선생님께 묻겠습니다. 유기농 식품이 얼마나 중요하다고 생각하십니까?

마윈: 유기농 식품은 아주 중요합니다. 나 스스로 물건을 사지는 않지만, 아내는 물건을 살 때 모두 인터넷 쇼핑을 합니다. 인터넷에서 검색을 하면 많은 물건이 유기농이라고 합니다. 그런데 실상 중국에는 유기농 제품이 얼마 없는 것 같습니다. 중국인에게는 안전한 식품이 시급합니다. 뉴질랜드가 우리의 수요를 만족시켜줄 수 있을 것으로 보입니다. 왜냐하면 뉴질랜드는 지리적으로도 중국과 가까운 편입니다. 뉴질랜드에서 우리는 유기농 식품을 더 많이 구입할 수 있습니다. 동시에 뉴질랜드 환경 역시 보호해야 합니다. 뉴질랜드 제품을 다 사서 없애는 게 아니라 환경을 보호할 수 있도록 도와야 합니다. 사람들은 점점 더 유기농 식품을 선호하고 있고 특히 젊은 사람들이 좋아합니다. 지금 인터넷에서 유기농 식품이 불티나게

• 뉴질랜드의 유명한 세제 및 목욕용품 브랜드 에코스토어ecostore 창립자.

판매되고 있습니다. '유기농'이란 단어는 이미 주요 검색어가 되었습니다. 뉴질랜드 유기농 식품은 중국에서 크게 인기를 끌 것입니다. 하지만 더 관심이 가는 부분은 뉴질랜드에서 유기농 식품을 생산하는 환경이 어떻게 해야 지속될 수 있는지입니다.

존 키: 뉴질랜드 사람들의 관심사 중에 하나가 바로 뉴질랜드가 한쪽에 치우친 국가라는 점입니다. 중국이라는 거대한 시장을 보고 뉴질랜드 기업이 중국에 물건을 수출할 생각을 했다는 것은 정말 놀라운 일입니다. 중국의 제도와 문화는 우리와 사뭇 다르기 때문에 중국에서 사업을 하는 것은 쉬운 일이 아닙니다. 알리바바는 다리를 놓아 뉴질랜드의 생산기지와 중국 소비자를 연결해주는 일을 했습니다. 마윈 선생님, 뉴질랜드의 작은 기업이 중국에 물건을 팔려면 작은 물건일지라도 어떻게 해야 알리바바 플랫폼을 통해 중국에 판매할 수 있을지 말씀해주실 수 있습니까?

마윈: 총리께서 저에게 이렇게 짤막하게 홍보할 수 있는 기회를 주신 것에 감사드립니다. 중국의 인터넷쇼핑 규모는 정말 놀라운 수준입니다. 결제 시스템이나 물류가 더 좋아진다면 아마 더 증가할 것으로 보입니다. 7년 전에 '광군절'을 시작했는데, 우리는 이날을 '솔로데이'라고 부릅니다. 솔로들은 마땅히 할 일이 없으니 아예 인터넷에서 쇼핑이나 하자!라는 것이죠. 7년이 지났는데, 작년에는 하루 동안 500억 달러가 거래되었고, 올해 얼마나 팔릴지는 잘 모르겠습니다. 젊은 사람들은 인터넷쇼핑을 특히 좋아해서 해마다 1억

2000명이 핸드폰으로 인터넷쇼핑을 하고, 이중 상당수는 해외 고객들입니다. 사실 이 문제를 고민하고 있었습니다. 뉴질랜드에 소규모 사업장이 많고 좋은 상품이 많으며 서비스도 잘 되어 있는데 왜 이것들을 가지고 중국에 와서 팔려고 하지 않을까. 중국에는 수억 명의 젊은이가 있고 뉴질랜드에는 좋은 상품이 있습니다. 따라서 우리는 이를 연계해줄 시스템을 구축해야 합니다. 예를 들어 '솔로데이'가 지나면 '미팅데이'를 열어 상품 제조업체와 판매업체를 연결시켜주는 것입니다. 우리는 이미 유럽에서 이렇게 했습니다. 우리가 뉴질랜드에서 연수 프로그램을 개설하고 강사를 교육시켜 그 강사들이 뉴질랜드 소기업에 어떻게 중국에 물건을 판매하고 절차는 어떻고 어떻게 결제가 이뤄지며 이후 물류는 어떻게 진행되는지 등등을 알려주며 교육을 시키는 것입니다. 우리에게는 알리바바 비즈니스스쿨이 있어 뉴질랜드 기업가들이 중국에서 2주가량 머무르며 연수를 받을 수 있습니다.

그 밖에 뉴질랜드에 알리바바 비즈니스 대사관을 열고 훌륭한 사람들이 우리 회사에 들어와 비즈니스 대사가 되도록 초빙할 수 있습니다. 올해 '솔로데이'를 맞아, 총리나 대표단에게 한 가지 요청을 드리고자 합니다. 만약 좋은 제품이나 서비스가 있어 우리에게 연락을 준다면 중국시장에 판매하는 것을 돕겠습니다. 나는 여러분의 제품을 믿습니다.

마크 저커버그

배경   국무원발전연구중심에서 주관하고 중국발전연구기금회
가 주최하는 중국발전고위급포럼이 '세계와 대화하고 공동의 발전
을 모색한다'는 취지로 2000년부터 시작되었다. 2016년 3월 19일,
마윈 알리바바 이사장과 페이스북 창립자인 마크 저커버그 CEO가
중국발전고위급포럼 경제정상회의 세션 토론에 참여했다. 한 명은
과학기술에 전념하고 한 명은 문화에 몰두하며, 한 명은 엔지니어
이고 한 명은 교사 출신이며, 한 명은 중국어를 독학한 미국인이고
한 명은 영어를 독학한 중국인으로서, 저커버그와 마윈은 혁신에
대해 지식과 지혜가 묻어나는 대화를 나누었다.

○ 10년 전 다보스포럼

첸잉이錢穎一*: 오늘 미국에서 오신 한 분, 중국에서 오신 한 분, 이렇게 두 분의 귀빈을 모시고 이 자리에서 대화를 나누게 되어 정말 행운입니다. 인터넷 관련 고위급 포럼을 개최하는 곳에서 가장 모시고 싶은 귀빈이 바로 이 두 분이 아닐까 생각됩니다. 알리바바의 마윈과 페이스북의 마크 저커버그를 환영합니다!

저커버그: 중국발전포럼에 오게 되어 아주 기쁩니다. 빠르게 발전하는 중국경제에 정말 탄복을 금치 못하고 있습니다. 오늘 마윈과 혁신에 대해 토론할 생각을 하니 아주 흥분됩니다. 혁신은 경제발전의 핵심입니다. 열심히 중국어를 공부해왔지만 중국어 실력이 좋지 않습니다. 그래서 마윈에게 영어로 대화하자고 요청했습니다. 다들 양해해주시기 바랍니다.

마윈: 저커버그의 중국어는 알아듣기 쉽습니다. 많은 중국인이 보통화를 할 때 지역 말투가 강해 알아듣기 힘듭니다. 나 역시 영어를 독학했기 때문에 영어를 말하다 보면 내 특유의 말투가 있습니다. 또 해외에서 공부한 적이 없기 때문에 어법이 틀릴 때가 많습니다. 다른 나라의 언어를 공부한다는 것 자체가 문화에 대한 사랑이라고 생각합니다.

---

* 칭화대학교 경제관리학원 원장.

10년 전, 다보스에서 저커버그를 처음 만났습니다. 그날 저녁 우리 두 사람 모두 고위급 기술인재포럼에 초청되었지요. 나는 기술에 무지한 사람인데도 참석 요청을 받았습니다. 나나 저커버그가 누구인지 아는 사람이 없었고 우리 두 사람은 문 앞에서 30분가량 이야기를 나누었습니다. 그때 나는 페이스북이 무엇인지 몰랐고 저커버그 역시 알리바바가 무엇인지 몰랐습니다. 하지만 다른 수십 명의 인사들은 모두 유명한 첨단기술의 대가들이어서 우리는 한마디도 끼어들지 못하고 우리끼리 한참 이야기를 나누었습니다. 그가 참 재밌다는 생각이 들었습니다. 그때 저커버그는 중국어를 배우지 않았습니다. 나는 언제 중국에 올 일이 있으면 연락하라고, 그럼 내가 도와줄 수 있다고 말했습니다.

4년 전 어느 날, 그가 갑자기 전화를 해 몇 년 전 약속을 아직도 기억하냐고 했습니다. 나는 당연히 기억이 난다고 말했죠. 페이스북에 가보니 저커버그가 중국어 공부를 시작했더군요. 페이스북 경영진에게 내가 생각한 바를 얘기했더니 사람들이 모두 웃음을 터뜨렸습니다. 그래서 거기 있는 사람 한 명에게 왜 웃느냐고 물어보자 내가 말하는 게 저커버그랑 비슷하다고 하더군요.

그때 저커버그의 생각과 내 생각이 상당히 비슷하다는 느낌을 받았습니다. 한번 비교해보십시오. 그는 중국에 와서 공부한 적이 없고 미국에서 중국어를 독학했습니다. 나는 서구권에 가서 공부해본 적이 없고 중국에서 영어를 독학했습니다. 이 사실은 우리 두 사람 모두 동서양 문화에 큰 관심이 있음을 드러냅니다. 알리바바라는 기업은 중국인이 보기에 서양의 느낌이 강합니다. 하지만 서양 사람이 보기에 우리는 아주 동양적입니다. 많은 사람들이 우리에게서 동서양 문화가 융합되었음을 확인합니다. 그런데 나는 페이스북에서 동서양 문화가 융합되었음을 발견하게 되었습니다. 그래서 나는 페이스북이 정말 대단한 기업이라고 생각합니다. 동서양은 동양이 이길지 아니면 서양이 이길지 계속 경쟁해왔습니다. 나는 개인적으로 동서양의 접점을 발견한 사람만이 성공할 수 있다고 생각합니다. 저커버그에게서 두 문화를 융합시키려는 대단한 부분을 발견할 수 있었습니다.

○ 기계는 분명 인간보다 똑똑하지만 인간보다 지혜로울 수 없다

사회자: 이어서 인터넷 분야의 저명인사 두 분의 혁신에 대한 견해를 들어보도록 하겠습니다. 먼저 마크 저커버그에게 묻겠습니다. 도대체 혁신이란 무엇입니까?

저커버그: 일단 문제를 고민하는 시간의 범주가 매우 크다고 할 수 있죠. 5~10년 동안 어떤 문제가 발생할까 고민하면서 이 기간 동안 해결책을 찾으려 합니다. 이것이 혁신입니다. 만약 바로 눈앞의 문제에 대한 해결책을 찾으려 한다면, 그것은 혁신이라고 할 수 없습니다. 따라서 기업은 장기적 문제에 주목해야 합니다. 이것이 혁신의 본질입니다.

2년 전, 우리는 페이스북 창립 10주년과 10억 유저 돌파를 축하했습니다. 그때 우리는 앞으로 10년 동안 세계의 어떤 문제들을 해결하고 싶은지에 대해 고민했습니다. 상품개발과 같은 문제들은 1~2년 내에 해결할 수도 있습니다. 하지만 진짜 큰 문제를 해결하려면 5년이나 10년 심지어 더 오랜 시간이 필요합니다. 가장 근본적인 세 가지 문제를 해결해야겠죠.

첫째, 인터넷을 세계 각지에 보급시켜야 합니다. 전 세계 70억 인구 중에서 40억가량이 인터넷을 할 수 없습니다. 따라서 이들은 우리와 동일한 교육이나 취업 기회를 얻지 못하고 우리에게 아주 일상화된 도구들을 사용할 방법이 없습니다. 제 생각에 이 문제는 10년 내에 해결할 수 있을 것으로 보입니다.

둘째, 인공지능입니다. 알파고와 세계적 바둑기사 이세돌의 대국은 인공지능의 힘을 잘 보여주었습니다. 하지만 인공지능은 어떻게 세계를 이해하고, 어떻게 시각이나 청각 같은 인간의 감각을 이해할 수 있을까요? 어떻게 언어능력을 획득할까요? 인공지능이 인간을 대체한다고 말하는 것이 아니라 10년 내에 이 분야의 연구가 크게 발전한다는 것입니다.

셋째, 거대한 컴퓨팅 플랫폼을 구축해야 합니다. 이 플랫폼은 시각과 가상현실을 기반으로 하게 됩니다. 지금의 상황을 보십시오. 거의 5년마다 새로운 컴퓨팅 플랫폼이 출현하고 있습니다. 최초의 대형 컴퓨터는 방 한 칸을 차지할 정도로 크고 매우 비쌌습니다. 나중에 개인용 컴퓨터가 발명되었고 지금 거의 모든 사람이 노트북 컴퓨터나 스마트폰을 보유하고 있습니다. 앞으로 5년 뒤에 더 자연스럽고 몰입형 환경을 구비한 컴퓨팅 플랫폼이 출현할 것입니다. 이 컴퓨터는 가상현실의 보조하는 역할을 할 것이며, 아마도 5~10년 내 가장 중요한 컴퓨팅 플랫폼이 될 것으로 보입니다.

우리는 5~10년 뒤에 어떤 문제가 발생할지 고민해야 하며, 이는 혁신이 해결해야 할 문제입니다.

사회자: 마윈, 인공지능을 어떻게 평가하십니까?

마윈: 저커버그의 의견에 공감합니다. 혁신이란, 독특하고 고효율인 방법으로써 문제를 해결하는 것입니다. 나는 엔지니어가 아니고 기술을 하는 사람이 아니라서, 다른 사람들과 마찬가지로 기술에 대해 두려운 마음이 있습니다. 하지만 기술을 통해 문제를 해결할 수 있을 것이라 확신합니다. 많은 사람들이 기계가 이미 인류를 물리쳤으니 이제 인류는 과연 어떻게 해야 하냐고 매우 걱정합니다. 컴퓨터가 세상에 나왔을 때부터 인류는 인간과 컴퓨터 중에서 누가 더 똑똑한지 겨룬다면 인간은 기계의 상대가 안 된다는 사실을 알았어야 했습니다. 기계는 갈수록 강력해지고 인간보다 더 코딩을 정교하게 잘하게 되겠지만 결코 인간처럼 지혜롭지는 못할 것이라고 봅니다.

바둑을 예로 들어보겠습니다. 나는 바둑을 잘 못 두지만, 그래도 바둑 두는 것을 좋아합니다. 바둑을 둘 때 상대가 실수하는 것을 보면 굉장히 재밌습니다. 상대가 실수하는 것을 보았을 때 설령 지고 있는 상황이라고 해도 기분이 좋습니다. 하지만 기계랑 바둑을 두게 되면 기계는 절대로 실수를 하지 않으니 전혀 재미가 없습니다.

기계랑 권투시합을 한다면 분명 이기지 못할 것입니다. 200여 년 전에 유럽이 기계를 발명했을 때 다들 기계가 인간보다 강력하다는 사실을 인식해야 했습니다. 100여 년 전에 비행기와 자동차가 인간보다 빠르다는 사실을 인식해야 했습니다. 지금 컴퓨터 시대가 왔으니 컴퓨터가 우리보다 기억을 잘하고 계산이 더 빠르며 쉴 필요도 없다는 사실을 인식해야만 합니다.

하지만 인류에게는 지혜와 마음이 있다는 긍정적인 면도 있습니다. 기계는 결코 성공과 실패를 누리지 못할 것이며 우정이나 사랑에 대해 아무런 감정이 없을 것입니다. 따라서 우리는 기계를 두려워해서는 안 되며, 기계를 사용해 문제를 해결하고, 혁신적이고 고효율의 방식으로 인류가 당면한 문제를 해결하면서 기후변화나 질병 그리고 빈곤의 문제에 대응해야 합니다.

저커버그: 마윈의 생각에 대부분 동의합니다. 인공지능이 바둑사에 새로운 이정표를 세우는 것을 보았습니다. 구글의 알파고가 기술적으로 엄청난 성과를 거두었다고 생각합니다. 최근에 인공지능 관련 회의에 참가했는데, 피부 상처를 촬영하면 컴퓨터가 세계 최고의 피부과 의사처럼 그 사람이 암에 걸렸는지 아닌지 판단할 수 있다는 이야기를 들었습니다. 이것은 일종의 유형 인식입니다. 다시 말해 인공지능이 시각, 청각, 촉각 나아가 각기 다른 언어까지 식별할 수 있다는 것입니다. 우리는 이 선진연구를 계속 진행해나가야 합니다.

마원: 우리 둘은 한 사람은 엔지니어고 한 사람은 엔지니어가 아니라는 점이 다르군요. 엔지니어는 기술 자체에 감격하지만 나는 과학기술이 우리의 삶을 어떻게 더 간편하게 만드는지에 더 감격합니다. 인공지능에는 흥분하지만 기술에 대해서는 전혀 감동이 없습니다.

○ VR과 AR

사회자: 엔지니어와 기술은 서로 화학적 반응이 일어나죠. 방금 인공지능에 대해 이야기를 나누었습니다. 요즘 VR*과 AR**이라는 말이 아주 유행인데, 다른 말로는 가상현실과 증강현실이라고 합니다. 이 둘은 서로 관련이 있는데, 이 둘 간의 관계에 대해 설명해주실 수 있겠습니까? 이 두 가지 기술이 앞으로 어떻게 발전할 것으로 전망하십니까?

저커버그: 10~15년 후 여러분이 쓰고 있는 안경을 통해 몰입형 체험

---

* Virtual Reality, VR이라고 한다. 미국 VPL 창립자인 재론 래니어Jaron Lanier가 1980년대 초에 고안한 것으로, 컴퓨터 그래픽 시스템과 각종 디스플레이, 컨트롤 등 인터페이스 설비를 종합적으로 이용해 컴퓨터에 쌍방향 연동이 가능한 3D환경을 생성함으로써 몰입형 감각을 제공해주는 기술을 말한다.

** Augmented Reality, 줄여 AR이라고 한다. 실시간 컴퓨터 촬영영상의 위치나 각도에 관련 이미지를 겹치는 기술이다. 1990년대 초 고안된 것으로, 디스플레이에서 현실 세계에 가상 세계를 겹쳐 상호작용이 가능케 하는 게 목적이다.

이 가능해질 것입니다. 안경에서 정보를 제공하고 주변 상황을 감지하며 어떤 장면을 보여주고 생활이나 일정도 계획할 수 있게 됩니다. 최근에 우리 회사 내부에서 핸드폰을 가지고 다른 사람과 탁구를 치는 시연을 해보았습니다. 실제로 상대방은 다른 사무실에 있었는데, 실험자는 마치 서로 마주하고 탁구를 치는 기분을 느꼈습니다. 이러한 기술은 우리의 놀이와 교육방식을 바꾸어 모의환경을 구축해 여가를 즐기고 학습이 가능할 정도로 매우 강력합니다. 앞으로 몇 년 내에 VR이 우선 게임 분야에 응용될 것으로 예측됩니다. 2억 5,000만가량의 사람들이 X-box나 ps를 가지고 몰입형 게임을 즐기게 될 것입니다. 나 역시 게임하는 것을 아주 좋아하고 주변에 게임 애호가들이 많습니다. 그들은 앞으로 2D 화면을 보는 것이 아니라 현장에 직접 있는 것처럼 우주 게임이나 격투기 게임 그리고 스포츠 게임을 즐길 것입니다.

사회자: 2016년은 VR의 해가 될까요? 지금 안경 시장에서 페이스북과 구글이 경쟁하고 있죠?

저커버그: 2016년은 소비자판 VR이 힘을 발하기 시작하는 해가 될 것입니다. 작년에 우리는 삼성과 함께 제품을 출시했고 금년에 우리는 오큘러스 리프트Oculus Rift* 라는 신제품을 출시할 것입니다. 오큘러스 안에는 연산능력이 아주 뛰어난 칩이 삽입되어 주변환경을

• 전자게임을 위해 디자인된 머리 착용형 디스플레이로, 가상현실 구현을 위한 설비다.

효과적으로 시뮬레이션할 수 있습니다. 어떤 느낌인지 묘사하기가 참 힘드네요. 여러분이 직접 체험해보시길 바랍니다.

사회자: 마윈, 저커버그가 알리바바에서 이 제품을 판매하도록 도와줄 수 있습니까?

마윈: 물론이죠! 저커버그가 방금 기술 콘텐츠에 대해 이야기했는데, 이해가 잘되지 않습니다. 하지만 우리 팀에서 VR과 AR의 발전 상황에 대해 이야기를 자세히 해주었습니다. 1994년에 인터넷 기업을 시작할 때에도 나는 인터넷에 대해 아는 게 하나도 없었지만 어떻게 해야 사람들이 더 간편하게 일을 할 수 있을까 생각했습니다. 그래서 VR이나 AR 이야기를 들으며 어떻게 하면 이 신기술을 활용해 여성이나 아이들이 더 편리하고 빠르게 인터넷에서 물건을 살 수 있도록 도울 수 있을까, 또 고객의 쇼핑체험을 개선시켜 판매를 촉진시킬 수 있을까 생각했죠. 우리는 분명 이를 가능케 할 수 있을 것입니다.

사회자: 이어서 기술과 기술이 가져올 영향에 대해 이야기해보겠습니다. 저커버그에게 질문하겠습니다. 지난 몇 년 동안 기술 분야에서 가장 놀라웠던 일이 무엇입니까? 다시 말해 가장 인상적인 혁신이 무엇입니까? 저커버그 자신이 보기에 어느 분야에서 기술이 가장 많이, 가장 빠르게 세계를 바꾸고 있는 것 같습니까?

저커버그: 알파고가 바둑의 대가를 물리쳤던 이야기를 이미 했는데, 이는 2016년에 나로서는 생각지도 못한 일이었습니다. 그전까지 전문가들은 인공지능이 인간의 두뇌를 뛰어넘으려면 앞으로 몇 년의 시간이 더 걸릴 거라고 했습니다. 인공지능의 연구개발이 매우 놀라운 속도로 진행되고 있음을 말해줍니다. 인공지능을 응용할 수 있는 곳을 더 많이 개발하고 또 의미 있게 응용할 수 있기를 바랍니다. 예를 들면 자율주행 자동차가 있죠. 이런 자동차를 통해 우리는 시간을 절약할 수 있고 사고를 줄일 수 있습니다. 마윈의 말을 빌리자면, 기계는 잠잘 필요도 없고 훨씬 더 잘 기억할 수 있어서 기계가 운전하는 것이 인간이 운전하는 것보다 더 안전할 것입니다. 공공안전에 있어 자율주행기술에 관심을 갖고 있습니다. 물론 이러한 기술을 위해서는 시스템이 보완되어야 합니다.

건강 분야에서는 인공지능을 통해 추진할 수 있는 일은 많습니다. 예를 들어 질병진단의 정확도가 높아지고 인공지능을 통해 개개인의 유전자와 신체적 특징 그리고 병증을 분석해 조기에 진단함으로써 더 빨리 더 효과적으로 치료를 진행할 수 있게 됩니다.

사회자: 마윈에게 질문하고 싶습니다. 생각하고 있는 기술이 있습니까? 그리고 그 기술이 세계에 어떤 영향을 줄 것으로 보입니까?

마윈: 제 생각에 학자와 창업자 간의 차이는, 학자는 언제나 대변혁을 바라지만 창업자는 소소한 변화를 바란다는 데 있는 것 같습니다. 우리 회사는 재밌으면서도 혁신의 변화가 크지 않은 곳에서 작

은 문제를 해결하는 데 시간을 씁니다. 작은 문제를 해결하는 것에서 출발해야 큰 문제를 해결할 수 있습니다. 두 달 전, 농구연맹을 방문한 적이 있습니다. 연맹 쪽 사람이 말하기를, 초기의 농구는 골을 넣을 때마다 사다리를 타고 올라가 공을 바구니에서 꺼내다 보니 경기 한 번 치르는 데 2~3시간이 걸렸다고 합니다. 20년이 지나 사람들은 바구니 아래쪽을 뚫으면 공이 바로 떨어지겠구나 생각하게 되었습니다. 이처럼 작은 혁신을 이루는 데 20년이 걸렸으니 큰 혁신을 이루는 데에는 수백 년이 걸릴 수 있습니다.

첨단의 시대를 살아가고 있는 우리는 참 운이 좋은 사람들입니다. 혁신의 영향에 대해 이야기하자면, 앞으로 3~4년 내에 생명과학기술이 엄청나게 발전해 사람들의 수명이 훨씬 길어질 것으로 보입니다. 컴퓨팅과 데이터의 힘이겠죠. 지난 300년 동안 과학은 하루가 다르게 발전해오면서 지구 밖의 세계, 우주에 대한 인식이 점점 더 많아졌습니다. 지금 우리는 화성이 어떤 곳인지 기본적으로 다 알고 있습니다. 하지만 인류 자신에 대한 인식은 크게 발전하지 않았습니다. 일단 새로운 컴퓨팅 능력을 확보하고, 인류 행위에 대한 데이터를 확보해야 뒤이은 30~40년 동안 인류는 자기 자신을 더 잘 이해하고 스스로를 도울 수 있게 될 것입니다. 100년쯤 시간이 흘러 인류가 장수의 비밀을 해독해냈을 때에는 어쩔 수 없이 인류의 수명을 200세로 제한하는 법률이 제정되기를 바랍니다. 인류가 더 건강하고, 더 즐겁고, 더 오랫동안 살 수 있도록 생명과학에 기대를 걸고 있습니다. 사람은 지식을 통해 총명해지고 총명한 사람은 자기에게 무엇이 필요한지 알게 됩니다. 사람이 좌절을 겪으면 더 지혜롭게 되는데 지혜로운 사람은 언제 포기해야 할지 알게 됩니다. IT시대에서 DT시대에 이르기까지, IT는 사람을 더 기계에 가깝게 만들었지만 DT는 기계를 더 사람에 가깝게 만들었습니다. 우리는 이미 신세계에 진입했습니다. 앞으로 30년 동안 우리는 지혜롭게 어떤 것을 포기해야 합니다. 그렇지 않다면 어려움을 겪을 수 있습니다.

○ **지혜와 지식**

사회자: 인공지능과 생명과학은 미래기술의 첨병입니다. 이제 문화에 대해 이야기해보겠습니다. 두 분은 문화의 경계를 뛰어넘은 대표주자로 중·미문화에 익숙한 분들입니다. 경제와 혁신의 관점에서 문화를 어떻게 보십니까?

마윈: 서양문화와 동양문화는 모두 아주 재미있고 독특한 문화라는 생각이 듭니다. 과거 100년 동안 중국과 서양은 서로 얼마나 다른지 토론하고 변론해왔습니다. 잘 아는 미국인 친구 한 명이 있는데, 그는 중국이 정말 걱정된다고 말했습니다. 그래서 뭘 걱정하는지 물었습니다. 그러자 그는 20년 후에 중국의 GDP가 미국을 넘어서 미국보다 더 강대해질 텐데, 그때가 되면 중국인들 역시 미국인처럼 세계를 통제할 것 아니냐고 하더군요. 왜 그렇게 생각하느냐고 물으니, 그저 미국인들은 그렇게 생각한다고 말했습니다.

내가 아는 한 이는 미국인의 경쟁의식으로, 미국인은 언제나 경쟁 상대를 찾아 그 상대가 무엇을 하고 있는지 확인합니다.

하지만 중국에서 강조하는 것은 조화로움으로, 우리 자신을 어떻게 변화시켜 외부 세계에 적응할지 고민합니다. 도교에서는 자기 자신을 변화시켜 환경과 하나가 되는 법을 얘기합니다. 유교에서는 자기 자신을 변화시켜 사회와 조화를 이루는 법을 얘기합니다. 불교에서는 자기 자신의 행위를 변화시켜 우리와 우리의 마음이 하나가 되게 하는 법을 얘기합니다. 동양문화는 경쟁을 아주 좋아하는 그런 문화가 아닙니다. 이 점이 동서양 문화의 가장 큰 차이점입니다.

중국 축구를 예로 들어보겠습니다. 중국은 개인운동 종목에서는 성적이 좋은 편이지만, 단체운동 종목에서는 그다지 잘 하지 못합니다. 우리는 경쟁적으로 싸우는 데 익숙하지 않습니다. 미국에서는 아이들이 방과 후 집에 돌아가면 부모들이 선생님이 무슨 예리한 질문을 던졌는지 물을 것입니다. 하지만 중국 부모는 다른 친구들과 주먹질하며 싸웠는지, 말싸움을 했는지, 선생님 말씀을 잘 들었는지 물을 것입니다. 우리의 교육관은 아이들이 좋은 아이가 되도록 교육하는 데 주안점을 둡니다. 영화는 다릅니다. 나는 미국 영화 관람하기를 아주 좋아합니다. 영웅은 처음에는 나쁜 사람처럼 보이지만 재난이 발생하면 좋은 사람으로 바뀌고 아무리 맞고 학대를 당하더라도 결코 죽지 않습니다. 하지만 중국 영화에서는 죽어야만 영웅이 될 수 있습니다. 이렇게 우리의 문화는 전혀 다릅니다.

중국은 지혜에 더 많이 집중합니다. 몇백 년 전에는, 동양인이든 서양인이든 모두 철학과 종교에 의지했습니다. 시대가 진보하면서 모든 것이 지식과 관련되었고 사람들은 지식에 더 많이 관심을 두었습니다. 나는 서양이 지식을 대표하고 동양은 지혜를 대표한다고 생각합니다. 동서양 문화 중에서 결국 누가 승자가 될까요? 동서양 문화를 잘 결합한 사람이 결국 이기게 될 거라고 생각합니다.

사회자: 저커버그, 문화 차이에 대한 의견을 얘기해주시겠습니까?

저커버그: 중국을 아주 낙관적으로 보는 점은, 중국이 기술에 아주 큰 관심을 가지고 있다는 것입니다. 전 세계에서 앞으로 일자리가 더 많아질 가능성이 있는 직업은 바로 기술직입니다. 전체적으로 보았을 때 세계 기술 인재, 엔지니어가 부족합니다. 세계 모든 국가가 엔지니어 양성을 희망하고 있습니다. 중국은 이공계 교육을 매우 강조해왔습니다. 예를 들어 이공계 엔지니어 출신의 정부 관리가 많습니다. 그들은 문제를 해결할 때 이과적으로 사고하며 학술적으로 매우 엄격한 훈련을 받아왔습니다.

　이 점이 중국의 강점이라고 생각하고 다른 국가도 중국처럼 이공계를 중시하기를 바랍니다. 나 자신이 기술 관련 일을 하는 사람이어서인지 기술에 관심이 많은 편이고 문화에 대해서는 아는 바가 많지 않습니다. 마윈 선생님처럼 그렇게 철학적으로 생각할 능력이 못 되네요.

마윈: 나는 기술을 잘 몰라 철학적으로 생각을 하는 데 시간을 쓸 뿐입니다. 기술에 있어 저커버그를 매우 존경합니다. 그는 동양문화

를 존중하고, 돈을 벌기 위해 중국어를 배운 게 아니라 본능적으로 중국문화를 좋아합니다. 또 중국인과 서양인 사이에 큰 차이가 있습니다. 중국인은 물건을 사는 데 돈을 쓸 때에는 매우 신중하지만 주식시장에 투자할 때에는 매우 충동적이어서 조금도 인색하지 않습니다. 미국은 정반대로 투자를 할 때 매우 신중하지만 자신을 위해 물건을 살 때에는 돈을 아끼지 않습니다.

그 밖에 미국인은 중국을 잘 알지 못하지만 중국인은 미국을 알기 위해 계속 노력해왔습니다. 중국 대로에서 무작위로 젊은 사람 100명에게 물어보면 적어도 80명가량은 잘하든 못하든 영어를 할 수 있을 것입니다. 미국에서 이와 똑같이 할 경우에는 많아야 3~5명 정도 중국어를 조금 할 수 있을 것입니다.

우리는 자신을 바꾸기 위해 미국을 배우고 싶어 했습니다. 이 점은 우리 중국인이 아주 독특하고 아주 재미있는 부분입니다. 긍정적이고 존중하는 태도로 나와 다른 사람을 바라보고 그 속에서 배울 만한 것들을 찾아가면, 세계는 더 아름다워질 것입니다.

○ 창업의 길

사회자: 두 분의 이야기가 다르지만 한 가지 공통점이 있습니다. 그것은 바로 창업자라는 거죠. 저커버그는 학업을 중단하고 창업을 했고 마윈은 먼저 교사로 일을 한 다음 창업을 했습니다. 창업을 생각하는 젊은이에게 어떤 조언을 줄 수 있을까요?

저커버그: 창업자는 자기가 어떤 문제를 해결할 수 있을지에 관심을 가져야지 어떻게 해야 회사를 차릴 수 있을까를 생각해서는 안 됩니다. 실리콘밸리에는 아주 독특한 문화가 있는데, 사람들이 창업을 하는 것을 아주 쉽게 생각하는 것입니다. 창업할 거라고 하는 많은 사람들 중에, 심지어 어떤 문제를 해결해 회사를 세울지 분명한 생각을 가지고 있지 않은 경우도 있습니다. 내 생각에 이는 정말 미친 짓입니다. 이렇게 해서 어떻게 좋은 회사를 세울 수 있겠습니까? 내가 사업을 하는 최종 목적은 구체적 문제를 해결하든 아니면 소수를 위해 일하든 더 나아가 세계를 바꾸든, 이러한 장기적 사명을 실현하기 위해서입니다. 이러한 사명을 기반으로 하였을 때 비로소 회사를 설립할 수 있습니다. 다른 사람이 좋아할 만한 물건을 정말로 만들어냈다면 협력 파트너가 나타나고 직원을 채용할 수 있으며 더 나아가 세계에 제품을 출시할 수 있을 것입니다.

　'회사를 설립하고 싶은데 어떻게 해야 할까요'라고 묻는 사람이 많습니다. 나는 그들에게 먼저 무엇을 하려는지, 무슨 문제를 해결하고 싶은지를 잘 생각해보라고 말합니다. 생각이 정리가 되면 그때 회사를 설립하는 것이지, 그 반대로 하면 안 됩니다.

마윈: 나 역시 회사를 설립하겠다는 사람을 종종 만났습니다. 저커버그의 말에 공감합니다. 먼저 여러분에게 사명을 가지고 문제를 해결해야겠다는 확신이 필요합니다. 다른 사람이 창업하는 걸 보고 나도 창업을 하겠다고 해서는 안 됩니다. 창업의 동기가 돈을 벌기 위한 것이어서만은 안 됩니다. 집을 팔아서라도, 다시 말해 모든 것

을 포기하고라도 이 일만은 꼭 하겠다는 마음이 되어야 합니다. 이런 신념이 있다면 가서 하십시오!

나는 기술과 관련해 공부를 해본 적이 전혀 없고 원래 교사 출신입니다. 교사의 자질은 학생이 나보다 더 낫고 자신을 능가해 발전하기를 바란다는 데 있습니다. 교사의 제품은 학생입니다. 나는 현재 알리바바의 수석 교육관으로 직원들이 앞으로 나보다 더 뛰어나길 바랍니다. 이것이 내가 회사를 경영하는 방식입니다. 인터넷은 사람의 생활을 개선시켜주는 도구지 내게 돈을 벌게 해주는 도구가 아닙니다. 사람에게는 문제를 해결해야 하는 사명이 있습니다.

어떤 사람은 우리 회사에 들어오고 싶어 이렇게 말합니다. "마윈, 당신을 위해 일하고 싶습니다." 그럼 나는 나를 위해 일하지 말라고 합니다. 나는 사명을 위해 일합니다. 여러분이 사명을 위해 일을 한다면 우리는 많은 문제를 해결할 수 있을 것입니다. 만약 여러분이 나를 위해 일을 한다면 미래는 분명 밝지 않을 것입니다. 오늘 이렇게 생각하고 내일 저렇게 생각한다고 나의 사명이 달라지지 않습니다. 한 무리의 사람이 누구 한 사람을 믿는 것이 아니라 이 사명을 믿고 함께 꿈을 꾸며 나아간다면 성공할 수 있을 것입니다.

○ 차세대 교육

사회자: 저커버그, 따님의 탄생을 축하드립니다. 딸에게 어떤 방식의 혁신교육을 시킬 생각입니까? 딸을 안고 《아이들을 위한 양자역학

Quantum Physics for Babies》을 읽어주는 사진을 보았습니다. 아이가 배워야 할 내용입니까?

저커버그: 우리 딸에게 중국어를 가르치겠다고 아내에게 약속했습니다. 우리 부부는 늘 농담 삼아 딸의 모국어는 영어와 생소한 중국어라고 말합니다. 내 아내는 어릴 때부터 미국에서 자라 중국어보다 영어를 잘해서, 우리 두 사람 중에서 딸에게 누가 중국어를 가르쳐야 할지 진짜 모르겠습니다. 그러나 아이가 호기심을 갖게 해주고 싶습니다. 세계에는 봐도 잘 모르는 것들이 아주 많습니다. 우리 딸이 공부를 하면서 스스로 탐색해야 하는 것들이 많다는 사실을 깨달으면 좋겠습니다. 《아이들을 위한 양자역학》은 친구가 선물한 책인데, 아이가 천천히 물리를 배워가기를 바랍니다.

딸이 앞으로 선생님이 돼도 좋고 엄마처럼 의사가 돼도 좋고 혹은 자기 사업을 해도 좋습니다. 무엇을 하고 싶든 아이에게 이런 지적 호기심이 있었으면 좋겠습니다. 지적 호기심은, 왜 그런지 알고 싶고 왜 내가 더 잘할 수 없는지 알고 싶은 것입니다.

마윈: 우리 딸은 운이 좋군요. 나는 양자역학이 뭔지 모르니 우리 딸도 양자역학을 배울 필요가 없습니다. 우리가 이렇게 힘들게 일하는 목적은, 우리의 후손이 더 나은 세계에서 살아갈 수 있도록 하기 위해서입니다. 나는 아이들이 더 안전하고 건강하며 더 행복하고 더 낙관적으로 살아갈 수 있기를 희망합니다. 나는 우리 딸이 앞으로 무엇을 할지에 대해 전혀 관심이 없습니다. 그저 커서 더 건강하

고 더 즐겁게 낙관적으로 문제를 해결하며 어려움을 낙관적으로 바라보며 살면 좋겠습니다.

○ 소비, 서비스 그리고 과학기술

질문: 마윈, 안녕하십니까. 나는 예일대학에서 왔습니다. 당신은 중국 소비의 엔진이고, 마윈과 저커버그는 엔진을 움직일 수 있는 사람입니다. 오늘의 주제에 대해 하시고 싶은 말씀이 있으십니까?

마윈: 창업할 때, 나는 우리 회사가 102년간 계속되었으면 좋겠다는 생각을 했습니다. 그래서 회사 내부적으로 어떤 계획을 세울 때 이사회 이사장인 나는 앞으로 10년 동안의 발전을 고민합니다. CEO가 5~8년 뒤의 상황을 고민한다면, 부회장급의 임원은 3년을 계획하고 올해를 고민하며 일반 직원은 눈앞의 일에 집중하게 됩니다. 중국경제에 부침은 있겠지만 10~15년이라는 긴 주기를 놓고 보면 중국경제는 전망이 아주 밝으며 지금이 가장 힘든 때라고 생각합니다.

과거 30년 동안 중국은 엄청난 보너스 효과를 누렸고 이제 일정 부분의 대가를 치러야 할 때입니다. 앞으로 15년 동안 중국경제는 소비와 서비스, 첨단 과학기술이 이끄는 방식으로 전환될 것입니다.

사람들은 중국경제 성장 속도가 둔화되고 있다고 말하지만, 우리에겐 실업문제가 없습니다. 청년들은 일자리를 찾을 수 있고 소비나 첨단 과학기술 업계 그리고 서비스 업계에서 일자리를 창출해낼 수 있습니다. 과거 중국경제의 삼두마차는 투자와 수출 그리고 국내 소비였습니다. 인프라 건설 부문에서 인프라 투자를 인프라 경영관리로 전환해야 한다고 생각합니다. 지난 수십 년 동안 정부가 인프라 건설에 그렇게나 많이 투자했으니 이제는 인프라를 더 효과적으로 이용해야 합니다. 수출을 보면, 중국은 더 이상 낮은 품질의 저가 상품을 수출해 박리를 취하는 데 급급할 게 아니라 중국의 제조업 기술을 업그레이드시켜 더 좋은 상품을 생산케 해야 합니다.

내수는 이제 시장을 이끄는 역할을 해야 합니다. 앞으로 3~5년 동안 우리는 과거의 경제성장 방식에서 벗어나 소비와 서비스 그리고 첨단 과학기술이 이끄는 새로운 경제성장 방식으로 잘 전환해가야 합니다.

알리바바를 보자면 앞으로 수십 년 동안 소비와 서비스 그리고 첨단 과학기술은 모두 우리와 관련이 있습니다. 따라서 우리 팀에서는 이것이 우리의 일이고 우리의 기회라고 말합니다. 일자리를 만들어야 경제가 비로소 지속가능한 발전을 할 수 있습니다.

질문: 안녕하십니까. 아시아인프라투자은행 대표입니다. 방금 저커버그가 인터넷에 접속하지 못하는 인구가 40억 명이라고 말하는 것을 듣고, 또 마윈이 인프라 투자에 대해 이야기하는 것을 들었습니다. 인프라를 개발하고 또 아시아가 호연호통互聯互通하기 위해서 어떤 조언을 해주실 수 있습니까?

저커버그: 인터넷을 이용하지 못하는 40억 인구 중에서 상당수가 아

시아에 거주하고 있습니다. 하지만 사실 중국은 다른 나라들보다 더 잘하고 있습니다. 세계 통계를 보면 빈곤선 아래에 사는 사람이 10억 명에서 5억으로 줄었는데 이러한 성공은 대부분 중국 덕분입니다. 실제로 빈곤인구가 오히려 늘고 있는 지역도 있습니다.

비교적 고무적인 사실은, 인터넷이 계속 보급되고 있다는 사실입니다. 10명이 인터넷에 접속할 때마다 1명이 빈곤에서 벗어나고 2명이 일자리를 찾게 됩니다. 농촌지역 인프라는 상대적으로 낙후되어 있지만 인터넷은 이 지역 학생들이 관련 학습 정보를 획득할 수 있게 돕고 있습니다. 의료도 마찬가지로 농촌에서 경험 있는 의사를 찾기가 쉽지 않다면 환자는 인터넷을 통해 의료 정보를 검색할 수 있습니다. 일자리 찾는 것도 마찬가지입니다. 중국의 인프라 건설은 비교적 앞서 있고 앞으로 5년 동안 계속 발전시켜나가야 합니다.

인도 인구는 15억인데 그중 10억 명이 인터넷을 사용하지 못하고 있습니다. 만약 우리가 인도에 인프라를 구축한다면 엄청난 기회가 그 안에 있을 것입니다.

마윈: 나는 이 문제를 좋아합니다. 개발도상국은 잠재력이 엄청나게 크다고 생각합니다. 우리는 농촌으로 눈을 돌려 집중적으로 투자해야 합니다. 농촌에 사는 10여 억의 사람들이 인터넷에 접속하고 모바일인터넷을 사용할 수 있도록 하기 위해서 어떻게 해야 할까요? 또 교육 시스템의 문제인데, 어떻게 해야 그들이 인터넷이나 모바일기술을 통해 교육을 받을 수 있을까요?

과거에 우리는 IT 분야에 투자를 많이 했습니다. IT시대에는 2와 8이 대립하는 상황이 나타났습니다. 즉, 20퍼센트의 사람이 먼저 부유해지고 나머지 80퍼센트는 혜택을 누리지 못했습니다. 하지만 DT시대에는 혜택이 두루 돌아가는 금융과 인프라를 구축해 나머지 80퍼센트의 사람도 혜택을 누릴 수 있어야 합니다. DT시대에 인프라를 개선함으로써 80퍼센트 사람들이 더 나은 삶을 누릴 수 있어야 합니다. 앞으로 30년 동안, 우리는 농촌으로 가서 기술을 활용해 이 80퍼센트의 사람들을 도와야 합니다. 80퍼센트에 해당하는 소비자와 소기업이 자신들의 잠재력을 발휘하게 된다면 엄청난 기회의 장이 열리게 될 것입니다. 과거에는 대규모 다국적 기업에 많은 투자가 이뤄졌지만 이제 우리는 80퍼센트의 사람들에게 인프라 투자를 해서 이들이 부유해지도록 만들어야 합니다. 이것이 우리가 해야 할 일입니다.

실리콘밸리 엘리트

배경 2013년 5월 7일, 마윈은 미국 캘리포니아 주 스탠포드대학에서 열린 '실리콘밸리 엘리트들과의 대화'에 참여했다. 마윈은 이번 연설에서 실리콘밸리가 없었다면 알리바바도 없었다며 '감사'를 기저에 깔고 얘기했다. 연설 중에 알리바바를 창업할 당시 심리적 변화를 돌아보면서 시대와 조직이 자신을 성공할 수 있게 만들었다고 고백했다. 자신은 기술을 전혀 모르는 CEO라면서 기술인재들을 존중하고 경외한다고 말했다. 이번 활동의 주된 목적은 해외에서 더 많은 인재를 유치해 그들이 귀국해서 알리바바에 들어오도록 하는 데 있다.

마윈: 어제 샌프란시스코에서 대자연보호협회TNC 회의에 참석했고, 이번이 아마도 알리바바 CEO 직을 사임하기 전 마지막 연설이 될 것 같습니다.

실리콘밸리가 없었다면 알리바바도 없었습니다. 지금은 정말 의미 있는 시대입니다. 1996년 어느 날 저녁, 자전거를 타고 항저우시 원얼로를 지나가다 몇몇 사람이 맨홀 뚜껑을 훔쳐가는 것을 보았습니다. 어디서 용기가 났는지, 나는 달려가 그걸 내려놓으라고 했습니다. 이때 갑자기 누가 와서 도와줬습니다. 이게 방송국에서 하는 실험이었음을 나중에서야 알게 되었습니다. 내가 그날 저녁 실험에 통과한 유일한 사람이었다는 이야기를 나중에 들었습니다. 세계는 변하고 있습니다. 여러분이 아무런 행동을 하지 않는다면 이 변화는 여러분과 아무런 상관이 없습니다. 반대가 되면 여러분은 이 변화의 수혜자가 됩니다. 이때 나는 처음으로 텔레비전에 출현했습니다.

두 번째 텔레비전 출연은 〈둥팡스쿵東方時空〉에서 하는 '서민이야기'라는 프로그램에서였습니다. 당시 나는 국가부위원회에 가서 인터넷을 소개하였지만 결과적으로 거절당했습니다. 그들이 말하는 이유는 내가 나쁜 사람처럼 보이기 때문이었습니다. 1994년 말, 1995년 초에 인터넷을 시작했는데, 잉하이웨이瀛海威* 보다 반년 빨랐으니 중국에서 가장 먼저 인터넷을 시작한 사람이라고 할 수 있습니다. 베이징 중관춘에서 '중국인은 고속도로에서 얼마나 멀리 떨어져 있는가' 얘기할 때, 나는 창업한 지 이미 반년이 넘었습니다.

나는 지금 시대가 매우 감격스럽습니다. '중국에서 인터넷을 했

• 1995년 5월에 설립된 중국 인터넷 업계의 선구자. 훗날 경영전략 등의 문제로 도산함.

을 때 어떻게 생존할 수 있었는가'라는 주제로 처음으로 하버드에서 강연을 했을 때, 세 가지 이유를 들었죠. 그것은 우리에게 돈이 없었고 기술도 모르며 계획을 세운 적이 없다는 것입니다.

첫째로, 우리가 창업할 때 자본금이 5만 위안밖에 없었습니다. 많은 창업자들은 아마도 돈이 너무 많았기 때문에 실패했을 수 있습니다. 돈이 문제를 해결해줄 거라고 생각하면 분명 참된 문제에 부딪히지 못할 것입니다. 지금까지 알리바바는 중국 인터넷 나아가 전 세계 인터넷 업계에서 현금을 비교적 많이 보유한 회사일 것입니다.

둘째, 우리에게는 기술이 없고 또 나는 기술을 잘 모릅니다. 아직까지도 나는 코딩Coding이 뭔지 잘 모릅니다. 알리바바에 있어 가장 큰 비극은 CEO가 기술을 전혀 이해하지 못한다는 것이고 가장 다행인 점 역시 CEO가 기술을 이해하지 못한다는 것입니다. 기술을 모르기 때문에 직원을 신뢰하고 엔지니어를 신뢰합니다. 비전문가가 전문가를 이끌 수 있는데, 관건은 전문가를 존중하는 법을 배워야 한다는 것입니다. 나는 기술을 잘 모르기 때문에 회사에서 출시한 기술상품의 유일한 테스터가 됩니다. 중국이나 세계는 기술이 부족한 게 아니라, 기술을 긍정적으로 보고 기술을 경외의 눈으로 보는 관점이 부족합니다.

셋째, 우리는 계획을 세우지 않았습니다. 나는 비즈니스 계획을 세우지 않습니다. 전에 실리콘밸리에서 한번 써봤는데 다 거절당했습니다. 1995년 창업을 할 때 더 이상 상세할 수 없을 정도로 자세히 쓴 사업계획서를 보고 사람들은 허황되다고 생각했습니다. 하지만 우리는 정확히 그 방향으로 계속 길을 걸어가고 직접 몸을 움직여 그 일을 해냈습니다.

○ 세계를 바꿀 수 있는 힘은 생각과 기술에 있다

마윈: 알리바바가 오늘을 맞이할 수 있었던 이유는 무엇일까요? 지금이 변화의 시대이기 때문입니다. 과거 30년 동안 시대가 너무나도 빠르게 변했고 앞으로 30년 동안 변화의 속도는 갈수록 더 빨라질 것입니다. 어떤 시대든 변화는 곧 젊은이들에게 기회임을 알아야 합니다.

창업을 시작하면서 알리바바의 사명은, 세상에 어려운 장사가 없게 하자는 것으로, 우리는 창업자를 돕고 싶었습니다. 지금 세계는 빠르게 변하고 있습니다. 여러분은 소비자들이 진짜 뭘 원하는지 알기 힘들 수 있지만 소기업은 고객의 욕구를 잘 파악합니다. 중국에 수많은 소기업이 있고 미국에 수많은 소기업이 있으며 아프리카에도 수많은 소기업이 있습니다. 소기업이 설 수 있어야 우리에게도 기회가 있습니다. 소기업이 없다면 대기업의 규모를 작게 줄여야 합니다. 산업시대에는 규모에 힘입어 승리를 취했지만, 정보 시대나 데이터 시대에는 혁신을 통해 승리하고 개성화에 힘입어 승리를 취하게 됩니다. 지금 세계를 바꿀 수 있는 힘은 생각과 기술에 있습니다. 기술이 많은 사람들의 생활을 바꾸어놓을 것입니다. 우리는 미국에 와서 미국의 중소기업이 어떤 일을 하는지 보기를 원합니다. 우리는 기술을 경외하고 미래 발전을 경외합니다.

○ 향후 10년간의 발전 기회

사회자: 마윈 회장의 연설을 13년째 듣고 있지만 매번 가슴이 뛰고 매번 새로운 영감을 얻게 됩니다. 질문들을 취합했는데 먼저 마윈에게 묻고 싶습니다. 중국경제가 갈수록 빠르게 발전하는데, 중국에 돌아온 인재들에게 향후 10년 동안 어떤 발전기회가 주어질지 말씀해주실 수 있겠습니까?

마윈: 향후 10년 동안 세계는 천지개벽할 것이며 그중 중국의 변화가 가장 클 것입니다. 지금 중국은 내수시장이 바뀌고 수요가 변하는 데에서 기회를 찾을 수 있죠. 과거 중국인은 물건을 파는 데 기쁨을 느꼈지만 이제는 소비를 하기 시작했습니다. 이것은 큰 변화예요. 인터넷을 통해 우리 사회와 생활 등 모든 면에서 변화가 발생했습니다. 유학파들은 자신을 바꾸고 현지 환경에 적응할 수만 있다면 분명 좋은 기회가 있을 것입니다. '유학파'는 민물에서 키우고 '국내파'는 바다에서 키워야 한다고 생각합니다. '유학파'가 해외에서 기회를 찾지 못한다면 '국내파'도 국내에서 기회를 얻지 못할 것입니다.

질문: 마윈 선생님, 안녕하십니까? 선생님의 말재주와 다년간의 창

업경험을 가지고 대학으로 돌아와 학생들에게 나눠주지 못한다면 정말 안타까울 것 같습니다. 제가 묻고 싶은 것은, 앞으로 학교에 돌아와 다년간의 창업경험을 공유하실 생각은 없느냐 하는 것입니다.

마윈: 일을 할 수 있다면 중국교육 시스템 개혁에 지대한 관심이 있습니다. 하지만 학교에 돌아가면 말을 적게 해야 합니다. 말이 많으면 단상에 있는 사람이나 앉아 있는 사람이나 모두 피곤합니다. 젊은 사람들은 경험이 없어서 내가 하는 말을 이해하지 못할 것입니다. 일전에 베이징대학에서 강연을 한 적이 있는데, 학생들은 내 얘기를 재밌게 듣지만 나 혼자 만담을 늘어놓는 것으로 여겨졌습니다. 그런데 창업을 해본 몇몇 사람들은 눈물을 글썽였습니다. 내 강연에 공감한 사람에게는 도움이 될 것입니다. 나중에 창업하는 사람들에게 강연을 많이 했습니다. 우리는 모두 고생을 해봤고, 상림祥林 아주머니 루쉰의 소설 《축복》의 등장인물로 중국 역사 속에서 고통을 받으며 살아가는 중국 여성을 상징함 - 옮긴이와 달리 하는 이야기가 모두 같습니다. 그래서 내 생각에는 학생들이 사회에 나가 2년 정도 부대껴보고 그다음에 우리와 교제한다면 더 좋을 것 같습니다.

○ **기꺼이 실패해 세계를 바꾸자**

질문: 버핏은 보험회사로 창업을 시작했는데, 버핏의 최대 성공은 보험회사가 보유한 현금을 가지고 투자를 잘한 것이었습니다. 지금

알리바바는 현금 보유량이 가장 많은 회사가 되었습니다. 그렇다면 버핏처럼 회사가 보유한 현금을 가지고 투자할 생각이 있습니까? 중국의 버핏이 되고 싶다는 생각을 해본 적이 있으신가요?

마윈: 버핏은 이 시대가 낳은 기적과도 같은 인물입니다. 기적을 만들려고 한다면 참 힘들 것 같습니다. 나는 한 번도 버핏이 되고 싶은 적이 없습니다. 나는 버핏이 될 수 없다고 생각하지만, 이 질문은 좋은 질문인 것 같군요. 우리 돈이 어디에서 왔는지 잘 생각해봤습니다. 몇 년 전 창업을 할 때 이루 말로 다 할 수 없을 정도로 가난했습니다. 아내에게 물었습니다. "내가 중국의 거부가 되면 좋겠어, 아니면 진짜 경영을 잘하는 사람이 되어 존경받으면 좋겠어?" 아내가 말했습니다. "당연히 존경받는 사람이 되어야지." 이 말은 내게 큰 영향을 주었습니다. 지금까지 나는 항저우 거부가 되겠다고 생각해본 적이 한 번도 없습니다. 거부가 되는 건 너무나 힘든 일이며 돈이 있다고 반드시 거부가 되는 건 아니기 때문입니다.

여러분에게 100만 위안이나 100만 달러가 있을 때 이 돈은 여러분의 것으로 행복감을 느낄 것입니다. 여러분에게 1,000만 달러나 2,000만 달러가 있으면 귀찮다는 생각이 들 것입니다. 가치가 떨어질까 걱정해 투자를 했는데 실패했거나 혹은 실패할까 걱정할 수 있는데 이는 행복하지 않은 일입니다. 여러분에게 1~2억이나 10억 달러가 있다면 이 돈이 여러분의 것이 아니라 다른 사람이 그리고 사회가 여러분에 관리를 맡긴 것임을 분명히 알아야 합니다. 이는 여러분에 대한 신뢰입니다.

나는 알리바바를 포함해 텐센트나 구글, MS 같은 기업이 이렇게 많은 현금을 보유하게 된 이유를 오래전에 깨달았습니다. 사회가 우리 같은 사람들이 이 돈을 가지게 되면 다른 사람들보다 더 효율적으로 투자하고 창업성공 기회가 더 클 것이라고 믿었기 때문이죠. 알리바바는 이 돈을 받았으니 돈을 써야 한다고 생각합니다. 우리가 쓰지 않는다면 다른 사람이 우리를 대신해 쓰고 은행이 우리를 대신해 써야 합니다. 무엇을 할 것인지에 대해서는 구체적으로 생각하지 못했지만 우리는 분명히 해야 합니다. 많이 투자하고 사람들을 많이 도와야 합니다. 내가 투자에 실패할 수 있고 다른 사람이 투자에 실패할 수도 있습니다. 왜 이런 실패 경험을 회사에 남겨주려고 하지 않습니까? 자오번산趙本山이 말한 것처럼, 가장 재수 없는 일은 여러분이 죽었는데 돈은 남아 있어 다른 사람이 여러분의 돈을 쓰는 것입니다. 그래서 나는 살아 있을 때, 정신이 아직 온전할 때 돈을 써야겠다고 생각했습니다. 이 돈은 사회를 대신해 쓰는 것이며, 여러분을 신뢰해준 사람을 대신해 쓰는 것입니다. 버핏이 되긴 너무 힘들 것 같습니다. 버핏은 돈이 너무 많습니다. 누가 먼저 은퇴할지 나랑 빌 게이츠를 비교하면, 내가 몇 년 먼저 은퇴할 것입니다. 버핏은 돈을 가지고 성공했지만 우리는 사람을 통해, 조직을 통해, 인터넷을 통해 성공한 사람들로, 완전히 다른 분야에서 전혀 다른 방법으로 성공했습니다. 여러분이 마이클 조던과 농구를 하면 재미가 하나도 없을 테니 그 사람하고는 바둑을 둬야 합니다.

○ 데이터 시대에는 데이터를 가지고 공유한다

질문: 나는 학문을 연구하는 사람으로 데이터 분석을 기반으로 과학을 연구하고 가르치고 있습니다. 알리바바는 플랫폼으로 많은 데이터를 보유하고 있는데요. 알리바바가 중국과 전 세계에서 어떻게 학문 분야를 지원할 수 있는지 말씀해주시겠습니까?

마윈: 정보 시대와 데이터 시대는 큰 차이가 있습니다. 정보 시대에는 데이터를 가지고 분석하지만 데이터 시대에는 데이터를 가지고 공유합니다. 보안이나 사생활을 보장해준다는 전제하에 더 많은 사람들이 데이터를 활용할 수 있게 해주는 것이야말로 우리가 사회에 할 수 있는 공헌이라고 생각합니다. 보안이나 사생활은 아주 복잡한 문제입니다.

알리바바는 지금까지 사회발전을 위해 어느 정도 공헌해왔습니다. 학술지원은 솔직히 많이 하지 못했습니다. 앞으로 학술탐구에 대한 지원과 학교교육에 대한 투자를 비롯해 이 부분에 대한 투자를 더 늘리겠습니다. 물론 학문은 거시적이어서 듣기에 너무 모호해 노벨경제학상 수상자들이 하는 말을 듣는 것처럼 한마디도 못 알아듣겠습니다. 국내에 많은 경제학자들이 하는 말은 알아듣기는 해도 그들의 관점이 반드시 옳은 것만은 아닙니다. 지나치게 학술적인 내용을 기업에 그대로 적용한다면 발전시키기 좀 힘들 것입니다. 그럼에도 우리는 천천히 여러분의 제안을 받아들여나갈 것입니다.

○ 중국에서는 모바일인터넷의 기회가 PC인터넷의 기회보다 크다

질문: 나는 모바일인터넷에 종사하고 있습니다. 10여 년 일했고, 창업한 지는 5년 되었습니다. 모바일인터넷과 관련해 질문을 드리고 싶은데요. 최근에 알리윈을 시작하신 것을 보았습니다. 전략적으로 어떤 부분을 고민하셨습니까?

마윈: 무선인터넷은 PC인터넷의 최대 도전이자 인터넷의 최대 버팀목이었습니다. 많은 사람이 아직도 PC인터넷이 뭔지 잘 모르는 상태에서 바로 모바일인터넷 시대로 진입했습니다. 모바일인터넷은 다른 방향입니다. 우리 같은 사람은 인터넷의 관점에서 전통산업을 봅니다. 하지만 모바일인터넷 종사자는 모바일의 관점에서 인터넷을 보기 때문에 세계의 모든 인터넷 기업에는 엄청난 도전입니다. 먼저 바뀌는 사람이 주도권을 쥐게 될 것입니다.

　중국에서는 모바일인터넷의 기회가 PC인터넷보다 더 큽니다. 중국의 3선, 4선 도시와 농촌은 PC시대를 생략하고 바로 모바일인터넷 시대에 진입해, 모든 사람이 핸드폰을 보유하고 핸드폰이 PC를 대체했습니다. 개인적인 생각이지만, 핸드폰이 앞으로 데이터 소비 기기가 되고 우리의 생활방식을 완전히 바꾸어놓을 것입니다. 사실 3~4년 전에 회사 내부적으로 논의한 다음 업무 분장을 많이 해서 OS나 데이터 관련해 많은 일을 했습니다. 중국이 모바일인터넷을 다양하게 응용하고 있다고 할 수 없지만 위챗처럼 잘하고 있는 부분이 있습니다. 우리가 더 많이 더 잘 응용할 수 있다고 확신합니다. 알리바바는 데이터와 코딩에 투자를 더 많이 할 것입니다. 우리는 타오바오 같은 플랫폼을 구축해 우리 스스로 물건을 파는 것이 아니라 응용하는 사람들이 물건을 팔 수 있도록 돕고 싶습니다. 따라서 지금 OS와 데이터에, 플랫폼에 많이 투자해 데이터와 기술적 지원을 더 많이 얻고 싶어 하는 사람들을 돕고 있습니다.

질문: 알리바바 전방에 커다란 싱크홀이 생겼습니다. 마윈 회장님은 알리바바가 뛰어넘기 힘들 것이라 생각합니다. 그런데 차기 CEO는 뛰어넘을 수 있을 것이라 생각합니다. 그럼 마윈 회장님은 CEO에게 이 사실을 알려주고 그를 말릴 것 같습니까?

마윈: 뛰어넘고 싶다면 뛰어넘게 해야죠. 병권은 이미 그의 손으로 넘어갔습니다. '신임信任'이라는 말에서 '신信'은 무엇이고 '임任'은 무엇입니까? 신과 임은 두 가지 개념입니다. 과거에는 '일단 쓰기로 마음먹었으면 의심하지 말고, 의심하면 쓰지 말라用人不疑 疑人不用'였다면, 이제는 '쓰기로 마음먹었어도 의심하고 의심이 들어도 쓴다用人要疑 疑人要用'입니다. 신임은 이 두 문장을 합친 것입니다. 나는 차기 CEO를 신임합니다. 내가 뛰어넘지 못한다고 차기 CEO 역시 뛰어넘지 못하는 것은 아닙니다. 누군가 내게 모바일은 글씨가 너무 작아서 희망이 없다고 말했습니다. 그래서 나는 당신은 작게 보지만 젊은 사람들은 키워서 본다고 말했습니다. 젊은 사람들은 우리보다 대단합니다. 여러분은 떨어져 죽을까 봐 이 걱정 저 걱정 다하지만 젊은 사람들은 떨어져 죽지 않을 것입니다.

○ 이베이는 우리가 내쫓아야 할 대상이 아니다

질문: 마윈 선생님 안녕하십니까. 〈양쯔 강의 악어 子江中的大〉라는 다큐멘터리를 본 적이 있습니다. 지금 마윈 선생님이 타오바오를 이끌고 이베이를 중국에서 내쫓는다는 내용이었는데요. 지금 이미 10년의 시간이 흘렀습니다. 악전고투했던 10년 전을 돌아봤을 때 타오바오가 이베이를 중국에서 몰아낼 수 있었던 비결이 무엇이라고 생각합니까?

마윈: 이베이는 우리가 내쫓아야 할 대상이 아니며, 이는 그들 자신의 전략적 문제 때문입니다. 그 '악전고투' 초기에 우리는 상대가 얼마나 대단한지 알지 못했습니다. 우리는 고작 3,000여만 위안밖에 없었지만 이베이는 자산이 800억 달러가 넘었습니다. 따라서 악전고투라고 할 수 없습니다. 악전고투란 말은, 양측의 실력이 비등할 때 하는 말이지, 우리는 근본적으로 이베이에 대항할 능력조차 되지 않았습니다. 우리는 돈키호테보다 더 머뭇거리지 않고 의연히 나아갔고, 싸움을 기쁨으로 바꾸어나갔습니다. 이베이는 우리가 싸워야 할 대상이 아니라 나중에 우리 때문에 놀라게 해줄 대상이었습니다.

당시 우리는 앞으로 중국의 인터넷 인구가 1억 8,000만 명이 될 것이라 전망하고 장기 전략으로 전자상거래를 시작했습니다. 이베이는 질 경우 중국을 떠나면 되지만, 마윈은 지면 돌아갈 곳이 없기 때문에 우리는 반드시 이겨야만 했습니다. 국가와 문화의 경계를 뛰어넘어 기업을 경영하는 일은 쉽지 않아 어느 정도 시간이 필요합니다. 포기하는 건 가장 쉬운 일로, 2~3년 더 참아야 했다면 쓰러졌을지 모릅니다. 그런데 운이 좋게도 이베이가 돌연 더 이상 싸우지 않고 중국에서 철수하겠다고 선언했습니다. 물론 우리에게 10억 달러를 투자해주는 등 야후에서 많은 도움을 주었습니다. 그렇지 않았다면 한도 끝도 없이 싸우고 있었을 것입니다. 돈을 가지고 싸운다고 생각하는 사람들이 많습니다. 하지만 그렇지 않습니다. 문제는 혁신입니다. 지금까지 알리바바는 어떤 일을 할 때마다 한 가지 문제를 고민했습니다. 그것은 바로, '5년 후에 성공할 수 있을까, 10년 후에 성공할 수 있을까'입니다. 만약 5년이나 10년 후에 성공할 수 있다면, 우리는 비로소 그 일을 합니다. 만약 내일 바로 성공할 일이라면 우리는 절대로 하지 않을 것입니다.

당시 우리는 '양쯔 강에 사는 악어'라고 불렸습니다. 사실 양쯔 강 악어는 크지 않지만 이베이는 바닷속 상어여서 장강에서 싸워야만 우리에게 기회가 있습니다. 사기를 북돋우려고 하는 말에 불과합니다. 따라서 지금도 우리는 감히 바다에서 그들과 싸울 생각을 하지 않습니다. 오늘날 좋은 방법을 찾기만 하면 개미도 코끼리를 넘어뜨릴 수 있습니다. 방법을 잘 이해하면 여러분에게도 기회가 있습니다. 상대가 돈이 얼마 있는지 보지 말고 상대 기업이 얼마나 큰지 보지 마십시오. 종종 소기업이 대기업을 잡을 때가 있습니다. 여러분의 기업을 잡을 사람은 지금 보이지 않고, 여러분이 경시했고 이해하지 못했던 사람일 것입니다. 여러분에게 보이는 사람은 경쟁 상대가 아닙니다.

○ 알리바바가 사람을 선택하고 쓰는 기준

질문: 과거를 돌아봤을 때 창업 초기와 중기, 후기에서 사람을 선택하고 쓰는 기준이 무엇입니까?

마윈: 창업 초기 문화와 창업 후기 문화는 어떤 차이가 있을까요? 차이가 없습니다. 일에 아주 흥미를 느끼는 사람을 계속 찾아야 하고, 일을 잘 아는 사람은 피해야 합니다. 특히 전에 아무도 해본 적이 없는 일을 할 때에는 배우려는 열의가 있는 사람을 찾아야지, 이 분야를 아주 잘 아는 사람을 찾아서는 안 됩니다. 현재 중국에는 인터넷, 특히 전자상거래 전문가나 분석가가 아주 많습니다. 누가 전문가고 누가 분석가입니까? 이 업계가 생겨난 지 고작 몇 년밖에 되지 않았는데 전문가가 있을 수 있겠습니까? 우리랑 구글은 조금 다릅니다. 구글은 세계 일류 인재를 선호하지만, 나는 세계에 일류 인재가 존재하지 않는다고 생각합니다. 알리바바는 평범한 사람을 좋아하고 나 역시 평범한 사람이라고 생각합니다. 배우고자 하는 사람이 우리가 찾는 인재입니다. 우리가 하려는 일은 전에 아무도 해보지 않은 일이라서 모두가 함께 배우고 함께 노력해야 하기 때문입니다.

여러분에게 맞는 사람을 찾아야지, 최고의 사람을 찾으려 해서는 안 된다는 사실을 기억하십시오. 우리는 모두 이런 잘못을 저질렀습니다. 돈이 생기면 바로 일류의, 어느 대기업 출신을 찾으려고 합니다. 그런데 그렇게 하면 끝장입니다. 트랙터에 보잉747기의 엔진을 달면 되겠습니까. 우리는 민영기업의 정인군자 그리고 다국적 기업의 반역자를 찾아낼 수 있기를 희망합니다. 다국적 기업은 모두 공정을 중요시하는데, 나는 그것을 역행하는 사람을 찾고자 합니다. 민영기업은 비교적 야성을 지니고 있는데, 나는 그 가운데에서 정인군자를 찾고 싶습니다.

○ 자신이 가장 즐거워하는 일을 하고 가장 쉬운 일에서 시작하라

질문: 한 기업의 경쟁력 중 하나가 기업문화인데, 알리바바의 기업문화와 일반적인 미국 기업의 문화와는 차이가 있어 보입니다. 구성원 10여 명의 힘을 빌려 지금의 발전을 이룩했는데, 가장 주된 요인이 뭐라고 생각하십니까?

마윈: 알리바바는 성공하지 않았고 그저 버티고 있을 뿐입니다. 세상의 누가 지금 자신이 성공했다고 감히 자신할 수 있을까요? 과거 인터넷 업계에서 야후를 경외하지 않은 사람이 없었지만 지금 야후는 어떻습니까? 아무도 이 세계의 변화를 정확하게 단언할 수 없습니다. 우리는 그저 적당한 시기에 옳다고 여기는 결정을 해나갈 뿐입니다. 알리바바에는 우리만의 사명과 가치관이 있습니다. 이 두 가지가 없다면 다른 것은 모두 공허한 것입니다. 우리가 어떤 일을 할 때에는 명확한 목적을 가지고 움직입니다. 알리바바의 직원에게 한번 물어보십시오. 그들이 무슨 일을 하고 있는지 다들 알고 있습

니다. 바로 세상에 어려운 장사가 없게 하는 것입니다.

세상에 어려운 장사가 없게 하겠다더니, 알리바바 플랫폼에서 장사가 잘되지 않는다고 우리를 비난하는 사람이 많습니다. 여기에 두 가지 개념이 있다고 말해주고 싶습니다. 내가 여러분을 잘 살게 해줄 수는 없습니다. 이것은 하느님도 못하는 일입니다. 하느님이 세상 모든 사람을 다 살게 해줄 수 있습니까? 불가능합니다. 우리는 그저 우리의 사명을 위해 최선의 노력을 다할 뿐입니다. 지금까지 가장 감동적인 것은, 우리가 이 원칙과 마지노선을 계속 지켜왔다는 것입니다. 심지어 가장 힘들었던 때에도 우리는 행복했습니다.

질문: 알리바바의 미래는 IPO입니까? 만약 이런 계획이 있다면 타임라인이 어떻게 되나요?

마윈: 우리는 IPO에 큰 관심이 없습니다. 알리바바는 전에 홍콩에서 상장을 했습니다. 상장이 결혼이고 상장폐지가 이혼이라면, 우리는 결혼을 했고 이혼도 해봤습니다. 우리는 결혼식이 무엇인지 압니다. 결혼식을 치르는 데 시간이 필요합니다. 따라서 우리는 지금 언제 결혼식을 치를지 관심이 없습니다. 우리는 이 결혼이 얼마나 아름답고 얼마나 지속될지, 자신이나 다른 사람에게 얼마나 많은 기쁨을 줄지에 관심이 있습니다. 우리는 여기에 더 많은 시간을 투자하려고 합니다. 결혼 예식이야 어떻게 치러도 다 마찬가지입니다. 이렇게 해야만 이 기업이 더 오래갈 수 있고, 이렇게 해야만 이 기업이 의미 있게 유지될 수 있습니다.

많은 사람이 이래서 안 되고 저래서 안 된다고 불평하기를 좋아합니다. 나는 누구도 불평하지 않았으며 다른 사람 탓하는 데 아무런 의미를 부여하지 않았고 그저 나 자신만을 탓했다고 여러분에게 말하고 싶습니다. 앉아 계신 모든 분들은 평생 생활하는 데 큰 어려움 없이 자랐을 것입니다. 왜 스스로를 바꾸려고 하지 않습니까? 한번 시도해보십시오. 중국에서, 다른 회사에서 스스로 하고 싶은 일을 해보십시오. 한 노인이 내게 이런 말을 하더군요. 사람이 죽을 때가 되면, 평생 해보지 못한 일에 대해 후회하지 했던 일을 후회하지는 않는다고.

여러분 역시 마찬가지입니다. 여러분 모두가 꼭 알리바바에 오지는 않을 것입니다. 하지만 온다면 나는 아주 기쁠 것입니다. 여러분이 사회발전에 공헌할 수 있는 일을 한다면, 자신의 인생을 변화시킬 수 있는 일을 한다면, 그 일은 노력할 만한 가치가 있는 일입니다. 이 일을 가장 좋아하는 사람, 이 일을 즐길 줄 아는 사람을 찾아야 한다고 아까 말했습니다. 창업의 원칙 두 가지는 내가 가장 좋아하는 일을 하고 가장 쉬운 일에서 시작해야 한다는 것입니다.

재계 엘리트

배경　2016년 2월 20일, 마윈은 레이룽장에서 열린 야부리 중국 기업가포럼에 참석해 특별 연설을 했다.

마윈: 안녕하십니까? 스키 타러 가신 분이 많은데 나는 못 갔네요. 내가 처음으로 스키를 배운 곳이 야부리입니다. 스키를 배우고 나서 스위스에 갔죠. 야부리에서 스키를 배웠기 때문에 스위스에서도 스키를 탈 수 있을 것으로 생각했습니다. 스위스에서 15분 동안 리프트를 타고 산 정상으로 올라가 아래를 내려다보고는 정말 기겁을 했습니다. 15분 동안 그렇게 높이 올라왔는지 몰랐습니다. 산 경사도 얼마나 가파르던지 활강 지점이 어디인지 도무지 찾을 수가 없었고 무서워 아예 스키를 타지 못했습니다. 결국 두 시간 가까이 걸려 걸어 내려왔습니다.

　때때로 우리는 자신이 아는 게 많다고, 잘 이해하고 있다고 생각합니다. 미래를 경외하지 않고 어제에 감사하지 않는다면 우리는 영원히 비틀비틀, 절뚝절뚝거리며 살아가게 될 것입니다.

지금 기업마다 모두 어려운 시기를 겪고 있을 것입니다. 나 역시 다들 겪었을 어려움을 겪었고, 사실 남들보다 더 어렵고 더 힘든 시간이었습니다. 여기 있는 많은 기업은 아마 지금까지 내가 겪어온 많은 어려움들을 아직 경험하지 못했을 것이라 생각됩니다. 하지만 어떻게 하겠습니까? 기업을 경영하기로 선택했고 알리바바를 하기로 선택했으며 인터넷을 하기로 선택했고 젊은 사람들과 함께 이 일을 하기로 선택했으니 그저 계속해나가는 수밖에 없습니다.

지금 알리바바는 정말 수많은 문제에 봉착해 있습니다. 전에 왕스王石가 등산을 한다기에 그에게 왜 등산을 하냐고 물었습니다. 그랬더니 산 정상에 오르면 생각이 정리가 된다고 하더군요. 나도 변기 위에 앉아 있으면 생각이 정리가 됩니다. 나는 매일 산을 오르기도 하고 설산을 헤집고 다니기도 합니다. 기업가 모두가 매일 어떻게 해야 설산을 넘을 수 있을까, 어떻게 해야 이 고비, 저 고비를 넘길 수 있을까 고민합니다. 내일 닥칠 재난이 무엇인지 분명히 알아야 합니다. 어떤 재난이 닥칠지, 어떤 어려움이 닥칠지 알고, 재난이나 어려움이 올 수 있다는 사실을 아는 사람만이 미래를 낙관할 수 있는 자격이 있습니다. 미래에 어떤 재난이 닥칠지 모른다면 여러분이 낙관하는 것은 분명 맹목적인 것입니다.

지금의 경제 상황은 누구에게나 좋지 않은데, 사실 이것은 기회입니다. 만약 여러분에게만 좋지 않다면 여러분에게 닥친 재난이 더 클 것입니다. 더 나아가 경제가 좋은지 나쁜지는 사실 여러분과 큰 상관이 없습니다. 경제에 문제가 없는 국가가 어디 있겠습니까? 다들 문제가 있습니다. 몇 년째 체제를 전환하고 업그레이드해왔다는 것은, 중국경제가 지난 몇 년간 지속가능하지 못했다는 뜻입니다. 우리가 경제문제를 대면하면서 느끼는 불안심리의 파괴력은 경제하강에 따른 파괴력보다 훨씬 큽니다. 금융위기가 터지면 쓰나미처럼 오늘은 미국 다음은 중국으로 밀려오게 됩니다. 이것이 하나의 과정입니다.

다들 체제 전환과 업그레이드를 외치지만, 체제 전환과 업그레이드에 따른 대가가 얼마나 큰지 잘 알지 못하고 있습니다. 또 어떻게 해야 하는지 충분히 준비를 하지 못했습니다. 오늘날 에너지, 석유, 자원을 기반으로 한 경제가 전반적으로 하락세를 보이는 것은 기정사실입니다.

경제가 좋은지 나쁜지 판단하는 것은 사실 GDP와 큰 관계가 없습니다. 한 국가의 경제가 건강한지를 판단하려면, 희망이 있는지, 취업이 안정적인지, 청년에게 취업 기회가 있는지를 봐야 합니다. 청년들에게 취업기회가 없다면 GDP가 아무리 높아도 경제가 좋지 않습니다. 청년취업에 문제가 있다면 이는 모두에게 닥친 재난이 될 것입니다.

지금 중국에 3대 경제 성장점이 새로이 출현했습니다. 3대 경제 성장점인 소비와 서비스 그리고 첨단기술을 가리켜 중국의 새로운 '삼두마차'라고 합니다. 전통적인 인프라투자, 수출, 내수를 '삼두마차'라고 한다면, 소비, 서비스, 첨단기술은 '석 대의 벤츠'라고 할 수 있습니다.

첫째, 인프라 투자를 볼까요. 30년 동안 이렇게 많은 돈을 투자했으니 이제 인프라 투자에서 인프라 응용으로 변모해야 하지 않을까요? 설비에 이렇게 많은 투자를 했지만 응용능력이 생각보다 훨씬 더 떨어집니다. 국가가 몇십 년 동안 민영기업에 투자를 개방했다면 전문적으로 경영하고 시장에 의해 경영되도록 해야 합니다. 여기에 엄청난 기회가 있습니다. 우리는 우리의 자산을 잘 살리고 이국가가 과거에 투자한 것들을 더 잘해나가야 합니다. 둘째, 수출주도형 경제는 지속가능할 수 없으며 수출입이 균형되게 발전해야 합니다. 중국은 세계에서 이미 거대한 셀러 마켓이 되었으니 이제 세계 최대 바이어 마켓이 되어야 합니다. 우리는 사는 법을 배우고 다른 국가의 물건을 중국으로 사들이는 법을 배워서 중국의 체제 전환과 업그레이드를 가속화시켜야 합니다. 중국은 생산과잉이 아니라 낙후된 생산력이 과잉된 상태로, 고부가가치 상품의 생산성은 아직 떨어지는 상태입니다. 중국은 변기를 생산하지 못하는 것이 아니라 좋은 변기, 창의적인 변기를 생산하지 못합니다. 따라서 수출입이 모두 골고루 발전하는 법을 고민해야 합니다.

내수란 무엇입니까? 내수는 곧 소비입니다. 왜 소비를 하지 않으면 내수가 살아나지 않을까요? 투자와 수출은 정부 주도하에 이뤄지지만 소비는 시장이 주도하고 기업이 주도하는 것이기 때문입니다. 정부는 인프라에 투자할 수 있고 모든 방법을 동원해 수출을 부양할 수 있지만 서민들의 주머니에서 돈을 꺼내 뭘 할 수는 없습니다. 그런데 서민들의 주머니에서 돈을 꺼내는 일은 기업가의 혁신이며, 시장이 해야 할 일입니다.

소비消費란 무엇입니까? 소비에서 '소消'는 소모한다는 뜻이며, '비費'는 낭비한다는 뜻입니다. 과거에 우리는 차나 집이 내수라고 생각했습니다. 하지만 차나 집은 평생 한두 번 사면 끝이지만 집 안에서 사용하는 물건들은 날마다 소비할 수 있습니다. 벽에 걸린 피카소 그림이야말로 진짜 낭비하는 것입니다. 소비가 살아나야 중국 경제가 살아날 수 있습니다. 소비를 진작시키는 것은 혁신을 통해 가능하고 시장이 해야 할 일입니다. 중국이 할 수 있는 일은 굉장히 많습니다. 중국 기업이 갈 길을 몰라 헤매는 이유는 단 하나입니다. 바로 상상력이 부족하기 때문입니다.

중국에는 3억 명의 중산층이 있지만 우리의 소비 수준은 여전히 농민 수준에 머물러 있습니다. 서민들이 소비를 하도록, 젊은 사람들이 돈을 쓰도록 장려하지 않는 것은 미래에 대한 믿음이 없다는 것입니다. 사실 미래에 대한 믿음은 의료보장제도를 완비했다는 뜻이 아닙니다. 이것은 학자들의 생각입니다. 미래를 진짜 신뢰한다는 것은 젊은 사람들을 신뢰한다는 뜻입니다. 중국의 수많은 젊은 이들이 첨단기술 업계에 뛰어들고, 소비 업계에 뛰어들며, 서비스 업계에 뛰어들고 있습니다. 여기에 우리의 기회가 있습니다.

나 자신은 중국경제가 장기적으로 발전할 것이라고 언제나 믿고 있습니다. 단기적인 상황은 잊어버려야 합니다. 회사를 운영할 때 내년이나 다음 분기만 생각한다면 여러분은 전문 경영인입니다. 전문 경영인이 고려하는 것은 다음 분기 상황입니다. 기업을 경영한다면 5년, 10년, 20년을 고민해야 합니다. 20년이라는 관점에서 보면 경제주기가 몇 번은 있게 됩니다. 불운한 시기를 겪지 않은 대기업이 과연 있는지 한번 물어보고 싶습니다. 불운한 시기를 겪지 않은 기업은 절대로 기업이 될 수가 없습니다. 상처받은 적이 없는 여자를 여자라 부를 수 있고 상처받은 적이 없는 남자를 남자라 부를 수 있습니까? 그런 사람은 여자아이나 남자아이입니다. 기업도 마찬가지입니다. 따라서 앞으로 중국은 소비주도형 경제가 될 것입니다. 소비주도형이라는 말은 창조나 혁신이 주도하고 창조나 혁신을 장려하며 시장경제로 나아가는 것을 장려하는 것입니다. 여기에 엄청난 기회가 도사리고 있습니다. 지금은 용감한 자가 승리하고 지혜로운 자가 승리하며 능력 있는 자가 승리하는 시대입니다.

나는 미래를 확신하지만 오늘이나 내일에 대해서는 살얼음 위를 걷듯이 소심하고 신중하게 행동합니다. 오늘은 잔혹했고 내일은 더 잔혹하겠지만 모레는 아름다울 것입니다. 하지만 절대 다수의 사람들이 내일 저녁에 죽어 모레 떠오르는 태양을 보지 못합니다. 이 점을 믿으십시오. 여러분은 빠져나갈 수 있습니다.

○ 고객이 1순위, 직원이 2순위, 주주가 3순위

앙리 지스카르 데스텡*: 고객의 수요와 주주의 수요가 불일치할 때가 종종 있습니다. 예를 들어 사람들 모두가 저렴한 가격에 물 한 병을 사고 싶고 한 시간 내에 집으로 배송되기를 원합니다. 그렇게 하면

• 클럽메드 CEO.

고객은 만족시킬 수 있지만 회사의 입장에서 비용을 따져보면 수지가 전혀 맞지 않거든요.

마윈: 고객의 이익과 주주의 이익에 관한 문제군요. 알리바바는 설립 이후 지금까지 16년 동안 고객을 1순위로, 직원을 2순위로, 주주를 3순위로 여겼습니다. 고객의 수요를 만족시키고 직원들이 즐거워야 혁신이 가능합니다. 고객이 만족하고 직원이 만족하면 주주는 분명 만족하게 됩니다. 장기적 효익을 생각한다는 주주의 말을 믿지 마십시오. 주주는 오늘 여러분 회사 주식을 팔아 다른 걸 살 수 있기 때문입니다. 월가에서는 주주를 1순위로 여깁니다. 주주가 1번이 되면 문제가 커집니다. 절대다수의 주주가 여러분의 전략을 이해하지 못하고, 절대다수의 주주가 여러분의 고통을 이해하지 못하며, 절대다수의 주주가 그저 데이터를 가지고 여러분을 분석하지만, 자기를 가장 잘 이해하는 사람은 바로 여러분 자신입니다. 따라서 주주가 항상 옳으니 그들의 의견을 존중해줘야 한다는 생각은 버리라는 말씀을 드리고 싶습니다. 최종적인 결정은 결국 여러분이 내려야 합니다.

몇 년 전, 전자상거래를 하는 한 기업이 베이징 시내라면 어떤 물건이든 1시간 내에 배송 가능하다고 했습니다. 콜라 한 병만 사는 고객이 나타났습니다. 결국 이 회사는 바로 파산했습니다. 이 회사는 바른 일을 하면서 시기를 잘못 선택한 것입니다. 지금 여러분은 인터넷에서 물을 팔면서 랍스터를 팔 수도 있습니다. 작년에 우리는 캐나다에서 랍스터 9만 8,000마리를 판매했는데, 랍스터를 한

마리씩만 팔면 분명 적자입니다.

2015년 알리바바는 저장에 인민폐 178억 위안의 세금을 납부했으니 업무일마다 평균 8,000만 위안의 세금을 낸 셈입니다. 각 성에서 20대 고액 수익자 중 타오바오 티몰 출신이 몇 명인지 직접 한번 조사해보십시오. 중국에서 지금 새로운 실물 경제가 탄생하고 있습니다. 사이버 경제와 실물 경제는 서로 대립각을 세우는 것이 아닙니다. 사이버 경제가 이기거나 실물 경제가 이기는 게 아니라 실물 경제와 사이버 경제가 하나가 되었을 때 이길 수 있습니다. 상점 문을 닫게 된 점주들은 인터넷 때문에 망했다고 원망을 합니다. 그렇지 않습니다. 스스로 이 기회를 잡지 못했기 때문에 그렇게 된 것입니다. 앞으로 10년 동안 중국 전체에서 납세액이 가장 많은 기업은 지금 인터넷을 잘 활용하고 빅데이터와 첨단기술을 잘 활용해 소비와 진짜 서비스를 잘 발굴해낸 기업이 될 것입니다.

소비, 서비스, 기술로 무장한 청년들은 2015년 '광군절'에 900억 위안 이상의 물건을 판매했습니다. 이 중 60~70퍼센트가 전에 이름을 들어본 적이 없는 5년 전에는 판매자로 존재하지조차 않았던 회사들입니다. 이것이 바로 국가와 시대의 희망입니다. 80후, 70후 젊은 세대는 첨단기술을 통해 창조하고 혁신해 수요를 발견합니다. 지금 소매업이 왜 이렇게 힘든 것일까요? 백화점은 당시 수요를 발견했고 수요를 창출해내면서 작은 상점이나 영세 상인들을 모두 와해시켰습니다. 그런데 지금 백화점들은 부동산 업계에 머물러 있습니다. 지금은 인터넷 기업이 수요를 발견하고 수요를 창출해내며 수요를 이끌고 있습니다. 시대가 이렇게 진보했습니다.

리샤오쟈*: 방금 고객을 1순위로, 직원을 2순위로, 주주를 3순위로 여긴다고 말씀하셨는데요. 이것이 일반적으로 적용되는 가치관이라고 생각하십니까 아니면 알리바바나 텐센트 같은 회사에만 적용되는 것이라고 생각하십니까? 알리바바는 지금 규모가 이렇게 커졌는데 사실 자본을 그렇게 많이 쓰지 않았고, 또 자본을 지나치게 많이 소비해 자본시장이나 기타 주주들에게 펀딩하는 것도 아니었습니다. 전통적인 자본집약형 기업을 보게 되면 그들은 수시로 자본을 필요로 하며, 자본시장의 가격에 따라 그들이 자본을 더 획득할 수 있는지 여부가 바로 결정되었습니다. 이러한 때 주주의 이익은 3순위라고 말하려면 어떤 논리로 접근해야 할까요?

마윈: 고객을 1순위로, 직원을 2순위로, 주주를 3순위로 여기는 것은 21세기 기업에 일반적으로 적용되는 가치관이라고 생각합니다. 크리에이티브와 혁신을 고려한다면 사람이 중심이 되어야 합니다. 20세기에는 기기, 생산원료, 에너지가 주를 이루던 시대였습니다. 따라서 돈이 있어야 기기를 살 수 있고 기기를 사야 생산을 할 수 있습니다. 21세기에는 사람이 핵심 요소가 될 것입니다. 사람을 첫 번째 요소로 삼는다는 것은 고객이 1순위가 되고 직원이 2순위가 되며 주주가 3순위가 되는 것입니다. 자본에만 의존하는, 기기를 사고 원자재를 사며 에너지를 사야만 생산할 수 있는 기업에는 누구도 투자하지 않을 것입니다. 나보다 돈이 더 많은 사람은 언제나

• 홍콩증권거래소 행정 총재.

있고, 사 온 기계가 여러분보다 더 빠르게 행동할 것입니다. 따라서 나는 이러한 일들을 하지 않을 것입니다. 주주가 원하든 원하지 않든 나는 이렇게 계속 이 길을 걸어가고 있습니다.

○ BAT*가 인터넷 혁신의 뿌리를 꺾는 것은 아닐까

옌옌**: '쐉창 雙創: 대중창업大衆創業, 만인혁신萬人創新 - 옮긴이' 속에서 기본적으로 BAT 3대 업체가 인터넷 업계를 독점하고 있음을 볼 수 있습니다. 많은 청년들이 '우리에게 창업할 기회가 있을까'라고 말합니다. 장기적으로 본다면 BAT가 인터넷 혁신의 뿌리를 꺾는 역할을 하고 있는 것이 아닐까요?

마윈: BAT는 독점하고 있는 게 아니라 잠시 선도하고 있는 거라고 말씀드리고 싶습니다. 현재 청년들이 직면한 문제들을 20년 전에 나 역시 겪었습니다. 20년 전의 나는 빌 게이츠나 IBM이라는 말만 들어도 화가 났습니다. 나는 언제나 빌 게이츠가 되기를 꿈꿨고 우리 회사가 IBM처럼 되는 걸 꿈꿨습니다. 그런데 나중에 보니 옆집 왕 씨가 나보다 상황이 더 좋았습니다. 하지만 끝까지 그 길을 걸

• 　BAT는 중국 3대 인터넷 기업인 바이두Baidu, 알리바바Alibaba, 텐센트Tencent의 영문 첫 글자를 합친 것이다.

•• 　사이푸아시아투자기금賽富亞洲投資基金 창업 관리 파트너.

어가고 계속 공부하다 보면 기회가 있게 됩니다. 청년들이 '쌍창'을 하는 데 걸핏하면 '차기 BAT는 내가 되어야지' 하는 생각을 해서는 안 됩니다. 역사적 기회를 포착하고 좋은 시대를 만나 좋은 업계에 진출하며 또 좋은 직원을 만나 사명을 붙들고 계속 나아가서 비로소 오늘까지 올 수 있습니다. 마을에 지주가 있는데, 지주를 죽인다고 여러분이 잘살게 되는 것은 아닙니다.

우잉˙: 3대 인터넷 기업이 함께 고객에게 더 편리한 서비스를 제공하도록 해야 한다고 생각하지 않으십니까? 마윈 회장은 개인적으로 이런 일을 할 생각이 있으신가요? 알리바바의 입장에서 모두가 한 팀이 되어 더 나은 서비스를 시장에 제공할 의향이 있으십니까?

마윈: 만약 세 기업이 진짜 함께 어떤 일을 한다면, 그것이야말로 진짜 독점입니다. 우리 세 기업은 반드시 경쟁해야 합니다. 경쟁의 목적은 시장을 더 건강하게 만들고 스스로 더 건강해지고 고객들에게 더 공정해지기 위해서입니다. 모두가 함께 연합해 고객 서비스와 서비스 시장 개선을 위해 노력합시다. 나는 기업 모두가 이런 노력을 하고 있다고 믿습니다. 이를 위해서 마화텅馬化騰 회장과 먼저 공익사업을 위해 손을 잡고 조금씩 공감대를 형성해가고 있습니다. 하지만 분명히 해야 할 점은, 세 기업의 규모가 이렇게 큰데, 현금 수입이 이렇게 좋은데, 이윤이 이렇게 많은데……. 이런 유치한 생

• 중저자명투자기금中澤嘉盟投資基金 이사장.

각을 해서는 안 됩니다. 과거 MS가 얼마나 대단했습니까, 또 당시 모토로라의 기세가 얼마나 거셌던지 사람들이 뒷걸음질 칠 정도였습니다. 하지만 10년의 세월이 흐르고 상황은 너무도 빠르게 변했습니다. 10년 후에도 BAT가 있을지, 알리바바가 계속 존재할지, 미래를 이끌고 미래를 창조해갈 수 있을지는 모릅니다. 이러한 문제들에 대해 더 고민해야 한다고 생각합니다.

지금 BAT 규모가 너무 크다는 둥 알리바바가 너무 커져서 망하지 않을 거라는 둥 사람들은 얘기합니다. 망하지 않을 기업은 하나도 없습니다. 세계 제1의 경제대국인 미국에 BAT 같은 기업이 얼마나 많았습니까? 세계 3위의 경제대국인 일본에 알리바바와 같은 규모의 기업이 얼마나 많았습니까? 중국에는 몇 개 되지 않습니다. 중국의 경제 규모가 이렇게 커졌으니 BAT 수십 개 수백 개가 있어야 합니다. 그래야 경제가 번영할 수 있습니다.

천치웨이[*]: 샘솟는 아이디어의 원천이 무엇인지 마윈 선생님께 여쭈어보고 싶습니다. 어디에서 그런 아이디어를 얻으셨나요?

마윈: 창업을 막 시작했을 당시 일본을 공부했고 그 뒤에 미국을 공부했고 또 나중에 한국을 공부했습니다. 우리는 평생 누군가를 배우고 평생 역사를 통해 배워왔지 미래를 대면하고서 배운 적이 전혀 없습니다. 나는 미국에 가서 공부해본 적이 없고 해외에서 유학

---

* 야상亞商그룹 이사장.

한 적이 없지만, 어려서부터 영어에 관심이 있었고 서구문화에 관심이 있었습니다. 사실 중국의 전통적인 유교, 도교, 불교 사상에서 많은 깨우침을 얻습니다. 유가사상, 불가사상, 도가사상에다 유럽과 미국의 기독교사상을 더하고 그다음에 태극권의 경쟁이론까지 함께 버무리면 그 안에 즐거움이 무궁무진합니다. 서양의 경영 시스템부터 배웠다면 알리바바는 서양 모델에서 절대로 벗어나지 못할 것입니다. 따라서 나는 기업혁신이나 창조적 생각이 우리의 신앙체계 그리고 우리가 문화를 어떻게 이해하느냐에 따라 달라진다고 굳게 믿습니다.

○ 어떻게 죽을 것인지는 선택할 수 있다

리이페이*: 우리는 모두 죽음을 고민합니다. 이 세상을 떠난 이후에도 알리바바가 계속 있기를 바라십니까? 재산을 어떻게 처리하실 계획입니까?

마윈: 우리는 어느 집에서 태어나고 어디에서 태어날지 선택할 수 없지만 어떻게 죽을지는 선택할 수 있습니다. 호랑이에게 잡아먹히기 싫다면 산에 가지 않으면 되고 물에 빠져 죽기 싫다면 강에 가지 않으면 됩니다. 알리바바는 적어도 102년은 계속되어야 합니다.

• 맨그룹 중국 지사장.

나는 유전자, 사명 등 전체 시스템을 통해 이를 보장하고자 하지만 그렇다고 앞으로 어떻게 될지 내 마음대로 정할 수 없습니다. 죽음에 대해 생각해본 적이 있냐고 물으셨는데, 나는 아주 깊게 고민했습니다. 우리 모두는 언젠가 세상을 떠나게 됩니다. 특히 내 나이대가 되면 많은 일을 겪어 죽는 게 그렇게 무서운 일만은 아님을 알게됩니다. 지금 나는 고민하는 데 가장 많은 에너지를 쏟고 있습니다. 그 고민은 바로 우리가 없을 때 과연 이 회사가 우리보다 더 뛰어난 사람들과 함께 계속 성장할 수 있느냐 하는 문제입니다. 따라서 인재를 발굴하고 문화를 만들어가고 시스템을 구축하는 일이 더없이 중요합니다. 여러분이 후계자를 찾는다면 아직 젊고 혈기 왕성할 때 찾아야지 칠팔십 될 때까지 기다렸다 찾아서는 안 됩니다. 칠팔십 살에는 자식을 새로 낳기에는 너무 늦습니다.

왕차오융*: 알리바바가 매년 10퍼센트씩 성장한다면 창립 100주년이 되면 알리바바의 시가총액은 세계 500대 기업을 모두 다 합친 것보다 더 커질 것이고 마윈이 당연히 세계 최대 부자가 될 것입니다. 한 가지 질문을 하고 싶습니다. 기업의 한계가 어디입니까? 많은 경우 일을 하는 것은 시작에 불과할 때가 많습니다. 마윈 회장님이 가장 좋아하는 포레스트 검프처럼 모두가 달리고 있는데 내가 지쳐 더 이상 달리지 않았을 때, 그때가 한계입니까?

● 신중리캐피털 창업주이자 회장.

마윈: 나는 한 번도 '갑부'가 되어야겠다고 생각해본 적이 없습니다. '갑부'할 때의 'Fu'는, '책임을 지다'할 때 '負$_{Fu}$'거나 '복을 지키다' 할 때 '福$_{Fu}$'라고 생각합니다. 가정이 행복하고 친구가 있다면 이것이야말로 최대의 복입니다. 갑부가 되지 못할 수 있겠지만 복 받은 사람이 될 수는 있습니다. 지금의 나는, 내가 이렇게 많은 일을 할 수 있을 거라고는 생각하지 못했기 때문에 행복하지 않습니다. 이런 일들은 생각만큼 좋지 않습니다. 한번 해보십시오. 아마 생각보다 더 좋지 않을 것입니다. 사회가 나에게 이렇게 많은 자원과 이렇게 큰 시가총액, 이렇게 많은 이윤, 이렇게 많은 청년, 이렇게 많은 데이터, 이렇게 많은 기술을 주었는데 사회를 위해 공헌하려는 노력이 없다면 이것은 옳지 않은 것입니다. 실제로 2,000여억 달러로 이렇게 큰 혼란이 일어났는데 수조 달러였다면 나처럼 체구가 작은 사람이 감당할 수 없었을 것입니다. 경계가 어디일까요? 경계는 없습니다. 사회에 이롭고 자신에게 이로우며 직원과 주주에게 이로운 일이고 또 여러분에게 그 일을 할 만한 능력이 있다면 할 수 있습니다. 경계를 뛰어넘는 자가 승리할 수 있습니다.

○ 알리바바와 텐센트의 경쟁

장수신*: 알리바바와 텐센트는 두 가지 분야에서 직접 경쟁하고 있

---

* 렌허원통 주식회사 이사장.

습니다. 하나는 SNS이고 다른 하나는 결제입니다. SNS를 보면 알리바바는 이미 시나 웨이보를 가지고 있는데, 계속 SNS 사업을 이어갈 생각이십니까? 두 번째 질문은요, 알리페이 홍바오가 너무 복잡하다고 다들 투덜거리는데 이 부분에 대해 어떻게 생각하십니까?

마윈: 첫 번째는 위챗과의 경쟁에 관한 질문이군요. 만약 마화텅에게 마윈과 경쟁할 수 있겠냐고 묻는다면 그는 '그럴 리가 없다. 그것은 거짓말이다'라고 할 것입니다. 알리바바가 텐센트와 경쟁할 수 있겠냐고 묻는다면, 나는 예전에는 생각해보지 않았지만 지금 생각하기 시작했다고 답하고 싶습니다. 과거에 나는 입이 뻣뻣하고 매정하게 일처리를 하지 못했습니다. 비즈니스는 전쟁을 하는 것과 마찬가지입니다. 비즈니스를 할 때 경쟁 상대를 없애야 내가 살수 있는 것이 절대 아닙니다. 나는 '너 죽고 나 살자'는 식을 버린지 오랩니다. 하지만 환란을 미연에 방지해야 하고 경쟁을 플랫폼 위에 두어야 합니다. 우리는 지금 전 세계에서 벌어지는 경쟁에 참여해야 하며, 단순히 국내에 국한되어서는 안 됩니다. 커뮤니티 사이트와 커뮤니티는 아주 다릅니다. 커뮤니티에서는 나누고 공유하는 일을 합니다. 텐센트가 하는 게 커뮤니티죠. 앞으로 우리도 커뮤니티를 발전시키려고 합니다. 더 광범위하게 참여할 수 있는 커뮤니티를 만들 수 있을까요? 우리는 그런 일을 하고 싶습니다. 인터넷은 금세 하나의 사회가 됩니다. 이 사회 속에서 어떻게 함께 만들고 함께 세워나갈지, 어떻게 혁신을 계속해나갈지에 관심을 갖고 있습

니다. 라이왕來往, 모바일 메신저 – 옮긴이도 좋고 딩톡釘釘DingTalk, 기업용 메신저 – 옮긴이도 좋고, 어느 것 하나 포기하지 않을 것입니다. 위챗이 독보적인 존재라고 생각하지 않습니다. 위챗을 뛰어넘었다고 해서 위챗을 모방한 것이 아니라 위챗의 개념과 이념을 계속 탐색해나가는 것입니다. 알리바바는 이러한 일을 해야 합니다. 지금의 티몰이나 타오바오는 우리가 카피한 것이 아니라 미래를 탐색해나가는 과정에서 탄생한 것입니다.

결제문제를 보면, 사람들이 홍바오중국에서 세뱃돈이나 축의금을 줄 때 사용하는 붉은 색 종이봉투 – 옮긴이 '경업복敬业福' 이야기를 하면서 제각기 자기주장을 굽히지 않습니다. 알리바바는 원래 사람들 모두 즐겁게 새해를 맞이하자는 취지에서 이 일을 시작했습니다. 나는 다른 사람들이 우리가 이렇다 저렇다 이야기하는 것에 별로 신경을 쓰지 않습니다. 우리를 그렇게 나쁘게 말하는 사람이 없습니다. 하지만 그렇게 좋다고 말하는 사람도 분명히 없습니다. 이게 바로 우리입니다.

○ **칭화대나 베이징대 학생들에게 어떤 제안을 하고 싶은가**

후주류*: 21세기에 중국이 진짜 세계를 이끌기 위해서 칭화대나 베이징대에 어떤 제안을 하고 싶으십니까?

• 춘화자본그룹 창업 파트너, 이사장 겸 CEO.

마윈: 칭화대, 베이징대, 푸단대 학생에게 부탁하고 싶은 것은, 긍정적인 시선으로 항저우사범대 학생들을 바라봐달라는 것입니다. 또 항저우사범대 학생에게는 긍정적인 눈으로 자신을 바라보라고 말하고 싶습니다. 중국경제를 지탱해주는 힘은 말에 있지 않고 실제로 일하고 하나씩 하나씩 실현해나가는 데 있습니다. 알리바바는 말로 하는 게 아닙니다. 난 말을 잘하는 편이지만 회사는 내가 말한다고 되는 게 아니라 수많은 젊은이들이 일을 하나씩 해나가면서 만들어가고 있습니다.

스징수*: 첫 번째 질문은, 전에 합격점을 받은 기업가로서 기업의 장기적 발전을 봐야 한다고 말씀하시면서 20년의 시간축을 언급하셨는데, 그렇다면 단기적으로 봤을 때 분기별 보고제도를 개선할 필요가 있다고 생각하십니까? 두 번째는 철학적인 질문인데요. 산 사람이든 죽은 사람이든 세계 누구하고든 차를 마실 기회가 있다고 한다면 누구랑 차를 마시고 싶으십니까?

마윈: 이사회에서는 반드시 30년, 50년을 고민해야 하고 CEO는 5~10년을 고민해야 하며 부회장은 3년을 고민하고 사장은 1주일 후를 고민해야 하며 직원은 내일을 고민해야 합니다. 이것이 시스템입니다.

직원들이 KPI를 싫어한다고 KPI를 없애서는 안 됩니다. 사람마

---

* 미국아시아협회회장.

다 KPI 지수가 각기 다릅니다. 이는 숫자를 분해한 것이 아닙니다. KPI를 설계하는 것은 일종의 예술이고 기업을 경영하는 것은 일종의 과학인데 이들 사이에는 엄청난 차이가 존재합니다.

두 번째 질문에 답하자면, 지금 만약 생존해 있다면 정말이지 덩샤오핑과 차를 마시고 싶습니다. 그는 정말 용기 있는 분입니다. 용감하게 개혁에 나섰고 그의 정책 결정력과 용왕매진의 행동력은 꼭 배우고 싶은 부분입니다.

찰리 로즈

배경　2015년 1월 23일, 스위스 다보스포럼에서 미국의 저명한 진행자인 찰리 로즈Charlie Rose와 마윈의 대담이 열렸다. 입장권 예매를 시작한 지 몇 초 만에 전석이 매진되었다. 청중은 모두 세계 각국 재계 지도자였으며 고위간부 상당수가 서서 대담을 들어야 했다. 마윈은 CBS의 유명 사회자인 찰리 로즈를 만나 비즈니스 철학, 개인적 이야기 그리고 알리바바의 미래에 대해 허심탄회하게 이야기했다.

○ 왜 다보스로 돌아왔는가?

찰리 로즈: 알리바바가 세계 최대 IPO를 달성했을 당시, 우리 모두 마윈에 대한 이야기를 많이 들었습니다. 이 자리에서 먼저 마윈의

개인적 이야기를 해보고자 합니다. 그는 참 많은 걸 시도해봤고 참 많이도 실패했습니다. 무엇이 그를 오늘로 이끌었는지, 앞으로 어떻게 발전해갈지, 앞으로의 목표를 어떻게 실현해나갈지에 대해 이야기 나누어보겠습니다. 그가 목표를 실현했다면 세계 그리고 그가 영향을 주고 싶었던 사람들에게 어떤 의미가 있을까요? 마윈, 먼저 이 질문으로 시작해보겠습니다. 왜 다보스로 돌아왔나요?

마윈: 7년은 긴 시간입니다. 내 기억에 마지막으로 다보스에 왔던 것이 2008년인 것 같습니다. 그때 나는 세계청년지도자포럼에 참석했었죠. 그전까지 나는 다보스에 대해 들어본 적이 없습니다. 스위스에 와서 많은 젊은이들이 시위하는 것을 보았습니다. 그들에게 뭘 하냐고 묻자 그들은 세계화에 반대한다고 했습니다. 참 이상하다는 생각이 들었습니다. 왜 세계화에 반대할까요? 세계화는 이렇게 좋은 것인데 말이죠.

두 시간 걸려 오는 길마다 보안을 위한 검문이 여러 차례 있었고 무장한 군경이 보였습니다. 그때 이렇게까지 하면서 포럼에 참여해야 할까 하는 생각이 들었습니다.

하지만 세계청년지도자포럼에서 새로운 아이디어를 많이 접하고 무척 흥분했습니다. 세계화가 무엇인지, 기업시민이 무엇인지, 사회책임이 무엇인지 등 많은 걸 배웠습니다. 많은 위대한 지도자가 리더십이 무엇인지 논의했고 많은 청년들이 토론하는 것을 보았습니다.

경제위기가 닥쳤던 2008년 당시, 나는 일하기 좋은 최적의 시기라고 생각했습니다. 왜냐하면 말로만 해서는 영원히 세계를 이길 수 없고 반드시 실제적인 일을 해야만 합니다. 그래서 나는 돌아가 7년을 일했습니다. 지금은 무언가를 보답해야 할 시기라고 생각합니다. 그때 포럼에서 혜택을 입었으니 오늘 나는 더 많은 젊은 지도자들에게 나의 이야기를 들려주고 우리가 어떤 일을 겪었는지 말해 줘야 합니다.

찰리 로즈: 알리바바가 많이 커졌는데 그럼 지금 알리바바의 규모는 도대체 어느 정도입니까?

마윈: 매일 1억 명이 넘는 고객이 우리 사이트를 방문하고 직간접적으로 1,400만 개가 넘는 일자리를 창출했습니다. 내가 살던 아파트에서 18명이 함께 창업을 시작했는데 지금은 직원이 3만 명으로 증가했고 항저우에 본사가 있습니다. 15년 전과 비교해보면 지금의 알리바바는 규모가 커졌지만, 15년 후와 비교해보면 지금의 알리바바는 아직도 갓난아기입니다.

15년 전, 우리는 아무것도 없었지만 지금의 규모로 발전했습니다. 15년 후 타오바오가 곳곳에 퍼지고 사람들이 타오바오를 생활의 일부로 받아들여 알리바바가 안 보이고 타오바오가 안 보이기를 바랍니다. 15년 후 사람들은 전기처럼 전자상거래가 첨단기술이라고 못 느끼고 잊어버리면 좋겠습니다. 15년 후에 우리가 길을 걸으며 전자상거래가 어떻게 사람들을 도와주는지 다시 논의하는 일이 없으면 좋겠습니다.

찰리 로즈: 이제 IPO를 얘기해보겠습니다. 사람들이 기대하는 거 아십니까?

마윈: 알죠. 이번 IPO가 250억 달러였습니다. 2001년에 미국에서 300만 달러를 조달하려고 했는데 30개 벤처투자기업 모두 거절했습니다.

250억 달러를 펀딩한 생각을 하면 할수록 보다 효율적으로 돈을 써야 한다는 경고가 더욱 강해지고 있습니다. 이것은 돈이 아니라 전 세계가 우리에게 보여준 신뢰입니다. 사람들은 우리가 더 많은 사람들을 더 잘 도와주기를 바라고 더 나은 수익을 얻기를 바랍니다.

이로 인해 스트레스를 많이 받았습니다. 알리바바는 세계 시가총액 10위나 15위 안에 들 것입니다. 나는 우리 팀에게, 우리가 진짜 이렇게 좋은 것인지 물었습니다. 우리 상황이 그렇게 좋은 편은 아닙니다. 몇 년 전 사람들은 알리바바의 비즈니스 모델이 별로라고, 돈을 벌 수 없다고, 미국에는 이런 모델이 없다고 했습니다. 사람들은 우리가 이런 문제가 있고 저런 문제가 있어서 아마존이 훨씬 낫고 이베이가 훨씬 나으며 구글이 훨씬 낫다고 했습니다. 나는 우리 팀에게 우리가 다른 사람들보다 아이디어가 좋다고 말했습니다. 우리는 설립한 지 15년 된 젊은 기업으로 직원들 평균 연령이 27~28세입니다. 우리 기업은 인류 역사상 다른 사람이 한 적이 없는 일들을 합니다.

○ 거절당함이 나를 성장시키다

찰리 로즈: 항저우에서 태어나 항저우에서 회사를 세웠는데, 지금 본사는 어디에 있습니까?

마윈: 그렇습니다. 이곳에서 창업을 했고 또 항저우에 뿌리를 내렸습니다.

찰리 로즈: 1960년대에 태어났으니 바로 '문화대혁명' 시기군요.

마윈: 1964년생입니다. 우리 할아버지가 소지주였는데 해방 후에 나쁜 사람으로 낙인찍혔습니다. 그래서 어릴 때부터 그 시기가 얼마나 힘들었는지 잘 알고 있었습니다.

찰리 로즈: 대학을 삼수해서 들어갔으니 번번이 실패의 경험을 한 거군요.

마윈: 대학 시험에 세 번이나 떨어졌습니다. 그 외에도 떨어진 경험이 훨씬 더 많습니다. 중점초등학교에 두 번이나 떨어졌고 중학교 때에도 두 번이나 떨어졌습니다. 항저우에서 내가 다녔던 초등학교가 1년 뒤에 중학교로 바뀌었다면 믿으시겠습니까? 우리 학교 졸업생 수준이 너무 떨어져 받아주는 중학교가 없었습니다. 그래서 우리 초등학교가 그대로 중학교로 바뀌어 졸업생들을 수용한 거죠.

찰리 로즈: 거절당하면 어떤 느낌이 드나요?

마윈: 우리는 거절당하는 것에 익숙해지는 법을 배워야 합니다. 우리는 그렇게 우수한 사람이 아니어서 우리를 거절하는 사람이 아직도 많습니다.

내 기억에 취업에 서른 번쯤 실패한 것 같습니다. 경찰이 되고 싶어 지원했는데 지원한 5명 중에서 4명이 합격하고 나 혼자만 떨어졌습니다. KFC가 중국에 왔을 때 24명이 지원했는데 그중 23명이 붙고 1명만 떨어졌는데 그게 바로 나입니다. 하버드에 열 번 정도 지원했는데 모두 떨어졌습니다. 나는 스스로에게 언젠가 거기에서 수업을 할 날이 올 거라고 말합니다.

찰리 로즈: 닉슨이 항저우를 방문한 후 항저우를 찾는 관광객이 매우 많아졌습니다. 그때 영어공부를 시작한 건가요?

마윈: 그렇습니다. 열두세 살 때 갑자기 영어가 좋아졌습니다. 그 당시 영어를 배울 곳이 없고, 책도 없어서 호텔 문 앞에서 외국인을 만나 영어를 공부했습니다. 9년 동안 나는 매일 그곳에 가서 외국인에게 무료로 관광안내를 해주고 영어를 배웠습니다. 이 경험이 나를 변화시켰죠. 나는 백 퍼센트 '중국산'으로 해외에서 하루도 교육을 받은 적이 없습니다. 어떤 사람은 영어를 그렇게 잘하니 사고방식이 서양 사람과 같냐고 묻습니다. 외국 관광객들이 내 시야를 열어주었고 9년의 시간은 내가 독립적으로 사고하는 법을 가르쳐주

었다고 생각합니다. 다른 사람이 어떤 일을 이야기해주면 여러분은 고민을 해봐야 합니다.

찰리 로즈: 그때 마윈이 잭 마_{Jack Ma}가 된 건가요?

마윈: 내 영어 이름 '잭'은 테네시 주에서 온 한 여성이 지어준 것입니다. 그녀가 항저우에 여행을 다녀간 다음 우리는 펜팔을 했습니다. '마윈'이라는 중국어는 발음하기가 매우 어렵습니다. 그녀가 내게 영어 이름이 있냐고 묻더군요. 나는 없다고 대답했습니다. 그녀가 남편과 아버지 이름이 모두 잭이라며 잭이란 이름이 어떠냐고 묻기에, 내가 좋다고 했습니다. 그 이후로 몇 년째 잭이라는 이름을 사용하고 있습니다.

찰리 로즈: 1995년에 처음으로 미국에 왔나요?

마윈: 그렇습니다. 당시 나는 항저우 정부가 '정보고속도로'를 구축하는 일을 돕고 있었습니다.

찰리 로즈: 그때 처음으로 인터넷을 썼나요?

마윈: 그렇습니다. 시애틀에 있는 뱅크 오브 아메리카 빌딩이었습니다. 당시 내 친구 사무실이 그 큰 빌딩에 있었는데, 컴퓨터가 거기에 설치되어 있었습니다. 친구가 "마윈, 인터넷 한번 해봐"라고 말

하자 나는 "인터넷이 뭔데?"라고 답했습니다. 그가 컴퓨터에서 필요한 모든 것을 검색할 수 있다고 말했습니다. 당시에는 모자이크

Mosaic, 인터넷 역사상 보편적으로 사용되고 사진을 볼 수 있었던 첫 번째 브라우저 – 옮긴이

를 썼는데, 정말 느렸습니다. 나는 "안 만져볼래, 컴퓨터가 이렇게 비싼데 잘못 만졌다가 고장 나면 그 돈을 어떻게 물어주냐"고 했습니다. 친구는 "검색해봐"라고 말했습니다.

나는 처음으로 'beer'를 검색해보았습니다. 그러자 미국 맥주, 일본 맥주는 있었지만 중국 맥주는 없었습니다. 'China'를 입력했더니 아무것도 없었습니다. 중국 관련 정보는 하나도 없었습니다. 그래서 내가 친구한테 "왜 중국 내용은 없지?"라고 말했습니다. 이후에 나는 내 번역회사를 차리기 위해 작은 사이트를 개설했습니다. 웹사이트가 9시 40분에 연결된 것으로 기억합니다. 12시쯤 되었을 때 친구가 누가 나한테 메일 5통을 보냈다고 했습니다. 메일을 보니 어디에 사느냐, 처음으로 중국의 인터넷 사이트를 봤다, 우리랑 연결하려면 어떻게 해야 하나, 같이 좋은 일을 해보자 등의 내용이 있었습니다. 이 일이 재밌고, 또 우리가 해야 할 일이라는 생각이 들었습니다.

○ 왜 알리바바라고 이름을 지었나

찰리 로즈: 이름을 왜 알리바바라고 지었습니까?

마윈: 인터넷은 세계적인 것으로, 세계화된 이름이 필요했습니다. '야후'는 좋은 이름입니다. 한참을 고민하다 '알리바바'라고 하면 좋지 않을까 생각했습니다. 그날 때마침 샌프란시스코에 있었습니다. 한 종업원이 오자 그녀에게 알리바바를 아냐고 물었습니다. 그러자 안다며, '열려라 참깨' 아니냐고 했습니다. 많은 사람에게 물었는데 다들 알리바바나 알리바바와 40인의 도둑, 열려라 참깨를 알고 있었습니다. 그래서 좋은 이름이구나 생각했습니다. 또 'Alibaba'는 첫 글자가 알파벳 A로 시작해, 알리바바가 영원히 1등이라는 뜻도 담고 있습니다.

찰리 로즈: 전에 당신은 중국인들은 면대면에 익숙하기 때문에 알리바바를 만들려면 신뢰를 만들어야 한다고 얘기한 적이 있습니다. 어떻게 신뢰를 만들었나요?

마윈: 인터넷상에서 서로 모르는데 어떻게 장사를 할 수 있겠습니까? 신뢰가 있어야 합니다. 전자상거래에서 가장 중요한 것이 신뢰입니다. 처음에 미국에 와서 자금을 조달하려 하는데 많은 벤처투자회사에서 "마윈, 안 됩니다. 중국에서는 콴시를 가지고 장사를 하는데 어떻게 인터넷이 되겠습니까?"라고 했습니다. 신뢰 기제가 없고 신용이 없다면 불가능하다는 걸 압니다.

지난 14년 동안 우리가 매일같이 했던 일이 바로 신뢰를 쌓는 것입니다. 사람들은 다른 사람을 믿지 않고 언제나 사기당하고 있다고 생각합니다. 하지만 전자상거래 덕분에 매일 6,000만 건의 거래가 이뤄집니다. 나는 여러분을 모르지만 여러분의 택배를 가지고 산을 넘고 바다를 건너 다른 누군가에게 가져다줍니다. 적어도 6,000만 건의 거래가 신뢰를 기반으로 매일 이뤄지고 있습니다. 나는 이로 인해 자부심을 느낍니다.

찰리 로즈: 처음에 담보거래 방식으로 시작했습니까?

마윈: 당시 중대한 결정을 내렸습니다. 시작하고 처음 몇 년 동안 알리바바는 대규모 정보 플랫폼이었는데, 왜 결제 시스템이 없는지 논의하기 시작했습니다. 은행에 이야기를 해보았지만 하겠다는 은행이 없었습니다. 그럼 어떻게 해야 했을까요? 내가 결제를 하게 되면 위법 행위가 될 수 있지만 하지 않는다면 전자상거래는 발전할 수 없었습니다.

다음에 다보스에 가서 리더십과 관련된 포럼에 참여했습니다. 거기에서 많은 정치가, 기업가들이 책임이란 무엇인가를 논의했습니다.

그 포럼에 참여한 후 우리 팀원에게 전화를 걸어 "바로 합시다, 지금! 만약 법을 어기게 된다면 나 마윈이 책임지고 감옥에 가겠습니다"라고 말했습니다. 중국과 세계에 신용체계를 구축하는 것은 너무나도 중요한 일입니다. 내가 이 일을 잘해내지 못해 사람들이 돈을 훔치거나, 돈을 세탁하는 데 이 시스템을 악용했다면, 나는 감옥에 갈 수도 있었습니다. 당시 어떤 사람이 내게 알리페이는 가장 멍청한 생각이라고 했습니다. 그래서 나는 사람들이 쓰기만 하면

명청한 일이 아니라고 했습니다. 지금 6억 명의 사람이 알리페이를 사용하고 있습니다.

그래서 나는 다보스를 좋아합니다.

○ 정부와의 관계는 어떤가

찰리 로즈: 정부에서 돈을 받은 적이 한 번도 없습니까?

마윈: 만약 여러분이 허구한 날 정부에서 돈을 가져올 생각만 한다면, 여러분의 회사 상황이 별로일 것입니다. 시장이나 고객에게서 돈을 가져올 생각을 한다면 회사가 성공할 것입니다. 나는 정부에서 돈을 가져오지도 않았고 은행에서 가져오지도 않았습니다. 그때 난 그들의 돈이 필요했지만 그들은 주지 않았습니다. 이제 그들이 내게 주려고 하지만 난 필요가 없습니다.

찰리 로즈: 정부와의 관계는 어떻습니까? 중국이라는 환경 속에서는 경쟁이 제한된다고 하던데요.

마윈: 우리와 정부의 관계는 아주 재밌습니다. 전에 외무부를 위해 전자상거래를 진행한 적이 있었는데, 정부기관에 의존해 전자상거래를 하면 안 된다는 걸 깨달았습니다. 나는 우리 직원들에게 정부와 '연애'만 해야지 '결혼'을 해서는 안 되며, 그들을 존중하라고 말

했습니다. 내 생각에 우리는 책임감을 갖고 인터넷이 어떻게 사람들을 도울 수 있는지 정부에 말해줘야 합니다. 첫 12년 동안 정부인사가 우리 사무실에 오면 나는 함께 자리에 앉아 우리가 어떻게 사회를 돕고 일자리를 만들어내고 있는지 알려줬습니다. 정부 쪽 어느 부서든 인터넷은 신문물이었기 때문입니다. 만약 여러분이 말로 누군가를 설득했다면 여러분에게 기회가 있는 셈입니다.

정부가 어떤 프로젝트를 하자고 나를 찾아오면, 나는 다른 친구에게 그 일을 소개시켜줄 것입니다. 그래도 정부가 나랑 하자고 하면 나는 그냥 무료로 그 일을 진행할 것입니다. 예를 들어 매년 춘절이 되면 기차표 사기가 너무 어렵습니다. 도시에서 일하는 수천 수만의 농민공은 고향에 가려면 기차표를 사야 하는데 매표 시스템이 아주 불편합니다. 그래서 알리바바의 젊은 사람들에게 우리가 그들을 도와주자고 했습니다. 왜냐면 수백만 명의 농민들이 집에 갈 수 있도록 도울 수 있기 때문입니다. 이런 일은 돈 벌려고 하는 게 아닙니다. 이렇게 많은 사람들이 눈 오는 밤에 기차표를 사려고 기다릴 필요가 없이 그저 핸드폰으로 인터넷에서 살 수 있도록 하는 일입니다.

찰리 로즈: 당시 양즈위안楊致遠이 10억 달러를 줬는데, 야후 입장에서 꽤 괜찮은 투자였는데요. 그때에는 해외에서 이렇게 많은 돈을 투자 받는다는 게 흔치 않은 일이었죠.

마윈: 나는 모든 투자자들에게 감사하고 있습니다. 당시에 많은 사

람들이 마윈이 미쳤다고 했습니다. 그들은 우리가 하는 일을 이해하지 못했습니다. 많은 벤처 투자자가 돈을 주었던 것은 당시 미국 모델이 이미 있었고 그것을 중국으로 가져올 필요가 있었기 때문입니다. 하지만 미국에는 알리바바와 같은 모델이 없습니다. 내가 처음으로 〈타임〉에 나왔을 때 그들은 나를 '미치광이 마윈'이라고 불렀습니다. 내 생각에 미치는 것은 좋은 일입니다. 우리는 좀 미쳤지만 멍청하지는 않습니다. 모든 사람이 여러분의 모델이 좋다고 생각하면 우리에게는 기회가 없습니다.

우리가 돈을 펀딩할 수 있어서 너무 감사했습니다. 투자자가 수익을 얻었다면 나는 이에 자부심을 느낍니다.

찰리 로즈: 미국에는 사생활 문제가 심각합니다. 구글, 애플 모두 사생활 문제가 걸려 있습니다. 사람들은 정부가 데이터를 가져가지 않는지 묻습니다. 만약 정부가 찾아와 데이터를 내놓으라고 한다면 어떻게 하실 것입니까?

마윈: 지금까지 그런 일로 곤란을 겪은 적은 없습니다. 만약 정부에서 요구하는 것이 국가안보나 테러리즘 그리고 범죄 척결에 관한 일이라면 우리는 협조할 수 있습니다. 하지만 나머지 상황에는 안 됩니다. 데이터는 너무 중요해서 일단 유출되면 재난이 벌어집니다.

몇 년 전에 사람들은 돈을 베개 밑에 묻어둘지라도 은행에는 두지 않겠다고 했습니다. 하지만 지금 사람들 모두 은행이 자신들보다 더 돈을 잘 보관한다는 사실을 알고 있습니다.

사생활 문제는 지금 현재로서는 더 나은 해결책이 없지만, 우리 젊은 세대가 다음 20년 동안 사생활문제, 보안문제에 대한 해결책을 찾아낼 것으로 확신합니다. 정말로 그렇게 믿습니다.

○ 지금과 같은 인생 신념을 갖게 된 계기가 무엇인가

찰리 로즈: 당신의 인생은 '모든 것이 다 가능하다'는 것을 그대로 증명해주고 있습니다. 만약 어떤 사람이 '아니다'라고 말한다면 당신은 '이제 시작인데 서두르지 마'라고 말할 것입니다. 어떻게 이런 신념을 갖게 된 것입니까?

마윈: 젊었을 때에는 모든 일을 할 수 있다고 생각했습니다. 하지만 지금 나는 모든 일을 할 수 있는 것은 아님을 알게 되었습니다. 다른 사람을 더 고려하고 사회나 고객, 직원 그리고 주주를 고려해야 합니다.

우리가 한 일들은 언제나 나를 고무시킵니다. 맨 처음 3년 동안 이윤이 하나도 남지 않았습니다. 하지만 우리는 우리가 한 일들에 매우 흥분했습니다. 우리는 많은 사람의 삶을 변화시켰습니다. 그때 어떤 일이 일어났는지 아십니까? 식당에 가서 밥을 먹고 계산을 하려는데 누가 이미 대신 계산을 했음을 알게 되었습니다. 식당 주인이 나에게 와서 말을 전했습니다. "선생님, 다른 분이 이미 계산을 하셨습니다. 여기 쪽지를 남기고 가셨는데요." 그 쪽지에는 이렇게 써 있었습니다. "마 선생님, 안녕하십니까. 나는 알리바바의 고객입니다. 알리바바 플랫폼을 통해 많은 돈을 벌었는데 지금 알리바바는 이윤이 남지 않았다는 사실을 알게 되었습니다. 그래서 대신 계산을 합니다."

또 이런 일도 있었는데요. 베이징 샹그릴라호텔에서 택시를 잡는데 문을 열어주던 도어맨이 이렇게 말했습니다. "잭, 정말 감사합니다. 내 여자친구가 알리바바를 통해 돈을 많이 벌었습니다."

이런 일들을 통해 여러분은 여러분의 사명이 무엇인지 깨닫게 됩니다. 만약 이런 일을 하지 않는다면 어떤 일도 가능하지 않습니다. 만약 일하기 시작한다면 적어도 여러분에게는 희망이 있게 됩니다.

찰리 로즈: 수입원이 광고나 거래 수수료입니까?

마윈: 거래금액이 엄청난 것에 비해 광고수입은 얼마 되지 않고 거래 수수료도 적습니다. 우리가 의지하는 것은 대중입니다. 지금 우리 사이트에는 1,000만 개 중소기업이 들어와 있고 거래액은 월마트 다음입니다. 거래액에서 조금씩 수익을 올려 규모가 이미 커졌습니다.

5년 전의 일로 기억하는데, 월마트의 고위 경영진이 항저우에 와서 내게 말했습니다. "잭, 우리는 당신이 사업을 크게 하고 또 잘하고 있다는 것을 알고 있습니다." 나는 이렇게 말했습니다. "아마도 10년 후쯤이면 내가 월마트를 넘어설 것입니다." 그는 웃으며 말했습니다. "젊은이, 아주 패기가 넘치는군요." 그래서 나는 내기를 했습니다. 지금 나는 10년 후에 우리가 분명 월마트를 넘어설 것이라고 믿습니다. 월마트는 신규고객이 1만 명씩 증가하려면 새로운 창고와 더 많은 부대시설이 필요합니다. 하지만 알리바바는 서버 2개만 늘리면 됩니다.

지금 우리와 월마트 중에서 시가총액이 누가 더 높을까요? 나는 모릅니다. 한번 찾아보시죠.

○ 미래 발전을 위해 어떤 일을 하고 싶은가

찰리 로즈: 미래 발전을 위해 어떤 일을 하고 싶은가요?

마윈: 알리바바의 사명에 대해 이야기하고 싶습니다. 우리는 인터넷 기업으로 바로 중국에서 시작했습니다. 우리는 세계 여느 지역 사람들과 마찬가지로 창업정신이 똑같습니다. 나는 알리바바를 설립했을 당시의 사명을 언제나 기억하고 있습니다. 그것은 바로 중소기업이 더 쉽게 장사할 수 있게 해주겠다는 것입니다. 지금 수천수만의 중소기업이 우리가 제공하는 플랫폼을 통해 그들의 제품을 판매하고 3억이 넘는 소비자가 우리 사이트에서 물건을 구매합니다. 우리 사이트는 효율이 높으면서 저렴합니다.

그래서 나는 지금 알리바바가 어떻게 해야 전 세계에서 어려운 장사가 없게 만들 수 있을까 고민 중입니다.

내 생각에는 노르웨이의 회사가 제품을 아르헨티나에 팔고 아르헨티나의 소비자가 온라인에서 스위스 상품을 구매하도록 할 수 있습니다. 그래서 우리는 eWTO 같은 조직을 창설할 생각입니다. 이름은 아직 정확하게 결정되지 않았습니다. WTO는 20세기의 아주 위대한 조식으로 이 조직에는 전 세계에 제품을 판매하는 많은 대기업이 있습니다. 하지만 지금 인터넷은 소기업이 물건을 팔고 대륙과 대양을 넘어 국경의 한계를 벗어나도록 도울 수 있습니다. 나는 중국시장 밖의 20억 소비자와 1,000만 개 소기업을 위해 일할 수 있기를 희망합니다. 우리가 미국 워싱턴의 농민이 체리 300톤을 중국에 팔 수 있도록 도왔던 것처럼 말입니다. 미국 대사가 내게 이런 말을 했던 것을 기억합니다. "잭, 미국 체리를 팔도록 도와줄 수 있나요?" 나는 대답했습니다. "안 될 게 뭐 있나요? 우리 한 번 해봅시다."

사실 우리가 미국산 체리를 판매하기 시작했을 때 체리들은 아직도 미국 농장에 있는 나무에서 자라고 있었습니다. 플랫폼에서 예약판매를 해 8만 가정이 체리 구매를 예약했습니다. 판매를 개시한 후 48시간 내에 체리를 나무에서 따서 예약한 중국 가정에 배송해주었습니다. 우리는 체리를 팔 수 있었고 소비자는 아주 신나했습니다. 하지만 3일 후에 왜 체리를 더 팔지 않느냐는 불만이 담긴 메일을 많이 받았습니다.

2개월 후 우리는 코스트코와 함께 중국 소비자에게 견과류 300톤을 판매했고 또 알래스카 해산물을 중국에 판매했습니다. 보십시오. 만약 우리가 미국의 해산물, 체리, 견과류를 중국 소비자에게 판매할 수 있다면 미국이나 유럽 등 더 많은 국가의 중소기업이 자신들의 제품을 중국 소비자에게 판매할 수 있도록 도와줄 수 있지 않을까요?

중국 소비자에게는 이런 상품이 필요합니다. 이것이 내가 하고 싶은 일입니다. 20억의 소비자는 아시아와 개발도상국에 있습니다. 우리가 어떻게 해야 그들이 세계화된 온라인 쇼핑을 쉽게 할 수 있을까요?

찰리 로즈: 알리바바는 수억 명의 중국인이 빈곤에서 벗어나 중산층이 되는 과정의 산증인입니다. 국제적으로 어떻게 확장되어가고 있습니까? 러시아에서의 일이 잘되었다고 알고 있습니다.

마윈: 브라질과 러시아 시장에서 일을 잘 추진했습니다. 러시아 전자상거래 시장에서 우리가 3위 내에 들어갑니다. 2년 전에는 러시아에서 물건을 주문하면, 주문에서 물건을 수령하기까지 4개월이 걸렸다는 사실을 상상이나 할 수 있겠습니까? 그런데도 많은 러시아인들은 아주 신이 나서 우리 사이트를 통해 중국 상품을 구매했습니다. 작년에 우리는 러시아에서 판촉행사를 벌였고 그렇게 노력한 끝에 이 시간을 일주일로 단축할 수 있었습니다. 하지만 우리는 러시아의 전체 물류 시스템을 모두 마비시켜버렸습니다.

찰리 로즈: 할리우드에서는 뭘 할 계획입니까?

마윈: 나는 할리우드의 혁신과 디지털 기술을 좋아합니다. 나는 할리우드 영화를 보고 많은 걸 배웠습니다. 특히 〈포레스트 검프〉에서 말입니다. 나는 검프의 정신을 좋아하고 영원히 지켜나갈 것입니다. 사람들은 모두 검프가 바보라고 생각하지만 검프는 자기가 뭘 하고 있는지 알고 있습니다.

2002년인가 2003년 혹은 그전에 미국에 왔을 때 아주 고무되었습니다. 당시에는 전자상거래라는 길을 찾지 못했습니다. 바로 그때 〈포레스트 검프〉를 보았습니다. 그는 우리가 배워야 할 사람입니다! 사람들이 좋아하든 좋아하지 않든 자기가 하고 있는 일이 옳다고 믿어야 합니다.

나는 이 대사가 정말 좋습니다. "인생은 초콜릿 상자와 같은 거란다. 초콜릿 안에 무엇이 들어 있는지는 아무도 몰라." 언젠가 내가 여기에서 찰리 로즈와 대화하고 있을 거라고는 상상조차 못했습니다. 하지만 지금 여기서 나는 이렇게 있습니다. 나는 당시 내 아파트에서 창업했던 형제들에게 말했습니다. "형제들, 우리는 꼭 열심히 일해야 해. 우리 개인을 위해서가 아니라 우리가 성공하게 되면 중국 젊은이의 80퍼센트가 성공할 수 있게 되는 거야."

우리에게는 부자 아빠나 권력을 가진 삼촌이 없고 은행에 예금해놓은 돈도 없고 정부랑 관계도 없습니다. 그저 팀원의 노력에 의존해서만 성공한 것입니다.

○ 자기 자신을 바꾸는 것에서 성공은 시작된다

찰리 로즈: 가장 큰 걱정이 무엇입니까?

마윈: 많은 청년들이 투지와 열정을 잃어버리고 불만을 품기 시작한 것이 심히 걱정스럽습니다. 우리도 과거에 똑같은 경험을 했습니다. 많은 사람들에게 거절당했고 그로 인해 견디기 힘들었습니다. 당시 우리는 우울했고 절망했지만 이 세계에 많은 기회가 있음을 확신했습니다. 우리는 세계를 보고 어떻게 성공해야 할지, 어떻게 기회를 붙잡아야 할지 공부했습니다. 할리우드는 나에게 많은 용기를 북돋워주었습니다.

찰리 로즈: 할리우드에 가서 사업을 할 생각입니까?

마윈: 우리는 전자상거래 기업이어서 많은 상품을 운송해야 합니다. 하지만 영화나 텔레비전 프로그램은 운송을 할 필요가 없는 데다 영화는 젊은 사람들을 도와주는 최고의 상품입니다.

영웅이 등장하는 미국 영화에서 영웅은 처음에는 나쁜 사람 같아 보이지만 복잡한 상황이 전개되면 영웅으로 변신해 결국 살아남는 데 성공합니다. 하지만 중국 영화에서 영웅은 모두 죽으니 아무도 영웅이 되려고 하지 않습니다.

찰리 로즈: 아직도 무협소설을 읽습니까? 아니면 쓰기 시작했습

니까?

마윈: 무협소설을 읽다가 이제는 조금씩 쓰기 시작했습니다. 힘들고 지칠 때 무협소설을 읽습니다. 좋은 팀이 있으며, 좋은 사부가 있고 열심히 노력하면 무림고수가 될 수 있습니다. 그래서 나는 지칠 때 그리고 바쁠 때 무협소설을 읽습니다.

찰리 로즈: 태극권을 배웠다면서요, 맞습니까?

마윈: 나는 태극권을 진짜 좋아합니다. 태극권은 철학의 일종으로, 어떻게 균형을 유지할지 가르쳐줍니다. 사람들이 이베이와 경쟁하면 이베이가 밉지 않느냐고 묻습니다. 그러면 나는 아니라고 말했습니다. 이베이는 위대한 기업입니다. 그들은 여기에서 하고 우리는 저기에서 하며, 그들이 위에서 우리를 공격하면 우리는 아래에서 그들을 공격하고, 그들이 오면 우리는 갑니다.

나는 비즈니스를 할 때 태극권의 철학을 생각합니다. 냉정하게 마음을 가라앉히면 반드시 출구가 있습니다. 균형을 유지해야 합니다.

찰리 로즈: 알리바바는 세상을 바꿀 수 있기를 희망했고 이를 실현했습니다. 또 알리바바가 여성의 삶을 바꿀 수 있을 것이라고 믿고 있습니다. 어떻게 할 생각입니까?

마윈: 세계를 바꾸기 위해서는 나 자신을 바꿔야 하고 자신을 바꾸는 것은 세계를 바꾸는 것보다 더 중요하고 더 간단합니다. 그다음에 나는 세상을 바꾸고 싶습니다. 세상을 바꾸는 것은 아마도 오바마 팀이 한 일이며, 내가 한 일은 우리 팀을 즐겁게 만든 것입니다. 우리 팀원이 즐겁고 우리 고객이 즐거워하며 중소기업이 즐거워야 내가 즐거울 수 있기 때문입니다.

우리의 성공 비결 중 하나는 여성 직원이 많다는 것입니다. IPO 전에 미국 기자가 우리 회사를 인터뷰하면서 회사에 여자가 많다고 했습니다. 그래서 나는 이렇게 말했습니다. "그래요? 지금 직원의 47퍼센트가 여성인데 전에는 이것보다 더 높았습니다. 다른 기업을 M&A하면서 비율이 떨어졌습니다. 지금 경영진의 32퍼센트가 여성이고 고위 경영진의 24퍼센트가 여성입니다. 우리에겐 여성 CHO, 여성 CFO, 여성 CUO가 있습니다. 여성이랑 파트너가 되어 일을 하면 아주 편안합니다. 21세기에 성공하고 싶다면 다른 사람을 움직일 수 있어야 하며 다른 사람을 성공시켜야 합니다. 다른 사람을 더 성공시키는 것이 여러분이 성공할 수 있는 원천이 됩니다. 여성에게는 천부적 자질이 있다는 것을 발견했습니다. 그것은 바로 여성은 다른 사람의 감정을 더 잘 파악하고 고객들에게 더 친근하게 대하는 데 능숙하다는 점입니다."

찰리 로즈: 중국경제 성장 속도가 둔화될까 걱정하십니까?

마윈: 걱정하지 않습니다. 중국경제 성장 속도가 둔화되는 것이 9퍼

센트 성장을 유지하는 것보다 훨씬 낫습니다. 중국은 세계 제2위의 경제대국으로 9퍼센트 성장을 유지할 수 없습니다. 계속 고속성장을 유지한다면 분명 문제가 발생하고 영원히 파란 하늘을 볼 수 없을 것입니다. 중국은 경제가 질적으로 성장하는 데 주의를 기울여야 합니다. 사람이 자라 어른이 되면 키만 자라는 것이 아니라 내면이 수양되고 교양이나 지혜가 늘어야 합니다. 중국은 지금 이 단계를 지나고 있습니다.

찰리 로즈: 당신은 지금 세상에서 가장 부유한 사람 중 한 명이고 회사 역시 세계에서 가장 돈이 많은 기업이 되었습니다. 알리바바 외에 또 하고 싶은 일이 있으신가요?

마윈: 지난 3개월 동안 나는 기분이 좋지 않았습니다. 사람들이 마윈이 중국 갑부라고 말할 때 나는 기분이 별로 좋지 않았습니다. 15년 전에 우리 아파트에서 창업을 할 때 내 아내는 18명의 창업인 중 한 명이었습니다. 내가 아내에게 물었습니다. "당신은 당신 남편이 돈 많은 사람이 되길 원해 아니면 존경받는 사람이 되길 원해?" 그러자 아내는 당연히 존경받는 사람이라고 했습니다. 아내는 내가 부자가 되리라고 믿지 않았고 나 자신도 내가 부자가 되리라고 믿지 않았습니다. 우리는 그저 살아남을 수 있기만을 바랐습니다.

내 생각에 당신에게 100만 위안이 있다면 그것은 당신 돈입니다. 2,000만 위안이 있다면 귀찮아지기 시작하고 인플레이션을 걱정하고 어디에 투자할지 걱정하게 됩니다. 10억 위안이 있다면 사회가 당신을 신뢰한 것으로 당신이 그 돈을 더 잘 관리하고 다른 사람보다 더 잘 쓸 것이라고 믿는 것이죠. 지금 나에게는 많은 일을 할 수 있는 자원이 있고 돈과 영향력을 가지고 있으니 젊은 사람들에게 더 많은 자원을 투자할 수 있습니다.

나는 언젠가 학교로 돌아가 수업을 하고 청년들을 가르치고 젊은 사람들에게 나의 이야기를 나눠줄 수 있기를 바랍니다. 이건 내 돈이 아닙니다. 내게 이런 자원이 있어서 기쁠 뿐이며 내가 더 잘할 수 있기를 바랍니다.

세상에 서른 차례나 거절당한 사람이 많지는 않을 겁니다. 내가 했던 것이라고는 검프처럼 꾸준히 그 길을 갔고 성공하든 실패하든 불평하지 않았습니다. 실패하고 늘 다른 사람을 탓하면 그 사람은 영원히 성공하지 못할 것입니다. 만약 그 사람이 늘 스스로를 돌아본다면 그에게는 희망이 있습니다.

부록

MA YUN &
PEOPLE

▲ 2015년 2월 2일, 마윈은 홍콩 컨벤션전시센터에서 '청년에게 드리는 마윈의 약속 — 꿈에서 창업 성공까지'라는 주제로 인생과 꿈 그리고 창업에 대해 느낀 바를 청중들과 나누었다.

▲ 2015년 5월 20일, 제1차 세계여성창업자대회에서 마윈은 '세계는 여성으로 인해 아름답다'는 주제로 연설했다.

▲ 2015년 6월 9일, 마윈은 뉴욕경제클럽에서 1,200명의 재계 지도자를 대상으로 기조연설하면서 알리바바그룹의 전략과 발전 전망을 밝혔다.

▶ 2015년 9월 6일, 마윈과 톰 크루즈가 상하이 잉청에서 열린 〈미션 임파서블 5: 로그네이션〉 시사회에 함께 참석했다.

◀ 2015년 9월 16일, 베이징 스판대학교에서 마윈의 '향촌 교사 프로젝트' 및 제1차 '마윈 향촌 교사상' 발대식이 열렸다.

▶ 2015년 11월 18일, 필리핀 마닐라에서 열린 APEC 경제지도자회의에서 마윈과 오바마 미국 대통령이 대담을 나누는 모습.

◀ 2016년 1월 21일, 마윈은 다보스포럼 만찬에 참석해 세계 저명인사들과 대화를 나누었다.

▶ 2016년 3월 9일, 알리바바 시시위안취 보고청에서 마윈은 신입사원 8백여 명을 대상으로 '백년 알리바바 필수과목'이라는 주제로 공개강연을 했다.

◀ 2016년 3월 19일, 중국발전고위급포럼에 참석한 마윈과 페이스북 창립자이자 CEO인 마크 저커버그가 '혁신'을 주제로 대화를 나누었다. 두 사람은 인공지능, 가상현실, 꿈, 중국과 서양의 문화 차이, 자녀 교육 등 폭넓은 의견을 교환했다.

▶ 2016년 4월 11일, 마윈은 마테오 렌치 이탈리아 총리와 세계적 와인박람회 비니탈리Vinitaly에 참석했다.

◀ 2016년 7월 9일, 알리바바 제1차 공익대회가 항저우에서 개최되었다. 반기문 유엔사무총장이 이 대회에 참석했다.

▶ 2016년 9월 3일, G20 항저우 정상회담 참석차 온 쥐스탱 트뤼도 캐나다 총리가 알리바바를 방문했다.

◀ 2016년 9월 6일, 맬컴 턴불 호주 총리가 알리바바 시시위안취를 방문해 마윈과 대화를 나누었다.

▶ 2016년 G20 항저우 정상회담 기간에 국가 정상들과 국제조직 대표들이 알리바바를 방문했다. 9월 6일 오후 마윈은 알리바바 시시위안취에서 아제베도 WTO 사무총장을 접견했다.

◀ 2016년 10월 9일, 알리바바 픽처스와 앰블린 파트너스Amblin Partners의 전면적 전략 파트너십 체결식에서 마윈은 저명한 영화감독이자 앰블린 파트너스의 창립자인 스티븐 스필버그와 다정하게 인사를 나누었다.

▶ 2016년 10월 20일, 마윈은 '칭화대 MBA 수업'에서 '기업가 정신과 미래'라는 주제로 강연했다.

◀ 2016년 11월 11일 밤, 마윈은 '2016년 티몰 광군절 세계 쇼핑데이'의 주회의장에 도착해 현장에 있던 6백여 명의 기자들에게 '광군절'에 대한 느낌을 전했다.

▶ 2017년 1월 6일, 하이난 산야에서 마윈은 2016년 향촌 교사 시상식에 참석한 귀빈들을 대상으로 멋진 수업을 펼쳤다.

◀ 2017년 1월 9일, 미국 뉴욕 트럼프빌딩에서 마윈은 트럼프 대통령을 만났다.

▶ 2017년 3월 27일, 마윈은 항저우 '후판대학' 제3회 개강식에 참석했다.

◀ 마윈은 청년들과 함께 있는 것을 아주 좋아한다.